JEAN RAYMOND 1966

UNE FAMILLE SENLISIENNE

LES JUNQUIÈRES

MANUSCRIT DU MUSÉE CONDÉ

PUBLIÉ PAR

LE COMITÉ ARCHÉOLOGIQUE DE SENLIS

SENLIS
IMPRIMERIE E. VIGNON FILS
1915

UNE FAMILLE SENLISIENNE

LES JUNQUIÈRES

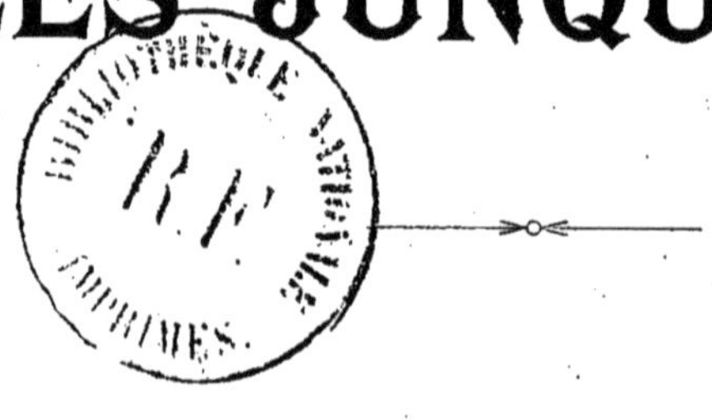

MANUSCRIT DU MUSÉE CONDÉ

PUBLIÉ PAR

LE COMITÉ ARCHÉOLOGIQUE DE SENLIS

SENLIS
IMPRIMERIE E. VIGNON FILS
1915

LES JUNQUIÈRES

AVERTISSEMENT

Le manuscrit que publie le Comité archéologique de Senlis appartient au Musée Condé à Chantilly. Il a été rédigé, de 1756 à 1780, par Jean-Baptiste Junquières, lieutenant particulier au Bailliage et présidial de Senlis, puis lieutenant de robe longue de la Capitainerie royale d'Halatte. Précédé des armes peintes des Junquières, *d'azur au chevron d'argent, avec deux croissants d'or en chef et une gerbe liée en pointe,* il porte le titre suivant : MÉMOIRES *généalogiques sur la famille des Sieurs* JUNQUIÈRES, *mis et rédigés en ordre par* JEAN-BAPTISTE JUNQUIÈRES, *Écuyer, Conseiller du Roy, Lieutenant particulier au Bailliage et Siège présidial de Senlis et Lieutenant de la Capitainerie Royale des Chasses de Hallate. 1756.* Mais le contenu du volume va plus loin que cette date, car, après 1756, J.-B. Junquières prit l'habitude, conservée avec des intermittences de régularité jusqu'en 1780, de noter les événements qui lui paraissaient dignes de remarque ; c'est donc une sorte de *Mémorial*, tenu un peu au hasard et sans souci de rédaction, tandis que la première partie a été étudiée, composée à loisir et écrite en bonne forme. Bien qu'il n'y ait dans le manuscrit aucune interruption après l'année 1756, il a paru nécessaire de diviser nettement la seconde partie de la première, et de lui donner un nouveau titre : *Mémorial de* JEAN-BAPTISTE JUNQUIÈRES, 1757-1780.

L'auteur a fait de minutieuses recherches pour établir les généalogies de ses ancêtres paternels (Junquières) et maternels (Oursel), et de ceux de sa femme (Reynard de Ramilly et

Chastellain de Popincour) ; chacun des chapitres est précédé d'un tableau généalogique orné des armoiries de la famille. Oursel : *d'azur à la fasce d'or chargée de trois quintefeuilles de gueules, avec deux besants d'or en chef, et un lion d'or issant en pointe ;* — Chastellain de Popincour : *d'argent au chevron de sable accosté de trois merlettes de même, deux en chef et une en pointe ;* — Reynard de Ramilly : *de gueules au renard d'or ;* — ajoutons-y les armes des Manneville, famille avec laquelle fit alliance le fils de J.-B. Junquières : *de sable au lion d'or entouré de huit croisettes d'argent.* Ces écussons sont peints en couleurs dans les tableaux généalogiques, qu'il n'est pas utile de reproduire.

Après la mort de J.-B. Junquières en 1786, son fils Amable-Louis, âgé de trente-neuf ans, reprit le manuscrit et y consigna ses *Souvenirs*, rédigés avec soin. *A mon tour, à mon tour*, tel est le titre de départ, précédé d'un tableau généalogique ; il n'y a pas d'autre titre, mais celui de *Souvenirs* s'impose ; le mot est d'ailleurs prononcé deux fois dans le texte. Amable-Louis interrompit sa rédaction à la mort de sa femme en 1791 (c'est lui-même qui le dit), et il ne la reprit qu'en 1810 ; c'est donc en 1810 que fut écrit le recit des événements survenus en 1792, 1793 et années suivantes ; d'où quelques petits défauts de mémoire qu'il a été facile de signaler dans les notes destinées à éclairer le texte. Les dernières pages sont écrites au jour le jour, jusqu'au mois de juillet 1811, date où s'arrête le manuscrit ; Amable-Louis vécut cependant jusqu'au 9 septembre 1821 ; sa tombe se dresse dans le cimetière de Senlis, ornée des armes de Junquières, avec la devise *Evexi et sustineo.*

G. M.

MÉMOIRES GÉNÉALOGIQUES

sur la famille des Sieurs

JUNQUIÈRES,

mis et rédigés en ordre

par Jean-Baptiste JUNQUIÈRES,

Écuyer, Conseiller du Roy,

Lieutenant particulier au Bailliage et siège Présidial de Senlis,

et Lieutenant de la Capitainerie Royale des chasses de Hallate,

1756

MÉMOIRES GÉNÉALOGIQUES

sur la famille des Sieurs

JUNQUIÈRES

Nous avons tous une origine commune, cela n'est pas douteux, et toutes les généalogies des habitants de la terre, si elles pouvoient être suivies, nous ramèneroient [1] toutes à un seul homme, notre grand-père commun qui est Noé. Ceci est commun également pour celui qui est assis sur le trône, comme pour celui qui demande son pain assis sur le fumier ; cela est de foi. Quand on en est bien convaincu, cette idée émousse un peu le montant de l'amour-propre. Je ne sais si tout le monde trouveroit aussi satisfaisant que moi cette généalogie suivie, parce que les goûts sont fort différents ; quant à moi, ce seroit le mien si cela étoit possible ; mais il n'y a jamais eu que le peuple hébreu qui ait conservé des suites de filiations jusqu'au premier homme, Dieu le voulant ainsi et l'ayant permis pour les desseins qu'il avoit de toute éternité ; et dès le moment qu'ils ont été accomplis par la naissance du Messie, il a laissé aller le cours des choses, et les Juifs ont perdu ainsi que les autres hommes le fil de leurs généalogies.

Il y a des maisons qui remontent encore fort loin par des filiations bien suivies ; des ancêtres illustres et connus dans

[1] On a cru devoir adopter l'orthographe moderne, corriger toutes les fautes, et ne conserver de l'orthographe des auteurs que la forme *oi* dans les verbes au lieu de *ai*, pour laisser au texte un air d'ancienneté. Ceci dit une fois pour toutes.

les histoires constatent leurs descendances. Malgré tout cela, jusqu'où peuvent remonter les plus illustres maisons ? Les unes deux cents, trois cents, quelques-unes jusqu'à cinq ou six cents ans ; passé cela, les voilà confondues comme les autres dans l'obscurité des temps. Combien y en a-t-il de péries par le défaut d'enfants ! Quant à moi, je ne me vante pas d'une si grande antiquité, quoique, si le hasard vouloit que je devinsse en place assez riche et assez puissant pour faire les frais des recherches et trouver des gens qui par intérêt et pour me faire la cour feroient ces recherches, je suis sûr que je pourrois remonter fort haut et que sûrement je gagnerois à cette recherche ; j'en juge par le peu de connoissances que nous a recueillies mon grand-père, qui, étant par son crédit en état de faire du bien à qui il vouloit, a trouvé des gens qui ont déterré des titres et pièces concernant ses auteurs, d'autres qui par flatterie ont baptisé de son nom des petites villes et rivières situées dans le lieu qu'occupoient ses ancêtres. S'il eût eu l'inclination plus portée à satisfaire cette espèce de curiosité, mettant la flatterie à part, il eût pu remonter en se donnant des mouvements beaucoup plus haut qu'il n'a fait. Peut-être le hasard et les mouvements que je pourrai me donner me procureront-ils quelques connoissances que j'ajouterai ici; mais comme je n'aime point à donner dans les fables et les chimères, je ne mettrai rien qui ne soit prouvé, ou ce qui sera conjectural je le donnerai comme tel.

La famille des Junquières étoit originairement établie en Languedoc, entre Toulouse et Carcassonne, à quelques lieues de la première. Il y avoit là une maison et un assez grand domaine que nos ancêtres possédoient il y a plusieurs siècles, qu'on appeloit en langage du pays *Junquières*, car en françois il faudroit écrire *Jonquières*, et notre nom se prononce ainsi en françois ; j'ignore comment il se prononce dans le pays. Il est visible que ce nom, terminé par un s comme étant au pluriel, paroît être un nom de lieu, soit que ce pays fût marécageux et qu'on s'y servît beaucoup de certaines nacelles de jonc qu'on nomme dans ce pays *junquières* et en françois *jonquières*. Il y a une ville très ancienne d'Espagne, en Catalogne, dans le Lampourdan, au pied des Pyrénées, à 8 lieues sud de

Perpignan, qui se nomme Jonquère [1], en latin Juncaria, et une autre petite en Provence, à 4 lieues nord-ouest de Marseille, qui se nomme Jonquières [2], en latin Juncariæ, où l'on voit que les noms françois sont mis par un o, et les latins par un u, ce qui est la vraie prononciation de ces pays. Il y a encore une fort belle terre auprès de Compiègne qui s'appelle Joncquières [3]. L'origine de tous ces noms-là est perdue, ainsi que celle du mien, dans la nuit des temps.

Il paroît que nos ancêtres étoient gens d'épée très anciennement. Il y a dans les archives de Carcassonne des originaux de lettres de saint Louis de l'année 1254, en latin, dans l'une desquelles le roi saint Louis mande au sénéchal de Carcassonne d'ôter de la garnison du château et de lui envoyer *Broco de Juncheriis* et de recevoir à sa place Bertrand de Fresnes aux mêmes gages, datée du mercredi après la Toussaint 1254; ce fut cette année-là même que le roi revint de la Terre Sainte, où il avoit été prisonnier; et aborda à Marseille le 11 juillet. Si un ministre ou un homme en place trouvoit telle lettre au sujet d'un de ses ancêtres, il en tireroit bien parti et la suivroit en remontant et en descendant.

Mes ancêtres, si voisins du Béarn et de la Navarre, s'attachèrent au roi de Navarre. Par les extraits que mon grand-père a fait faire de la Chambre des Comptes de Pau, séjour des rois de Navarre, en 1575 le s^r^ Junquières y est employé pour ses gages au titre des maîtres d'hôtel du premier semestre, page..... ; idem en celui de 1576, page IX^xx^ XIX ; idem en celui de 1578, page II^c^ IIII^xx^ II verso ; celui de 1577 ne se trouve pas ; en celui de 1579 le s^r^ Junquières, maître d'hôtel, qui avoit été dispensé de son service par mandement, est payé par apostille, page CII verso ; idem en celui de 1580, page VIII^xx^ VII ; en celui de 1582, au titre des gentilshommes servants, le s^r^ Junquières y est employé pour 300 livres pour ses gages, p. CXIX verso, et dans le même le fils du s^r^ Junquières, conseiller et maître d'hôtel, y est employé pour neuf vingts livres, reste de cent écus dont

[1] La Junquera en catalan.

[2] Jonquières est en Vaucluse. Il y a aussi des villages de ce nom dans l'Aude, l'Hérault, le Tarn, le Gard.

[3] Jonquières, canton d'Estrées-Saint-Denis, à 9 kilom. de Compiègne.

Sa Majesté lui avoit fait don et dont il avoit touché partie en 1579; ses offices manquent totalement aux comptes de 1583 et 1584; en celui de 1585, au titre des gentilshommes servants, le sieur Junquières y est employé pour ses gages, page CXV verso; en celui de 1586, au titre des gentilshommes de la Chambre, le s[r] Junquières, page IIII [xx] XIII; point mention de cet office en celui de 1587; en celui de 1588, le s[r] Junquières, gentilhomme servant, p. CLI; en celui de 1589, le s[r] Junquières, gentilhomme de la Chambre, page IIII [xx] XI verso; au compte de 1590 et suivants, il n'y a point de chapitre de dépense des gages des officiers domestiques du roi, mais seulement des officiers de la Chancellerie, maîtres des requêtes, secrétaires et conseillers de Navarre, parceque le roi de Navarre Henri 4 succéda cette année là à la couronne de France.

Ils restoient pour lors en Languedoc, à Toulouse et à Lanta[1], petite ville du diocèse de Toulouse, où, comme ils étoient huguenots, ils eurent sans doute beaucoup à souffrir dans les guerres de Religion, éloignés des emplois et sans doute dérangés dans leurs affaires. Ce fut Jean-Arnaud, mon bisaïeul, qui fit le premier abjuration, et qui exerça la charge de greffier audiencier en chef des Requêtes du parlement de Toulouse. Il fut aussi capitoul.

POUR LES JUNQUIÈRES

Isaac Junquières, écuyer, fut maître d'hôtel et gentilhomme servant des rois de Navarre. J'ignore quand il est né et quand il est mort; mais autant que j'en puis juger par Pierre Passelaigue, qui est au même degré que lui vis-à-vis de moi et qui vivoit en 1580, il faut qu'Isaac vécut à peu près dans ce temps-là. Ce que nous savons encore, c'est que cet Isaac vécut cent vingt ans; ainsi il doit être né en quatorze cent et tant. J'ignore aussi qui il épousa, mais il laissa quatre enfants, savoir 1° *Ogier*,

---

[1] Lanta, chef-lieu de canton dans l'arr. de Villefranche, à 19 km. de Toulouse.

écuyer, qui fut comme son père officier des rois de Navarre et qui épousa Anne Delafont; 2° Arnaud, qui épousa..... ; 3° Raymond, écuyer, qui épousa. ... ; 4° Antoine, écuyer, qui mourut à la guerre et, selon les apparences, sans postérité.

Du mariage de *Ogier* Junquières et de Anne Delafont sont issus : 1° *Jean-Arnaud* Junquières, écuyer, qui épousa Marguerite Trégan, fille de Bertrand Trégan, greffier audiencier en chef des Requêtes du parlement de Toulouse, et de Esther Passelaigue ; il prit la charge de son beau-père et fut capitoul ; 2° Jeanne Junquières, qui épousa Jean Sartre, dont je ne sais rien sinon qu'il demeuroit à la ville de Lanta près Toulouse.

Du mariage de Arnaud Junquières, écuyer, et de....., sont issus, entre autres, Jacques, écuyer, qui épousa.....

Du mariage de Raymond Junquières, écuyer, et de....., sont issus : 1° Marguerite, qui épousa N... Rivalz ; 2° Jeannette, qui épousa.....

Du mariage de *Jean-Arnaud* Junquières, écuyer, qui fit le premier abjuration et professa la religion catholique romaine, et de Marguerite Trégan sont issus quatre enfants :

1° Mon aïeul paternel, *Jean-Pierre-Arnaud* Junquières, écuyer, conseiller secrétaire du Roi, contrôleur général de la Grande Chancellerie de France, né le 21 janvier 1639 à Toulouse. J'ignore les premières particularités de sa vie. Ce que j'en ai su par feu mon père, c'est que Jean-Pierre-Arnaud, étant encore jeune, fut chargé par Jean-Arnaud, son père, qui étoit pour lors capitoul, de transcrire (comme il écrivoit parfaitement bien) un mémoire que les capitouls vouloient présenter au Roi pour lui demander quelque grâce à son passage par Toulouse en..... [1], que mon grand-père non seulement le transcrivit, mais le remania entièrement ; que ce mémoire, qui réussit au gré des capitouls, ayant été remis à M. de Noyers [2], il voulut voir celui qui l'avoit écrit et engagea mon grand-père à s'attacher à lui. M. de Noyers, l'ayant quelque temps formé dans ses bureaux, le donna ensuite à M. Le Tellier, pour lors

[1] Avril 1660, 20-22.

[2] Junquières se trompe ici. Sublet de Noyers était mort depuis longtemps (1645). Les collaborateurs de Mazarin étaient alors Michel Le Tellier, Nicolas Foucquet, Hugues de Lionne, Brienne et Colbert.

sècrétaire d'État et depuis chancelier. Lorsque mon grand-père vint à Paris, il fit comme les jeunes gens et se mit en pension chez une dame, veuve d'un nommé François Juif [1] (voilà tout ce que j'en sais), laquelle le prit en affection ; elle avoit une fille, qui, dit-on, étoit fort jolie, nommée Catherine (née le 7 juillet 1648) ; mon grand-père, par reconnoissance, lui dit que si jamais il faisoit fortune, comme il étoit en chemin de la faire, il n'épouseroit jamais d'autre que sa fille (il l'épousa à Saint-André des Arcs le lundi 31 mai 1666).

Il fut fait commissaire de l'artillerie dès 1665 ; sa commission, signée du duc Mazarini de La Meilleraie, grand-maître de l'artillerie [2], est du 1er janvier 1665. Il étoit dès lors premier secrétaire de M. le chancelier Le Tellier et très considéré de ce chef de la justice et si habile ministre. En 1666, 31 mai, il épousa Catherine Juif et tint son mariage secret. Le 25 novembre 1672, il fut fait capitoul du capitoulat de Saint-Pierre. Le 14 avril 1673, le Roi le pourvut de la charge de greffier en chef du Conseil souverain de Roussillon, qu'il ne prit apparemment que parcequ'elle étoit bonne, car il ne l'exerça jamais et obtint pour s'en dispenser un certificat de M. Le Tellier comme quoi il étoit employé près de lui au service du Roi.

En 1677, il acheta la charge de secrétaire du Roi du Grand Collège moyennant le prix de 63.000 livres ; ses provisions sont du 17 décembre 1677. Ce fut à peu près vers ces temps là que M. Le Tellier, ministre et chancelier, qui l'aimoit beaucoup, voulut le marier de sa main et très richement, ce qui l'eût mené, avec la protection de M. Le Tellier, à la plus grande fortune ; mais mon grand-père s'en défendit, sans en dire le sujet ; enfin, après quelque autre tentative de la part du ministre, il fut obligé de lui dire son histoire et qu'il l'étoit déjà. M. Le Tellier en fut piqué, et mon grand-père, prenant son fier, se retira et s'en fut à Toulouse, où il fut fait capitoul (ce fut en 1672). Apparem-

[1] Sans doute un parent de Jacques Juif, célèbre chirurgien, mort en 1658.

[2] Charles-Armand de La Porte, fils du maréchal de La Meilleraie, avait épousé, le 29 février 1661, une nièce de Mazarin, Hortense Mancini, et était devenu duc de Rethelois-Mazarini ; il fut connu dès lors sous le nom de duc Mazarin.

ment que ce fut aussi dans ce temps qu'il fit un abandon de ses biens patrimoniaux à ses frère et sœur. Mais M. Le Tellier ne tarda pas à s'apercevoir qu'il lui manquoit son bras droit et le rappela. Il rentra mieux en grâce que jamais, de façon qu'on ne l'appeloit plus que le petit chancelier ; ma grand-mère fut présentée à Madame la chancelière, et fut depuis de son jeu et de toutes ses parties.

En 1679, il obtint (le 29 juillet) des lettres patentes qui validèrent tous les actes dans lesquels il avoit pris le nom d'Arnaud, car il ne s'appeloit de son nom de baptême que Jean-Pierre, et lui permirent de continuer à le porter sa vie durant. Elles furent enregistrées au Parlement le 1er août. Le 12 juillet 1680, il vendit sa charge de secrétaire du Roi 65.275 livres, et employa ce prix à payer sa charge de contrôleur général de la Grande Chancellerie de France, qu'il avoit achetée le 21 juin 1680 moyennant 104.300 livres ; ses provisions de cette charge sont du 24 juin 1680, et ses lettres de survivance du 29. Ayant donné en l'année 1701 cette charge à Michel Junquières, son fils aîné et mon père, il obtint des lettres d'honneur de ladite charge du 16 janvier 1707 dûment enregistrées au Parlement, Cour des Aides, Grand Conseil et Chambre des Comptes ; l'énoncé de ces lettres est bien flatteur pour mon grand-père, où l'on y rappelle bien tous ses services.

Enfin mon grand-père, ayant marié avantageusement ses quatre enfants restés dans le monde, ayant perdu Catherine Juif, sa femme, le 15 novembre 1715, fit, le 28 dudit mois, une donation entre vifs à ses quatre enfants de ses biens, à la charge de 4.500 livres de pension sa vie durant et autres réserves, et mourut lui-même le..... 1718, âgé de 79 ans ; il fut enterré près de sa femme dans le cimetière de Saint-Joseph, annexe de Saint-Eustache. J'étois fort jeune encore quand il est mort ; je m'en souviens cependant encore un peu ; pour ma grand-mère, je n'avois que deux ans et demi et ne m'en souviens nullement.

Mon grand-père étoit fort grand et fort gros ; on l'appeloit à la Cour le gros homme ; il étoit fort bel homme, brun, de beaux yeux, comme on en peut juger par son portrait que j'ai, où il est représenté assis et en habit de capitoul ; il étoit d'un caractère franc, bon ami, serviable, de ces gens de l'ancienne roche, et naturellement gai et enjoué, plein de sentiment et d'honneur. Il a fait apparemment beaucoup de bien aux communautés, car plusieurs le regardoient comme un de leurs bienfaiteurs, et j'ai des associations aux prières et bonnes œuvres, pour lui et ses descendants, des Carmes déchaux du 4 janvier 1676, des Chartreux du 23 octobre 1682, et des Récollets du 15 juin 1686.

Sans avoir eu un sol de son patrimoine, auquel il renonça, mon grand-père laissa à sa mort huit cent mille francs de bien qui ne devoit pas un sol, lequel, partagé en quatre, fait pour chacun de ses enfants 200.000 livres. A présent, de tout ce bien on n'en trouveroit peut-être pas le quart en nature. *Effugit, erupit, evasit.*

2° Antoine Junquières, écuyer, né....., dont je sais très peu de chose, car il resta à Toulouse, où il fut capitoul avant 1683 ; peut-être dans la suite en saurai-je plus de particularités. Il épousa en..... d^lle^ Françoise de Thoré, fille d'un capitoul, dont il eut entre autres enfants deux filles, savoir Jeanne-Paule et Catherine. Il fut aussi greffier audiencier en chef des Requêtes du Palais à Toulouse. Il mourut en 1715 ou 16.

Jeanne-Paule Junquières épousa Noble Pagez, fils d'un capitoul et fameux avocat, d'où sont venus : une fille, qui a épousé Rodier, avocat, qui a laissé un garçon en mourant ; et un fils, avocat en parlement et substitut du procureur général du parlement de Toulouse, qui a épousé N..... Lagorée ; il a actuellement un fils qui est aux Indes [et a été depuis garde-marine].

Catherine Junquières épousa Pierre de La Tour, écuyer, et a laissé cinq enfants : Bertrand, doyen de l'église de Montauban, vicaire général de l'évêque de Dax ; c'est lui qui a été grand-vicaire à Québec ; — Bertrand, archidiacre de la cathédrale de Toulouse, vicaire-général de l'évêque de Comminges ; — Catherine, qui est encore fille ; — Françoise, qui a épousé N..... Paris de Vacquier, d'une ancienne famille du présidial de Lectoure, où il demeure et qui a quatre filles ; — Jeanne-Paule, qui a épousé N..... Lespinasse, écuyer, qui est mort actuellement et n'a laissé que deux garçons, l'un ecclésiastique, et l'autre Lespinasse-Champeaux, écuyer, conseiller au parlement de Toulouse, qui m'a envoyé tout ce détail.

3° Marguerite Junquières, née....., qui épousa en..... N..... Manas, et eut, à ce que je vois, un fils nommé Étienne. Ce Manas a laissé actuellement, selon que me marque M. de Lespinasse-Champeaux, deux petits-fils gentilshommes, dont l'un habite le château de Perrequinesples de Grisolles, petite ville à 4 lieues de Toulouse[1]; il a une jeune femme de 31 ans et déjà neuf enfants; son cadet ne fait rien.

***

Par Marguerite Trégan, mère de mon grand-père Jean-Pierre-Arnaud et par conséquent ma bisaïeule paternelle, j'entrevois beaucoup d'alliances, et très belles même; la plupart étant encore à Toulouse, je suis fort peu éclairci de tout cela et n'en sais au plus que les noms de quelques-uns. Peut-être serai-je mieux instruit dans la suite, mais je ne négligerai rien pour cela; j'exhorte mes enfants à en faire autant; cela n'est point par un motif de curiosité qui ait pour base la vanité; cette curiosité est purement naturelle, et mon plus grand plaisir seroit de pouvoir avoir, si cela étoit possible, une filiation suivie en remontant depuis moi jusqu'à celui des enfants de Noé d'où je tire mon origine; mais malheureusement il s'en faut infiniment que j'y parvienne, puisque de ce côté-ci je ne saurois trouver aucune lumière par delà le bisaïeul de mon grand-père, autrement mon quatrième aïeul; cet homme là étoit

Pierre Passelaigue, qui étoit huguenot, mais dont les enfants se firent catholiques. Il vivoit en 1580 et étoit, dit-on, procureur au parlement de Toulouse. Il épousa Jeanne Bèze, et eut quatre enfants : 1° Pierre Passelaigue, qui fut aussi procureur et épousa Anne Sabathery; 2° Marguerite, qui épousa Pierre Lacarry, aussi procureur, issu d'une ancienne famille noble de Navarre, qui fut deux fois capitoul et acquit la baronnie de Mauléon dans les Pyrénées; 3° Esther, qui épousa Bertrand Trégan, greffier-audiencier des Requêtes du parlement de Toulouse; d'eux sont issus Pierre Trégan, mort sans postérité

[1] Grisolles, chef-lieu de canton dans l'arr. de Castelsarrasin (Tarn-et-Garonne).

à Philisbourg et qui fut le parrain de mon grand-père, et Marguerite Trégan, qui épousa Jean-Arnaud Junquières, mon bisaïeul ; 4° Jeanne Passelaigue, qui épousa N...... Caissac. *(Suivent des notes très incomplètes sur la descendance de* Passelaigue, *de* Lacarry *et de* Caissac).

MON PÈRE ET SES FRÈRES

1° Michel Junquières, écuyer, conseiller secrétaire du Roi, contrôleur général de la Grande Chancellerie de France, mon père, naquit à Paris le 21 juillet 1670 et fut baptisé à Saint-Gervais et Saint-Protais le 23 dudit mois. A l'âge de neuf ans, son père le fit tonsurer à telle fin que de raison ; ses lettres de tonsure sont du 6 mars 1679. Le 1er janvier 1683, le Roi lui accorda 500 livres de pension sur l'abbaye de Saint-Évroult, ordre de saint Benoît, diocèse de Lisieux, qu'avoit le prince Guillaume-Égon de Furstenberg, évêque de Strasbourg, et, le 26 février audit an 1683, le Roi le nomma à l'abbaye commendataire de Saint-Savin en Lavedan [1], ordre de saint Benoît, diocèse de Tarbes ; Innocent XI lui en accorda les bulles, qui sont datées de Rome le 12 avant les calendes d'août (le 20 juillet) 1683, l'an 7e de son pontificat ; il en prit possession par procureur le 7 février 1684. Cette abbaye est dans les monts Pyrénées, à deux lieues des terres d'Espagne, et à 26 grandes lieues de Gascogne de Toulouse, ce qui fait 70 de nos lieues ; elle est sur le haut d'un joli vallon au milieu de quatre montagnes ; il y a neuf ou dix villages ou hameaux qui en dépendent, dont l'abbé nomme aux cures ; l'abbé est crossé, mitré, et préside aux états du pays de Bigorre en l'absence de l'évêque de Tarbes, comme étant le premier abbé du diocèse ; il y a dans cette maison place pour douze religieux ; par concordat

[1] Saint-Savin, à 4 km. d'Argelès (Hautes-Pyrénées). Le *Gallia Christiana* mentionne en effet Michel de Junquières comme abbé de Saint-Savin de 1683 à 1695, et son remplacement par Antoine Juif, chanoine de Narbonne.

les religieux payoient à l'abbé 2.500 livres par an, exempt de toutes charges, décimes, réparations, etc.

En 1684, il fut nommé par M. le duc de Bouillon au prieuré de Barbezieux, diocèse de Saintes, dont il prit possession le 4 octobre audit an, mais il n'en jouit pas. Enfin, le 30 mai 1686, il fut nommé par Antoine Juif, son oncle, sous-diacre et chanoine de l'église métropolitaine de Saint-Just et Saint-Pasteur de Narbonne et chanoine tournaire à une chanoinie et prébende de ladite église, qui valent 1.300 livres. J'ignore combien il garda le petit collet et ses bénéfices, mais il en jouissoit encore à la fin de 1691. Il eut les lettres de maître ès arts de la Faculté de Paris le 6 août 1686, fit sa théologie et son droit, dont il fut bachelier le 12 mai 1691, licencié le 24 juillet, et avocat reçu le 30 juillet 1691. Depuis il quitta l'état ecclésiastique et résigna ce qu'il put à Antoine Juif. Il travailla auprès du marquis de Torcy, et fut secrétaire d'ambassade lorsque le cardinal de Bouillon fut à Rome[1]; il en fut fort considéré, et comme il étoit dès lors grand joueur de trictrac, il tenoit le jeu de ce cardinal; il eut bien de l'agrément dans ce voyage et parcourut une grande partie de l'Italie. De retour à Paris, son père lui donna sa charge de conseiller secrétaire du Roi, contrôleur général de la Grande Chancellerie de France; ses provisions sont datées du 19 novembre 1701; le 4 décembre de cette année, il obtint des lettres de survivance de ladite charge. Il épousa, au mois de septembre 1706, ayant 36 ans, Angélique-Rose Oursel, qui en avoit 27; les premières années de son mariage furent très brillantes. En 1720, le 6 avril, il vendit à Jean-Louis Héron sa charge moyennant le prix de 293.000 livres, compris 3.000 livres pour la chaine ou épingles de ma mère; il reçut cette somme en billets et en acheta, le 21 mai 1720, par le conseil de Jean-Baptiste Junquières, son frère et mon oncle, la terre et baronnie de Cramahé, Courçon[2], Lamotte, Fraigneau, etc., située au

---

[1] Jean-Baptiste Colbert, marquis de Torcy, fils du marquis de Croissy, auquel il succéda en 1696 comme secrétaire d'État des Affaires Étrangères. — C'est en 1698 que le cardinal de Bouillon (Emmanuel-Théodose de La Tour d'Auvergne) fut envoyé à Rome pour l'affaire du Quiétisme.

[2] Cramahé est un hameau de la commune de Saint-Cyr-du-Doret, canton de Courçon, arr. de La Rochelle.

pays d'Aunis à 4 lieues de La Rochelle, le prix de 250.000 livres en billets. Mon père, ayant vendu sa charge, en obtint des lettres d'honneur pour lui, sa veuve et ses enfants, en date du 13 avril 1720, dûment enregistrées au Parlement, au Grand Conseil, à la Cour des Aides et à la Chambre des Comptes.

Ce fut après cela que ma mère s'aperçut d'un grand dérangement dans ses affaires, dérangement auquel elle avoit bien contribué en partie par ses dépenses aussi bien que mon père, qui, soit qu'il ne trouvât pas un chez-lui gracieux, soit par dissipation, faisoit beaucoup de folles dépenses, mais dont ma mère eût pu le faire revenir par douceur, comme elle l'eût détaché de ses petites inclinations passagères par plus de complaisance de sa part, car je ne conçois pas que mon père eût foncièrement un goût de débauche; il étoit fort appliqué, s'amusoit même à peindre en miniature et en pastel, et y excelloit, j'ai son portrait peint par lui-même et nombre de miniatures qui en font foi ; il savoit parfaitement la musique, avoit beaucoup lu ; je crois qu'il n'eût exigé que d'être dissipé et récréé après ses occupations, ce à quoi ma mère, avec son air sévère, n'étoit nullement propre. Mon père étoit dès lors un des premiers d'une société de gens d'un esprit infini, mais malheureusement peu prévenus en faveur des vérités de la Religion, qui sont simples et ne flattent que les simples de fait ou de volonté. Cette société s'appeloit de *la Pelote*, et avoit pour devise et pour sceau une pelote de neige roulant sur une montagne, avec cette âme : *crescit eundo*. Il y avoit des statuts, que j'ai, et on s'assembloit souvent pour se faire part de tout ce qui paroissoit de nouveau et de spirituel, qu'on transcrivoit dans des registres. Ils appeloient la maison et les jardins où ils s'assembloient le prieuré et les jardins de Thélème (de Rabelais), et tous ces philosophes avoient chacun pris un nom grec dans Rabelais ou ailleurs ; mon père s'appeloit Epistemon. Cette société est dissoute par la mort de tous les membres, dont j'ai connu plusieurs, gens de considération et d'esprit, mais de peu de religion.

Cette société, et les petites pensionnaires de mon père, dont il changeoit quand son goût étoit usé, lui coûtoient beaucoup. Ma mère, de son côté, menoit grand train au logis ; mais comme les femmes, surtout à Paris, n'ont jamais tort, elle demanda une séparation de biens et l'obtint par sentence du Châtelet du 14 juillet 1723, et se fit adjuger tous les meubles et effets, et la terre de Cramahé pour ses reprises. Mon père ensuite partit en qualité de secrétaire d'ambassade avec M. le duc de Richelieu [1], ambassadeur en Allemagne ; j'ai le certificat signé dudit seigneur duc qui atteste que mon père l'a suivi en qualité de secrétaire d'ambassade pendant les années 1725, 26, 27 et 1728. Il revint avec M. de Richelieu par le Trentin et l'Italie, et passèrent un carnaval à Venise. Ce fut dans cette ambassade que le duc de Richelieu fut soupçonné d'avoir fait dire à Vienne une messe sur une peau de bouc et autres impiétés que le public qualifie de magie. Il avoit avec lui un certain homme qui se mêloit beaucoup de chimie, d'astrologie et autres sciences secrètes que mon père m'a fait connoître depuis. Mon père aimoit beaucoup ces sciences secrètes et s'y entendoit ; il faisoit tous les ans tirer son horoscope par cet homme là ; j'ai celle de l'année de sa mort ; elle est en italien, que mon père entendoit et parloit parfaitement : il le menace d'accidents provenant de la région du ventre ; il est mort d'une goutte remontée. Il avoit aussi fait tirer notre horoscope, à mon frère et à moi, par le fameux Colonne, qui étoit astrologue du Régent : il avoit prédit que mon frère seroit très heureux et mourroit évêque, et moi que je serois marié, aurois des enfants et soutiendrois la famille ; ce qui prouve la vanité de cette science, du moins quant à mon frère.

Mon père, de retour, obtint un arrêt de défense le 16 septembre 1732 contre la sentence de séparation, et après bien des procédures de part et d'autre, dans lesquelles mon frère se fourra jusqu'au cou fort mal à propos, je crois, et jusqu'à solliciter et copier des pièces d'écritures contre mon père, qu'il ne lui a jamais pardonné le reste de sa vie, mon père perdit encore, sortit de chez ma mère, qui lui créa, par contrat du 20 janvier 1735, 600 livres de pension alimentaire. J'ai su que par désespoir il voulut s'embarquer pour les iles et fut jusqu'au Hâvre,

[1] Le célèbre duc de Richelieu (Louis-François-Armand du Plessis, né en 1696, mort en 1788) fut envoyé comme ambassadeur à Vienne en novembre 1725.

d'où quelqu'un sensé le fit revenir en lui faisant envisager qu'il n'étoit plus d'âge à cela. Il revint à Paris, se logea dans une chambre garnie rue des Vieux-Augustins, où je l'allois très souvent voir, à l'insu de ma mère qui ne trouvoit pas bon que je le visse si souvent; il ne voyoit pas de bon œil mon frère, qui n'y alloit pas non plus souvent. Il vécut dans cette retraite en philosophe, venant tous les mois toucher 50 livres de ma mère, qui les lui payoit assez durement, ainsi que j'en ai été plus d'une fois témoin. Enfin, à la fin de 1735, il eut une violente attaque de goutte qui ne lui permettoit presque plus de se coucher; je ne pus obtenir du logis pour lui un fauteuil de commodité pour passer les nuits; je lui en fis procurer un d'ailleurs. Enfin, le 2 février 1736 au matin, un homme qui alloit le servir vint au logis me dire qu'il avoit trouvé mon père mort dans sa chambre; je l'avois quitté la veille à huit heures et demie du soir; ainsi je suis le dernier qui l'ait vu. Cette nouvelle fut un coup de poignard pour moi, aussi l'annonçai-je très durement à ma mère; j'eus tort sans doute, mais si elle est ma mère, il étoit mon père, je l'aimois tendrement, et je savois comme il en avoit été traité. Je fus sur le champ le voir, l'embrasser sur la paille. Il fut enterré le lendemain au cimetière de Saint-Joseph, annexe de Saint-Eustache, auprès de son père et de sa mère. Il avoit 65 ans et demi quand il mourut.

Mon père étoit de moyenne taille, très bel homme, les cheveux bruns, de grands yeux bleus, le visage rond et plein, et étoit très puissant; cet embonpoint, à ce qu'il m'a dit, ne lui étoit venu que depuis environ l'âge de 35 ans. (Voyez au surplus ce qui peut le regarder dans l'article de ma mère, dans celui de mon frère et dans le mien). Son genre de mort *manet alta mente repostum.*

2° Jean-Baptiste Junquières, écuyer, né le 22 août 1671, fut élevé comme son frère aîné, mon père. Il fut conseiller du Roi, directeur général des fermes de Sa Majesté au département de La Rochelle, emploi qui lui rapportoit sans doute considérablement et qui prouve le grand crédit de mon grand-père de faire avoir de pareils emplois à ses enfants. Il épousa, le 11 janvier 1706, Marie Bouchereau, fille du procureur du Roi du présidial de La Rochelle. De plusieurs enfants il ne leur reste que Catherine-Marie, née le 31 octobre 1707, laquelle est encore fille, et Michel-Christophe. Il ne fut pas non plus trop heureux en ménage ; sa femme passoit pour être un peu coquette, mais devenue d'un âge plus mûr elle a mené une vie exemplaire par sa piété ; je ne l'ai presque pas connue, et c'est tout ce que je puis me rappeler de l'avoir vue dans mon jeune âge. Pour mon oncle son mari, je l'ai très bien connu, ayant demeuré les dix ou douze dernières années de sa vie à Paris, tandis que sa femme est restée à La Rochelle ; pour lui, il étoit mon parrain et avoit bien de l'amitié pour moi. Il est mort à Paris le 29 mars 1744 sur la paroisse de Saint-Sauveur, et sa femme est morte à La Rochelle le 30 octobre 1749.

3° Louis Junquières, écuyer, né le....., fut lieutenant au régiment de Maulevrier, fut prisonnier des Allemands en Italie, et ayant été échangé, et fait avec l'armée de M. de Vendôme une marche d'un mois très fatigante, il mourut le 7e jour d'une fièvre continue avec oppression de poitrine au camp de Montislo le 17 février 1704. Il avoit le surnom de La Planne.

4° Jean-Pierre-Adrien Junquières, né le..... 1687, fut fait chartreux à Paris par mon grand-père. Comme on n'avoit pas absolument consulté son goût, il ne tarda guère à s'ennuyer d'un genre de vie si rude et si austère. Cependant, ayant été fait prêtre, la grande considération qu'on portoit à mon grand-père fit qu'on choisit dom Adrien (c'étoit ainsi qu'on appeloit mon oncle) pour procureur de la Chartreuse de Paris. Cette place, dans laquelle on est libre de sortir en ville, le mit à portée de s'amuser. Il aimoit beaucoup la musique et se répandoit tellement que par ordre des supérieurs on l'envoya à Gaillon, belle chartreuse près Rouen. Peu après il en fut procureur et se servit encore de cette liberté pour faire de fréquents voyages à Paris. Le général en eut connoissance et ordonna au prieur de Gaillon de faire revenir sur le champ dom Adrien ; il revint donc ; il étoit fort aimable et avoit gagné les bonnes grâces du prieur, qui ferma les yeux sur sa conduite. Dom Adrien, dans le temps qu'il avoit été procureur, avoit eu considérablement d'argent en maniement, non-seulement le revenu de la maison de Paris qui est de 100.000 livres de rente, mais encore de beaucoup de particuliers qui, dans le temps du système [de Law] et de la recherche de l'argent, le lui donnoient à garder comme en lieu sûr, avec permission de le faire agir à son profit. Dom Adrien, qui dès lors avoit des vues, fit valoir cet argent, en acquit des actions, etc. Enfin il partit un beau jour de Gaillon, fut joindre une chaise de poste qui l'attendoit et où il y avoit un habit de cavalier, fit sa toilette dans la forêt de Saint-Germain, où il laissa son habit de chartreux que quelqu'un fut sans doute fort étonné de trouver, fut à Calais et de là en Angleterre. Il avoit resté dix-sept ans et demi chartreux. Ma mère, au bout de quelques années, s'avisa de vouloir s'intéresser à son sort et se mit en tête par zèle de le faire revenir en France. Il n'avoit au reste jamais changé de religion. Mais lui, qui connoissoit les moines, jura qu'il ne reviendroit jamais chez les Chartreux, quelques promesses qu'ils lui fissent de le bien recevoir. Il fallut donc travailler à le faire passer dans un autre ordre, et on obtint du cardinal de Polignac [1], qui avoit connu mon père à Rome et qui étoit grand-maître des Hospitaliers du Saint-Esprit, de le recevoir dans cet ordre, au moyen de quoi mon oncle revint d'Angleterre, où il avoit resté 17 ans et demi. Le cardinal de Polignac lui dit de choisir quelque maison religieuse où il fît une espèce de noviciat avant de faire profession, et mon oncle choisit l'abbaye royale de la Victoire, qui étoit près de nous ; c'est là où je l'ai vu (en 1741) et connu, ne l'ayant jamais vu avant, et ai beaucoup causé avec lui, qui avoit beaucoup d'esprit et savoit infiniment de choses. Il m'a conté une partie de sa vie et juré qu'il n'avoit pas emporté dans sa fuite un sol aux Chartreux. Un violent accès de goutte qu'il eut en Angleterre lui avoit rendu les doigts des mains tout crochus, de façon qu'il ne pouvoit plus dire la messe ; mais il écrivoit malgré cela très bien. Il traduisit, pendant son séjour à la Victoire, l'histoire ottomane du prince Démétrius Cantemir d'anglois en françois pour s'amuser ; je l'ai en quatre volumes [2].

---

[1] Melchior de Polignac, diplomate, académicien, cardinal, né le 11 octobre 1661, mort le 3 avril 1742.

[2] Démètre Cantemir, prince de Moldavie, né en 1673, mort en 1723. Il a écrit de nombreux ouvrages en roumain et en latin ; celui dont il est ici question est l'*Historia incrementorum atque decrementorum aulæ othomanicæ ;* la traduction française de Junquières fut publiée à Paris en 1743, in-4° et 4 vol. in-12, sous le titre de *Histoire de l'origine et de la décadence de l'Empire ottoman.*

Son noviciat fait, il fit profession et resta à Paris, libre, ce qui déplut tellement aux Chartreux qu'ils lui firent donner une petite commanderie de son ordre, qui ne valoit quasi rien, à Montpellier, où il fut obligé d'aller résider et où il mourut le 10 octobre 1742, âgé d'environ 55 ans. Il étoit entré à 17 ans et demi chartreux, y étoit resté 17 ans et demi, étoit demeuré en Angleterre 17 ans et demi, et comptoit vivre encore 17 ans et demi depuis son retour d'Angleterre ; mais il s'est trompé pour ce dernier article. J'ai bien du regret à une douzaine de manuscrits assez épais qu'il avoit composés en Angleterre, qui étoient très curieux. Il les avoit laissés chez ma mère, qui après sa mort, scrupuleusement et sans savoir ce que c'étoit, les brûla tous. Il avoit rapporté d'Angleterre mille à douze cents pistoles, qu'il donna ici au Roi à fonds perdus et qui en a bientôt hérité [1] ; j'en aurois bien pris une partie, mais ma mère, par *bonne volonté* pour moi, lui défendit de m'en donner, et en fit offrir à mon frère, qui n'en voulut pas.

4° Marie-Anne Junquières, née le....., qui épousa fort jeune (octobre 1694) Pierre Perrin, écuyer, conseiller secrétaire du Roi et avocat au Conseil, homme d'esprit et habile dans sa profession, mais singulier et dévot, qui voulut s'aviser, en épousant une femme jeune et jolie comme les amours telle qu'étoit ma tante, de faire les nuits de Tobie [2], ce qui occasionna la troisième nuit une scène, car à force de vouloir retenir la nature par un côté, elle s'échappa très salement par l'autre. Je l'ai connu qu'il étoit très vieux et rongé de goutte ; il est mort en l'année 173.. J'aimois beaucoup ma tante, qui étoit fort bonne et que j'ai vue mourir d'apoplexie en 1733 ou 34, l'un et l'autre sur la paroisse de Saint-Eustache à Paris.

5° Marie-Françoise Junquières, née le 4 octobre 1684, qui épousa, le 30 septembre 1704, François Perrin, écuyer, s^r de

---

[1] C'est-à-dire qu'il mit son bien en viager en rentes d'État.

[2] Tu autem cum acceperis eam ingressus cubiculum, per tres dies contineus esto ab eá, et nihil aliud nisi orationibus vacabis cum ea... Tunc hortatus est virginem Tobias dixitque ei : Sara, exurge, et deprecemur Deum hodie et cras et secundum cras, quia his tribus noctibus Deo jungimur ; tertia autem transacta nocte, in nostro erimus conjugio (*Liber Tobiæ*, VI, 18, VIII, 4).

Flancourt, commissaire provincial des guerres au département de Picardie, frère du précédent. Il fut s'établir à Amiens. Je ne l'ai point connu, et presque point ma tante sa femme. Tout cet article, pour les dates et qualité, m'a été envoyé par Mme la marquise de Querrieu, leur fille. Le s^{r} de Flancourt est mort le 20 mars 1736, et ma tante quelques années après.

ENFANTS DE MICHEL JUNQUIÈRES

De Michel Junquières, écuyer, conseiller du Roi et son secrétaire, contrôleur général de la Grande Chancellerie de France, et de Angélique-Rose Oursel sont issus..... une fille qui est morte en sevrage sur la paroisse de Saint-Étienne-du-Mont à Paris, où elle est enterrée au bas du jubé, et que je ne compte pas; ainsi sont issus :

1° Mon frère Michel-Dominique Junquières, écuyer, conseiller du Roi, lieutenant particulier au bailliage et siège présidial de Senlis, né à Paris sur la paroisse de Saint-Eustache le 20 décembre 1710, même année que le Roi régnant. Ce qu'il y eut de particulier, c'est qu'il vint au monde ce qu'on appelle coiffé, c'est-à-dire la tête enveloppée de cette espèce de membrane qui n'est qu'un lambeau de la tunique du fœtus, qui se crève à l'ordinaire à la naissance de l'enfant. On dit que ceux qui naissent ainsi coiffés sont très heureux; cette superstition est fort ancienne; Lampridius témoigne que les sages-femmes vendoient très cher ces coiffes aux avocats, qui croyoient qu'en la portant sur eux ils auroient une force d'éloquence à laquelle on ne pourroit résister; les canons défendent de s'en servir parceque les sorciers en usoient dans leurs maléfices; quoi qu'il en soit, j'ai conservé cette coiffe de mon frère, qui n'en fut pas pour cela plus heureux. Il fut élevé ainsi que moi, et notre enfance fut commune, car il n'avoit que vingt-huit mois plus que moi. Il fut mis au collège de Juilly[1] en 1719, et un an après,

[1] Juilly, canton de Dammartin, arr. de Meaux (Seine-et-Marne). Voir Hamel (Ch.), *Histoire de l'abbaye et du collège de Juilly* (Paris, 1868).

c'est-à-dire lorsque l'on m'y mit, il ne reconnoissoit plus ni père ni mère ni frère. Il y resta jusqu'en 1728, y fit toutes ses classes, philosophie inclusivement. Nous allions tous les ans passer nos vacances chez nos père et mère, et ce fut dans une de ces vacances qu'étant à Oulchy-le-Château[1] à chasser tous les deux, je pensai tuer mon frère ; mon fusil chargé partit tout seul dans mes mains ; heureusement qu'il se trouva vis-à-vis moi et non vis-à-vis le bout, sans quoi il auroit tout reçu dans le ventre. Nous fîmes notre droit ensemble ; il fut reçu tout de suite avocat, traîna la robe en cette qualité au Palais, fut externe chez le procureur, et aida ma mère dans ses affaires contre mon père avec un peu trop de partialité pour sa mère contre son père, qui ne lui a jamais pardonné ; je lui ai entendu, peu de jours avant sa mort, donner des malédictions à mon frère ; ce que je n'en dis que pour faire sentir de quelle conséquence infinie il est pour les enfants de s'attirer la malédiction de leurs père et mère. Mon frère mourut fort jeune, et Dieu a dit : *Honora patrem et matrem, ut sis longœvus super terram ;* beau sujet de réflexion. Comme nous n'avions rien de caché, mon frère et moi, l'un pour l'autre, j'ai des preuves (que je ne puis dire) qu'au fond il n'aimoit pas mieux sa mère. Il lui prit fantaisie en 1735 ou 36 de se marier ; ma mère fit demander Mlle de Ramilly l'aînée (qui depuis fut sa femme), et après bien des conventions mon frère n'en voulut plus ; puis deux ans après, en 1738, quand Mme de Ramilly vint à Paris avec ses filles pour faire le contrat de mariage de l'aînée avec M. de Rouvray, mon frère en devint tout d'un coup amoureux et enleva son cœur au s^r^ de Rouvray ; ma mère s'y prêta ; on fit leurs articles avec les miens, et mon frère vint épouser, le 15 avril 1738 dès cinq heures du matin, cette même Marie-Élisabeth Reynard de Ramilly. Au bout de l'année de nourriture chez notre belle-mère, ils se mirent à leur ménage à Villemétrie dans notre voisinage. Les brouilleries ne tardèrent pas à se mêler dans ce ménage ; il y eut un peu de la faute de ma belle-sœur, qui poussoit trop loin l'épargne et qui, étant plus âgée que son mari et de plus affligée de la surdité, n'avoit plus cet attrait qui attache un mari : on vieillit volontiers

---

[1] Oulchy-le-Château, chef-lieu de canton dans l'arr. de Soissons (Aisne).

ensemble, mais pour bien faire il ne faut jamais qu'un mari soit le plus jeune, parceque en général les femmes vieillissent plus tôt que les hommes. Mais le plus grand tort venoit sans contredit et sans comparaison de la part de mon frère, qui donna dans l'excès de la boisson, du cotillon et de la dépense. Enfin, après bien des scènes que je supprime, ayant perdu sa femme en 1751, sans regret de sa part, il se livra à plein collier à tous ses goûts et mourut lui-même brûlé d'eau-de-vie et de liqueurs le 18 janvier 1752 à une heure après midi; il fut enterré à Saint-Étienne [de Senlis]. J'avois traité, peu avant sa mort, de sa charge de lieutenant particulier, dont je jouis. Ils eurent quatre enfants, deux garçons qui moururent en nourrice, et deux filles qui leur survécurent, savoir : Rose-Élisabeth, qui est morte le 16 décembre 1754, que j'aimois beaucoup, comme elle nous aimoit aussi; et Jeanne-Catherine-Élisabeth-Victoire, née le 22 octobre 1742, qui est la filleule de ma femme et est aussi fort gentille; elle est à présent au couvent de la Présentation de cette ville [Senlis] *. Ainsi, de la part de mon frère voici les Junquières éteints quant au nom; c'est le premier qui ait manqué la branche aînée depuis Isaac, mon quadruple aïeul.

2° Jean-Baptiste Junquières, écuyer, etc. C'est moi. Comme qui que ce soit ne sait mieux ce qui me regarde que moi-même, et que j'espère, Dieu aidant, continuer mon histoire tant que je pourrai, je mérite bien un bel article à part. (Voyez cet article, qui, pour la commodité d'y ajouter, est à la fin après tous les autres).

ENFANTS DE MON ONCLE JEAN-BAPTISTE

De Jean-Baptiste Junquières, écuyer, et de Marie Bouchereau sont issus :

1° Catherine-Marie, née le 31 octobre 1707, qui est encore

---

* Elle fut mariée le 26 février 1759 à Étienne-Alexandre Chastellain, écuyer, s[r] de Popincour, chevalier de Saint-Louis, capitaine au régiment de Bretagne-infanterie, cousin-germain de sa mère; elle est morte le vendredi 13 novembre 1761.

fille. [*Ajouté*] : elle est morte fille le 7 décembre 1766 à La Rochelle.

2° Michel-Christophe Junquières, écuyer, né le 3 octobre 1708, lequel a servi longtemps en qualité de capitaine au régiment de Bresse-infanterie et s'est retiré en 1744 avec la croix de Saint-Louis. Il épousa en 1745, le 22 février, Suzanne-Marie-Blandine Triboudet, veuve du s[r] Berger du Coulombier, laquelle mourut le 20 mai 1750. Junquières épousa en secondes noces Marie-Claude Caillier de Barbalières, laquelle il épousa le 26 juin 1751 et qui est hors d'âge d'avoir lignée. Il est établi à La Rochelle et à Marans, où il est toujours resté. [Il est mort le 29 mars 1764]. De son premier mariage sont issus : 1° Antoine-François-Charles Junquières, écuyer, né à La Rochelle le 5 novembre 1745, [mort le 19 juillet 1765] ; 2° Charlotte-Suzanne Junquières, née à La Rochelle le 17 novembre 1746, [mariée le.....].

ENFANTS DE MARIE-ANNE JUNQUIÈRES ET PIERRE PERRIN

De Marie-Anne Junquières, épouse de Pierre Perrin, écuyer, conseiller secrétaire du Roi et avocat au Conseil, sont issus :

1° Marie-Catherine, née le....., laquelle épousa François de Godemel, écuyer, s[r] de Bourdeille, conseiller secrétaire du Roi, homme qui avoit fait sa fortune et étoit fort riche ; il étoit âgé quand ma cousine l'épousa, et devint peu d'années après aveugle. Ils n'ont jamais eu d'enfant, et mon père m'a toujours dit qu'au moment qu'elle vint au monde M. Desforges, fameux accoucheur, qui la reçut, l'ayant examinée, dit tout bas à mon père qu'elle étoit conformée de façon à n'avoir jamais d'enfant. Quoi qu'il en soit, M. de Bourdeille mourut en..... ; il avoit fait un fidéi-commis à d[elle] Beaumont, dame de Madame la Duchesse mère [1] ; cette demoiselle balança pour garder

[1] Mlle de Nantes, fille de Louis XIV et de Mme de Montespan, mariée en 1685 au petit-fils du Grand Condé, Louis III de Bourbon, duc de Bourbon, mort en 1710 ; mère de Louis-Henri de Bourbon, duc de Bourbon et prince de Condé, né en 1692, mort en 1740. Elle-même mourut en 1743.

le fidéi-commis ; elle le remit pourtant à ma cousine, à qui cela eût fait une très grosse différence, car au moyen de cela elle se vit une veuve de 15 000 livres de rente. Elle se fit un grand honneur de son bien, ayant toujours une grande table pour ses amis, qui y étoient bien reçus ; quand j'étois à Paris et que j'y manquois, j'étois grondé. Elle souffrit plusieurs années d'une goutte au fondement. Elle avoit été jeune, coquette, aimant le plaisir ; mais bien des années avant sa mort elle étoit d'une conduite très rangée. Elle étoit généreuse comme une reine, ce que je puis dire, bien que je ne m'en sois jamais ressenti que par sa bonne réception. Elle mourut d'une fluxion de poitrine à Vitry près Paris, où elle avoit une maison de campagne très jolie, le 9 novembre 1754, très regrettée de tous ses amis ; par son testament elle n'a oublié presque aucun de ses amis et parents, hors moi ; elle n'aimoit point le côté des Junquières en général.

2° Jean, écuyer, conseiller secrétaire du Roi, etc., comme son père, né....., épousa N. Boursier ; il est mort sans postérité au mois de mai 1755. Celui-ci ne faisoit point de jaloux, n'aimant et ne voyant aucun de sa famille, dans laquelle, pour sa vanité, on l'appeloit Monseigneur.

3° Joseph-Marcel-Ignace, écuyer, né..... Je fus assez lié avec ce cousin-ci dans mon jeune âge ; il avoit deux ou trois ans plus que mon frère. Après ses études, il entra dans les Cadets, fut ensuite lieutenant, puis capitaine dans le régiment d'Estaing nommé depuis Noailles, fit plusieurs campagnes, et se retira en 1736 ou 37 pour épouser Élisabeth Guillier [1] dont le père étoit commissaire des guerres à Colmar en Alsace, où mon cousin se retira à la veille d'avoir la croix, en quoi il fit une haute sottise. Il y demeure depuis ce temps et y demeurera probablement le reste de ses jours, n'ayant point eu d'enfant ni apparence depuis son mariage ; je crois bien qu'il n'en aura jamais. C'est encore un de ces bons parents qui a mis tout son bien à fonds perdu comme c'est la mode à présent.

---

[1] « Morte en 1788 » (note ajoutée en marge par Amable-Louis de Junquières).

ENFANTS DE MARIE-FRANÇOISE JUNQUIÈRES ET FRANÇOIS PERRIN DE FLANCOURT

Du mariage de Marie-Françoise Junquières avec François Perrin, écuyer, sieur de Flancourt, commissaire provincial des guerres au département de Picardie, n'est resté que Anne-Françoise Perrin, née le 11 septembre 1706, mariée le 10 mars 1728 à Pierre-François de Gaudechart, chevalier, marquis de Querrieu, seigneur de Rocquencourt en Picardie, de Canville et Benneville en Normandie, qui est mort le 23 juillet 1735. Elle demeure à Querrieu. J'ai voulu lier un peu commerce avec elle, mais je me suis aperçu que la qualité de marquise l'infatuoit un peu, pour quoi je l'ai laissée là ; il est vrai que feu son mari étoit très bon marquis, mais peu m'importe. De leur mariage est issu trois enfants : 1° Raphaël-Jean-Baptiste-François de Gaudechart, né le 7 octobre 1730, qui fait le marquis dans sa terre ; 2° Anne-Françoise de Gaudechart, née le 18 octobre 1731 ; 3° Paul-Maximilien de Gaudechart, chevalier de Querrieu, qui est né le 19 octobre 1731 (apparemment jumeau), et qui est dans les Mousquetaires, à ce que je crois.

COTÉ MATERNEL.

POUR LES OURSEL ET LEURS ALLIANCES

Je ne trouve rien sur les Oursel qui puisse me faire remonter avec quelque certitude plus haut qu'à mon trisaïeul, nommé Jacob Oursel, sans que sur ce nom de Jacob je puisse même conjecturer s'il étoit huguenot ou catholique. Ce Jacob Oursel étoit mort avant le 29 novembre 1625. Je trouve un de ses frères nommé Étienne Oursel qui vivoit en 1569. Jacob, qualifié bourgeois de Paris, avoit épousé Marguerite Desgroux, qui vivoit encore lors du mariage de François Oursel, son fils, en 1635. Elle avoit un frère nommé Gérard Desgroux, qui étoit prêtre et vivoit en 1625 ; un autre, à ce que je crois, nommé Étienne Desgroux, vivant en 1568 ; une sœur, je crois, nommé Madeleine Desgroux, femme de Jean Aubry (noble homme), vivants tous deux en 1594, père et mère de Étienne et Michelle Aubry, vivants en 1624 ; et une Marie Desgroux, femme de Pierre Bignicourt, vivants en 1573, cette Marie apparemment fille de Étienne Desgroux.

Ce Jacob Oursel et Marguerite Desgroux ne laissèrent d'enfant que François Oursel ; du moins se qualifie-t-il le seul héritier de ses père et mère. François Oursel fut premier commis de M. de La Vrillière, secrétaire d'État [1] ; il est qualifié de noble homme, qualité qui répondoit à celle de gentilhomme ; il épousa en janvier 1635 demoiselle Catherine Galland (née en 1616), qui lui apporta pour dot 66.000 livres. Ledit François étoit aussi fort riche, comme il paroît par son inventaire ; il doua sa femme de 1.500 livres de rente s'il n'y a enfant, et de 1.000 en cas qu'il y ait enfant ; leur préciput est de 3.000 livres. Ledit François Oursel fut créé conseiller d'État par le roi Louis 13 ; j'en ai le brevet signé Louis et plus bas Phelypeaux, daté de Nîmes le 15 juillet 1629, adressé à M. de Marillac, pour lors garde des Sceaux ; il y est dit que le Roi le constitue et établit son conseiller en ses conseils d'État, privé, et finances, pour les bons et fidèles services que Mre François Oursel lui a rendus depuis plusieurs années dans les emplois et négociations qui lui ont été commis pour son service tant dedans le royaume qu'en Italie et autres pays étrangers. Il fut toujours fort considéré, et mourut après sa femme dans un âge avancé en 1669. Il paroît par son inventaire qu'il étoit fort curieux en bijoux, livres, tableaux et argenterie ; il avoit 517 volumes, qui furent prisés 975 livres ; ses tableaux, la plupart originaux, furent prisés 7.929 livres ; sa vaisselle, sur le pied de 27 livres le marc, monta à 200 marcs ; ses bijoux et pierreries furent estimés

[1] Louis Phelypeaux, seigneur de La Vrillière, secrétaire d'État après la mort de son père en 1629.

pour lors 10.800 livres ; tous ces effets monteroient à présent à plus du double.

Catherine Galland, femme de ce François Oursel, étoit fille de Claude Galland, écuyer, conseiller du Roi, auditeur en sa Chambre des Comptes, mort depuis 1635, et de Catherine Merault, morte en décembre 1619. Claude Galland étoit fils de Jean Galland, qualifié noble homme, bourgeois de Paris, et de Madeleine Vivien, laquelle, après la mort de Jean Galland, épousa N..... Dubois et en eut Marie Dubois, femme de Guillaume Tarteron, écuyer, conseiller secrétaire du Roi, qui vivoit en 1635, d'où vient l'alliance avec les Tarteron. Madeleine Vivien avoit un frère nommé Claude.

Catherine Merault étant morte en décembre 1619, Claude Galland épousa en secondes noces, le 15 février 1627, Antoinette Phelippes, fille de Fiacre Phelippes, écuyer, conseiller du Roi, trésorier de France ; j'ignore s'il en eut des enfants, mais de Catherine Merault, sa première femme, il eut, de ma connoissance : Claude, écuyer, sieur de Beausablons, conseiller du Roi, maître des Comptes, né en 1617 ; Jacques, écuyer, conseiller du Roi, auditeur des Comptes ; Antoine, écuyer, s^r de Grandmaison, conseiller du Roi en sa Chambre du Trésor, qui vivoit encore en 1706 ; Denise, religieuse aux Ursulines, et Catherine, femme de François Oursel, écuyer, conseiller du Roi en ses conseils, laquelle étoit née en 1616 et mourut en 1664.

Catherine Merault (d'où vient l'alliance avec les Merault) étoit fille de Claude Merault, écuyer, s^r de Lafossée, conseiller du Roi, auditeur des Comptes, et de Jeanne-Michel Leconte (d'où vient notre alliance avec les Leconte), laquelle avoit, entre autres, un frère, Jacques Leconte, écuyer, s^r de La Boissière et d'Iteville, conseiller du Roi, président au Bureau des Finances. Catherine Merault avoit, entre autres, une sœur, Marie, qui épousa Michel Larcher, baron de Nesle, sieur de Lizy et de la Fortelle, conseiller du Roi, président en la Chambre des Comptes (d'où vient l'alliance avec les Larcher). De ce Michel Larcher et Marie Merault vinrent Pierre, écuyer, conseiller du Roi, aussi président en la Chambre des Comptes, et Marie, qui épousa Nicolas Le Camus, écuyer, conseiller du Roi, procureur général à la Cour des Aides (d'où vient l'alliance avec les Le Camus).

Enfin, dans le contrat de mariage de Catherine Galland et de François Oursel sont repris Jérôme Tarteron, écuyer, conseiller du Roi, auditeur des Comptes, cousin germain; Antoine Le Fêvre, écuyer, conseiller au Parlement; François Le Fêvre, écuyer, conseiller du Roi, auditeur des Comptes, cousins; François Charlus, écuyer, conseiller du Roi, receveur des tailles à Rennes, cousin; Jacques Garrault, écuyer, conseiller du Roi, contrôleur général de l'ordinaire des guerres, s^{r} de Bucan, cousin; Pierre Merault, écuyer, s^{r} de Courbeville, maître d'hôtel ordinaire de la Reine-mère, cousin; Charles Leconte, écuyer, s^{r} de Montauglan, conseiller au Parlement, cousin; Louis de Machault, écuyer, s^{r} d'Esgligny, conseiller du Roi en ses conseils et son ambassadeur es pays de Suisse et Grisons, cousin; Nicolas Méliand, écuyer, conseiller au Parlement, président aux Enquêtes, cousin; Gabriel Méliand, écuyer, conseiller du Roi, maître des Comptes, cousin; etc., etc. D'où j'ai eu raison de dire que cette Catherine Galland étoit et que nous sommes alliés à ce qu'il y a de meilleur dans la robe. Dès 1581, le 15 novembre, un Claude Larcher, conseiller au Parlement, avec d'autres très respectables magistrats qui tenoient le parti du roi Henri 3 dans le temps de la Ligue, furent dans une sédition pendus par les Seize. Nous venons de voir un Machault contrôleur général des Finances; un Merault, que je connois, président des trésoriers de France. Pour les Galland, qui sont toujours de la Chambre des Comptes et prodigieusement riches, nous en sommes, avec les enfants et descendants de Mlle Oursel, seuls héritiers s'il venoit faute d'enfants; il y a quelques années qu'ils étoient réduits à une fille pour tout, qui a été mariée (mars 1752) à M. Turgot et qui a, je crois, des enfants. Si le cas arrivoit, ce que j'en viens de faire connoître suffit pour débrouiller nos droits successifs. [Gabrielle-Élisabeth, née en 1731, épousa M. Michel-Jacques Turgot, marquis de Sousmont, président du parlement de Paris [1]; ce M. Turgot a eu, le 10 mai 1753, un fils nommé Antoine-François]. A l'égard des Leconte, j'ignore s'il y en a encore. Jeanne Leconte avoit frère et sœur, entre autres une

---

[1] Frère aîné du célèbre ministre de Louis XVI.

Michelle Leconte qui a donné son nom à la rue Michelle-Leconte à Paris [1] et qui fut mariée à un Chastellain, écuyer, s[r] de Popincour, d'où provient la mère de ma femme, et par où nous étions parents, quoique fort éloignés. Catherine Galland mourut en 1664.

De François Oursel, écuyer, conseiller d'État, et de Catherine Galland, sa femme, vinrent : 1° Marie-Françoise-Catherine, qui fut faite religieuse aux Bénédictines de Montmartre en 1658 et y mourut le 7 juin 1679 ; 2° François, qui fut le père de ma mère ; 3° Dominique, né le 30 décembre 1652 ; 4° Denise, qui fut religieuse dite de Saint-Alexis à Montmartre avec sa sœur ; elle étoit née en 1654 et mourut en 1691 ; 5° Bernard, né en 1655, écuyer, s[r] de Blainville, conseiller du Roi, correcteur de la Chambre des Comptes ; étant garçon, il voyagea beaucoup en Italie et ailleurs, d'où on le surnommoit Oursel le Romain ; il étoit en 1683 à Notre-Dame-de-Lorette, j'en ai le certificat, du 15 octobre ; il épousa d[elle] Françoise-Angélique Chuppin, fille de Nicolas Chuppin, écuyer, conseiller du Roi, contrôleur général du Marc d'or, au mois de novembre 1686, qui lui apporta 50.000 livres, sans les droits successifs de père et mère. Bernard mourut sans enfants le 16 avril 1689. Il paroît qu'il étoit fort dévot ; il fit par son testament olographe, que j'ai, plusieurs fondations à Saint-Nicolas-du-Chardonnet, entre autres d'une lampe d'argent qui doit brûler à perpétuité dans la chapelle de la sainte Vierge de cette église, qui étoit sa paroisse. Il étoit dirigé par le s[r] Boucher, qui en étoit curé et en qui il avoit grande confiance. Sa veuve, Françoise-Angélique Chuppin, fille de Nicolas Chuppin, ainsi que j'ai dit, et de Nicolle-Angélique Voisin, épousa depuis Louis-François Mouffle, écuyer, s[r] de Champigny, conseiller au Parlement ; elle mourut en 1729, et jusque là ma mère et MM. Oursel payèrent son douaire de 1.200 livres par an. Après sa mort, Augustin-François Mouffle, écuyer, s[r] de Champigny, conseiller au Parlement, son fils unique, remboursa à ma mère 12.000 livres pour la moitié du

[1] Ce n'est pas ici le lieu de discuter cette assertion. On se contente de renvoyer au travail de M. C. Piton intitulé *La Rue Michel-le-Comte* et publié dans le *Bulletin de la Société historique et archéologique du IVe arrondissement de Paris*, avril 1913.

principal dudit douaire. 6° Autre enfant de François Oursel fut Louis, qui se fit jésuite en 1665 et qui est mort en 1704 ; c'étoit un bon et saint religieux, fort simple, qui s'efforçoit toujours de remettre la paix entre ses frères, qui fut souvent altérée, comme je le vois par ses lettres. 7° François-Hyacinthe, dit de Victot, né en 1657 ; il avoit étudié au collège des chanoines réguliers de Sainte-Geneviève à Saint-Vincent de Senlis, et se montra par son testament très reconnoissant envers cette maison. Il fit sa légataire universelle Marianne-Claude-Françoise Oursel, sa nièce, et sœur de ma mère, qui fut depuis religieuse au Moncel, et déshérita par là ma mère ; elle me dit se l'être attiré par ses railleries, appelant d'ordinaire le s^r de Victot son oncle, qui apparemment étoit délicat et jouoit de la flûte, *petit flûteur, petit mâcheur ;* ma tante la religieuse, étant apparemment d'un caractère plus doux, se fit mieux venir. Ce François-Hyacinthe mourut sans avoir été marié le 26 novembre 1678, âgé de 21 ans.

Ainsi, des sept enfants de François Oursel, conseiller d'État, et de Catherine Galland, il n'y eut que François, mon grand-père, et Dominique, mon grand-oncle, qui eurent postérité ; encore n'est-il resté d'eux que des filles, qui par leurs mariages ont changé de nom, de sorte que la famille Oursel est absolument éteinte, à moins qu'il n'y en ait quelque autre branche antérieure à Jacob Oursel, ce que je ne crois pas ; du moins ne sont-elles pas venues à ma connoissance jusqu'à présent, quelque perquisition que j'en aie pu faire. François Oursel, mon bisaïeul, se voyant père de sept enfants dont cinq garçons, auroit pu se flatter d'une nombreuse postérité de son nom ; mais il ne faut se flatter de rien ; que sais-je si avec mes trois garçons mon nom subsistera longtemps !

MON GRAND-ONCLE MATERNEL

Dominique Oursel, écuyer, conseiller du Roi, correcteur de la Chambre des Comptes, troisième fils de François Oursel, conseiller d'État, naquit le 30 décembre 1652 et épousa, le 8 septembre 1682, Marguerite Le Fèvre, née le 10 juillet 1652, fille de Jacques Le Fèvre, chirurgien accoucheur de la famille royale, et de Marie Petitbon. Ledit Dominique mourut le 14 octobre 1703, et Marguerite Le Fèvre, sa femme et ma marraine, le 31 décembre 1739, âgée de plus de 87 ans. De leur mariage sont issus : 1° François-Pierre-Dominique Oursel, né le 28 juin 1683, qui fut le parrain de mon frère et qui est mort le 8 juillet 1744 après plusieurs années de souffrances, fruit de la guerre, dans laquelle on cueille des myrthes au lieu de lauriers. Il ne manquoit pas d'amour-propre et disoit communément que quand on a des dents, des cheveux et des manières, on ne trouve pas de cruelles bergères ; il fut bien humilié et perdit les unes et les autres bien désagréablement. Il avoit épousé, le 27 octobre 1713, Thérèse-Geneviève Bugarel, qui étoit une beauté, née en 1693 de Pierre Bugarel et de Geneviève Bousiflar, et qui est morte comme une sainte après une grande maladie dont elle avoit obligation à son mari, le 19 mars 1736. — 2° Bernard-Louis Oursel, écuyer, né le 23 septembre 1684, qui ne s'est jamais marié et vit encore dans les exercices de la piété la plus exemplaire. [Il est mort le 2 avril 1766]. — 3° Claude-Antoine Oursel, écuyer, chevalier de Saint-Louis, né le 2 mars 1685 et qui a été tué au combat de Guastalla en Italie le 2 novembre 1734 d'un coup de feu qu'il reçut ; il étoit capitaine commandant de bataillon dans le régiment de Picardie ; c'étoit encore un garçon d'une grande piété. — 4° François-Anne Oursel, écuyer, né le 7 août 1692 et mort garçon le 31 août 1715 ; je ne l'ai jamais connu. — Ils eurent encore trois filles mortes dans l'enfance.

De François-Pierre-Dominique Oursel, écuyer, et de Thérèse-Geneviève Bugarel sont issus deux enfants morts en naissant et Élisabeth-Geneviève Oursel, née à Paris, qui vit encore et demeure à Angers, où elle a épousé en premières noces, le 6 janvier 1745, Louis du Mesnil, chevalier, s[r] d'Aussigné, chevalier de Saint-Louis, capitaine au régiment Royal-infanterie, duquel mariage est resté Bernard-Louis du Mesnil d'Aussigné, et en secondes noces à Angers, le 24 août 1750, Jean-François-Prosper-Élisabeth de Grimaudet, chevalier, s[r] de La Chevalerie, ci-devant capitaine d'infanterie, d'où est issu jusqu'à présent un garçon né le 9 avril 1753.

MON GRAND-PÈRE MATERNEL

François Oursel, écuyer, fils de François Oursel, écuyer, conseiller du Roi en ses conseils d'État, privé et des finances, et de Catherine Galland, fut le père de ma mère ; il étoit né le .. mars 1642. Il paroît, par l'acte qui le crée tuteur de ses frères, qu'il fut aussi premier commis de M. de La Vrillière, secrétaire d'État ; mais dans aucun acte il n'a d'autre qualité qu'écuyer ; aussi n'eut-il jamais de charge et je crois qu'il ne fit rien. Il paroît avoir été d'un caractère assez inconstant, tantôt tout en Dieu, tantôt tout dans le monde. Il épousa, le 6 juin 1673, d[elle] Marie-Anne Coupeau, qui avoit 17 ans et étoit une beauté, ainsi que je l'ai ouï dire à mes parents, qui l'ont connue, et comme le portrait que j'en ai en fait foi, mais apparemment coquette, fringante, aimant la bonne chère, le luxe, la parure, les équipages et les plaisirs. Mon grand-père, complaisant, fricassa, pour plaire à sa jeune femme, dans les premières années de son mariage plus de 40.000 livres pour satisfaire ses goûts, le sien même étant assez porté à la dépense, et surtout aux dépenses folles, comme il l'a fait voir souvent. Il paroît que ma grand'mère ne l'a jamais beaucoup aimé, car dans une maladie qu'il eut en 1678, cinq ans après son mariage, qui étoit une fistule au fondement, le jour qu'on lui fit l'opération et pendant qu'on lui faisoit, sa femme fut se réjouir à la Comédie. Elle n'avoit pas sans doute puisé ces principes à l'Abbaye-aux-Bois à Paris, où elle avoit été élevée ; quoi qu'il en soit, quand son mari voulut lui parler et lui fit parler par M. Le Bret, conseiller au Parlement, son parent, de réformer son luxe et ses dépenses, elle le prit si mal et traita si durement et l'entremetteur et le mari que celui-ci en tomba malade de chagrin au mois d'avril 1680, et M. Galland, son oncle, qui savoit le peu de soin qu'il avoit à attendre de sa femme, le retira chez lui pendant sa maladie. Dans les premiers jours de cette maladie, qui n'étoit d'abord qu'un profond chagrin et qui dans la suite dégénéra en une fièvre chaude, sa femme, aidée de M. Tarteron et de Mme Tarteron, qui étoit belle et séduisante, et encore de Mme Morice, mère de Marie-Anne Coupeau, voulurent, dans une partie faite à Saint-Denis, engager mon grand-père d'abandonner tout son bien à sa femme, ne se réservant qu'une pension de 1.500 livres, et de lui passer sa procuration pour régir et gouverner le bien de son mari comme elle jugeroit à propos. C'est ce qui engagea MM. Galland à le retirer dès le lendemain chez eux ; ensuite, pour sûreté, ils firent mettre le scellé chez mon grand-père et le firent interdire, lui créant Dominique Oursel, son frère, pour curateur. Aussitôt Marie-Anne Coupeau se retira à l'abbaye de Penthémont à Paris, fit sa demande en séparation, et en obtint une sentence par défaut le 20 septembre 1680. Mon grand-père eut beaucoup à souffrir des persécutions d'une partie de ses parents, entre autres du président Larcher et de Dominique Oursel, son frère ; car il avoit épousé contre le gré de toute la famille Marie-Anne Coupeau, qui n'avoit apporté en dot que 700 livres de rente. Ma grand'mère accusoit son mari d'être aliéné d'esprit, d'avoir voulu la tuer, etc. ; mais mon grand-père, étant revenu de sa maladie, n'eut pas de peine à détruire ces imputations calomnieuses, se fit relever de son interdiction, et après bien des procédures obtint, le 27 août 1682, un arrêt du Parlement qui infirmoit la sentence de séparation obtenue par défaut le 20 septembre 1680. Il fit tout ce qu'il put pour engager sa femme à revenir avec lui, et employa pour l'y engager M. Le Camus, premier président de la Cour des Aides, son parent, et le fameux Blampignon, curé de Saint-Médéric ; mais elle ne voulut jamais y consentir le reste de sa vie.

Mon grand-père logeoit en 1689 chez M. Tiquet, conseiller au Parlement, dans le temps que la belle Mme Tiquet voulut faire assassiner son mari, pour quoi elle fut décapitée en place de Grève ; mon grand-père avoit le portrait de Mme Tiquet, et il est encore encadré au dessus de la glace de la cheminée du cabinet de toilette de ma mère dans sa maison, rue du Four. Mon grand-père venoit souvent passer plusieurs mois à Senlis chez M. Chastellain de Popincour, lieutenant particulier, son parent et grand-père de ma femme ; il y avoit même mis ma mère en pension dans son enfance ; il donna une fois chez M. de

Popincour une fête et bal qui dura plusieurs jours, où il avoit invité bien du monde de Paris et tous les honnêtes gens de la ville ; cette fête fut très somptueuse et lui coûta près de 8.000 livres. L'année d'après, par un contraste de caractère qui lui étoit ordinaire, il fonda aux Cordeliers de Senlis les prières de quarante heures, une messe haute tous les jours à onze heures, et à la paroisse de Sainte-Geneviève de Senlis une lampe perpétuellement ardente et 60 livres par an pour distribuer aux pauvres de ladite paroisse. Il étoit d'un caractère haut et railleur, comme tous les Oursel mâles et femelles, mais bon, généreux et compatissant ; il eut, les dernières années de sa vie, une paralysie qui ne lui permettoit pas de sortir de son fauteuil, pendant lequel temps ma mère le gardoit et conduisoit la maison. Il mourut le..... 1704 dans la maison qu'il occupoit rue des Rosiers à Paris ; je ne sais s'il fut enterré à Saint-Nicolas du Chardonnet, où est enterré Bernard Oursel et où les Oursel ont leur sépulture vis-à-vis de la chapelle de la Vierge par concession du curé et des marguilliers de ladite paroisse en date du 9 avril 1689.

MA GRAND'MÈRE MATERNELLE

Marie-Anne Coupeau, ma grand'mère, étoit fille de Simon Coupeau, écuyer, conseiller secrétaire du Roi, greffier en chef de la Chambre des Comptes, et de d[elle] Marie de Heurles. Simon Coupeau, son père, étoit fils de Simon Coupeau, écuyer, conseiller secrétaire du Roi, et de Anne Cailloux ; et ce Simon Coupeau, mon trisaïeul, étoit lui-même fils d'un autre Simon Coupeau, écuyer, s[r] du Gué et de La Guette, et de Michelle Coucquaut. Je ne trouve rien de certain qui puisse me remonter plus haut. Ce premier Simon Coupeau, mon quadruple aïeul, et Michelle Coucquaut, sa femme, eurent entre autres enfants : 1° Claude, qui fut notaire à Romorantin dans le pays de Sologne en Blaisois ; 2° Mathurine, qui épousa un nommé Claude Brossard ; 3° Simon, mon trisaïeul, seigneur du Gué et de La Guette en Sologne, pays Blaisois, qui fut secrétaire du Roi en 1617, qui en 1616 avoit épousé Anne Cailloux, fille de Joseph Cailloux, écuyer, conseiller de la Cour des Monnoies, et de Marie Du Chesne. Ce Simon Coupeau, mon trisaïeul, mourut à Paris le 27 avril 1670, très âgé ; il eut entre autres enfants : 1° Anne, qui fut religieuse à l'Annonciade de Saint-Denis et dite la mère Marie-Séraphine ; 2° N...... Coupeau, écuyer, qui fut capitaine, mort avant 1668 sans postérité ; 3° Simon Coupeau, écuyer, conseiller secrétaire du Roi, greffier en chef de la Chambre des Comptes de Paris, seigneur du Gué et de La Guette, mon bisaïeul, qui épousa en 1642 d[elle] Marie de Heurles, fille de François de Heurles, bourgeois de Paris, et de Charlotte Jouanne, mariée audit François de Heurles en 1623. Ce François de Heurles étoit fils de Jean de Heurles, bourgeois à Troyes en Champagne, et de Claudine Feloix. Charlotte Jouanne, femme de François de Heurles, étoit fille de Marin Jouanne, officier de l'écurie du Roi, mort en 1623, et de Marie Hubelin, lesquels pour enfants eurent, outre cette Charlotte, deux autres filles, savoir : Anne, mariée à Thomas Prout, établi à Blois, et Marguerite, mariée à Charles Brûlé, secrétaire de la Chambre du Roi.

Simon Coupeau, mon bisaïeul, étant mort en 1655, Marie de Heurles, sa veuve, épousa en secondes noces, en 1657, François Morice, écuyer, conseiller secrétaire du Roi, trésorier général des Domaines, mort avant 1670, duquel mariage est venu : 1° François-Auguste Morice, écuyer, s[r] de Saint-Éloy, officier de marine, qui fut tué au mois de mai 1689, enlevé par le feu qui prit aux poudres du vaisseau sur lequel il étoit dans le combat donné contre les Anglois par M. le comte de Château-Regnaud, lieutenant-général des armées navales, à Bantry[1] ; le vaisseau que montoit M. de Saint-Éloy se nommoit le *Diamant*, vaisseau du Roi commandé par le chevalier de Coëtlogon ; j'en ai le certificat, daté de Brest du 27 juin 1689, signé Des Clouseaux, intendant de marine. On peut appeler cette mort une mort subite ; aussi, comme dit Horace du premier

[1] C'est le 13 mai 1689 que le marquis de Châteaurenault ou Château-Regnaud vainquit la flotte anglaise de l'amiral Herbert dans la baie de Bantry.

qui osa s'exposer sur un vaisseau, *illi robur et æs triplex circa pectus erat.* Ce M. de Saint-Éloy mourut sans postérité. 2° Marie-Angélique Morice, qui épousa Pierre-Nicolas Moreau, écuyer, s[r] d'Esclainvilliers, qui est mort à Avignon en 1755 ; il s'étoit arrêté en cette ville et y est resté jusqu'à sa mort, car son intention étoit, comme il étoit grand Moliniste, d'aller mourir à Rome ; je l'ai connu et l'ai vu dans cette disposition. J'ai aussi connu toujours Marie-Angélique Morice, sa femme, qui est morte en 173. à plus de quatre-vingts ans ; elle étoit marraine de ma mère. Ils n'ont laissé de leur mariage que deux filles, qui sont Françoise-Madeleine et Marie-Élisabeth d'Esclainvilliers, qui vivent encore à Paris et sont bien hors d'âge d'avoir des enfants, dont nous sommes héritiers à cause de leur mère, sœur utérine de Marie-Anne Coupeau, ma grand'mère. [*Ajouté*] : Marie-Élisabeth mourut sans avoir été mariée le 5 septembre 1776 [1].

Cette Marie de Heurles mourut enfin elle-même, après avoir enterré deux maris, le 9 janvier 1684. D'elle et de Simon Coupeau, mon bisaïeul et son premier mari, sont issus : 1° Honoré Coupeau, chevalier, seigneur du Gué, né en 1651, commandeur des ordres de N. D. du Mont-Carmel, de Saint-Lazare et de Jérusalem, et chevalier de Saint-Louis, ancien mousquetaire de la Garde du Roi, vieux militaire fort respecté, mort sans postérité à Paris le 6 février 1702 et enterré à Saint-Sulpice ; 2° Simon-Joseph, né en 1653, mort jeune, sans postérité, en 1670 ; 3° Marie-Anne Coupeau, ma grand'mère, née en 1655 ou 1656, qui fut élevée à l'Abbaye-aux-Bois à Paris et épousa à 17 ans François Oursel, écuyer, mon grand-père, à qui par son humeur coquette et dépensière elle donna bien du chagrin, comme on peut le voir à l'article de mon grand-père ; elle se retira à l'abbaye de Penthémont à Paris lors de sa séparation et ne voulut jamais revenir avec son mari. Elle mourut chez son frère le commandeur le 28 avril 1689, âgée de 34 à 35 ans. De son mariage avec François Oursel, mon grand-

[1] Et la dernière phrase du *Mémorial* de Junquières sera consacreé à la mort de « Françoise-Madeleine Moreau d'Esclainvilliers, morte à Paris le jeudi 11 mai 1780, fille âgée de quatre-vingts ans passés, cousine germaine de feu ma mère ; je suis son seul héritier de son côté maternel ».

père, sont issues : 1° une fille morte enfant ; 2° Marie-Anne, née en 1674, morte religieuse au Moncel près Senlis ; 3° ma mère.

MA MÈRE

Angélique-Rose Oursel, ma mère, étoit alliée à tout ce qu'il y a de meilleur et de plus distingué dans la robe. Elle vint au monde le 30 mai 1679, et avoit pour sœur aînée Marianne-Claude-Françoise Oursel, qui naquit en 1674, se fit religieuse en l'abbaye royale des Cordelières du Moncel près Pont-Sainte-Maxence, à deux lieues de Senlis, où elle est morte en 17.., soit du chagrin d'avoir peut-être été faite religieuse malgré elle, soit par quelque autre disposition naturelle ; la tête lui tourna quelque temps avant sa mort, et un jour, après avoir jeté son écuelle par la fenêtre de sa cellule, elle s'y jeta elle-même en disant le verset du psaume *Qui habitat : Angelis suis mandavit ut custodiant te in omnibus viis tuis, in manibus portabunt te ;* les anges ne la soutinrent pas comme elle l'espéroit, car elle mourut de sa chute. Ma mère et elle étoient en pension au Moncel en 1690, mais depuis ma mère fut mise aux Ursulines de Paris, comme elle n'avoit plus de mère, sous la direction de Mme Galland, sa grand'tante, religieuse aux Ursulines du faubourg Saint-Jacques à Paris. Ma mère, par l'entrée en religion de sa sœur, se trouva fille unique. Son père François Oursel, étant devenu paralytique les dernières années de sa vie, la retira auprès de lui pour le soulager, et comme son père ne pouvoit plus sortir de son fauteuil, elle conduisoit tout son ménage et étoit maîtresse absolue. Cela lui donna un goût de maîtrise et de supériorité qui ne l'a jamais quittée et qui a souvent fait le malheur de son mari mon père et de ses enfants. Elle avoit tout enfant été élevée à Senlis chez M. Chastellain de Popincour, écuyer, conseiller du Roi, lieutenant particulier, qui étoit cousin d'un peu loin de son père, et elle avoit été camarade d'enfance de delle Élisabeth Chastellain, fille dudit sr de Popincour, qui par les arrangements d'une Providence singulière est devenue dans la suite la belle-mère de mon frère et de moi, laquelle charge de lieutenant particulier nous avons exercée successivement, mon frère et moi. Ma mère, ayant perdu son père en 1704, se maria, le .. septembre 1706, à Michel Junquières, écuyer, conseiller secrétaire du Roi, contrôleur général de la Grande Chancellerie de France, qui lui apporta en mariage ladite charge, estimée lors cent trente mille livres, et depuis plusieurs autres biens échus par succession de père et de mère ; le contrat porte 2.500 livres de rente de douaire, et 2.000 livres au cas qu'il y ait enfants, 6.000 livres de préciput ; ma mère, qui jouissoit lors de tous ses droits, apporta, suivant l'état de ses biens, plus de 160.000 livres. Un mariage aussi riche, qui montoit en tout à près de 300.000 livres, qui formoit un gros revenu, la charge de mon père surtout rapportant plus de 12.000 livres de rente, sembloit annoncer aux deux conjoints un avenir brillant et heureux, et à leurs enfants des successions fort avantageuses ; il en est arrivé tout autrement. On se meubla superbement, damas cramoisi à crépine et galons d'or, vaisselle d'argent nombreuse, et le reste à l'avenant, valet de chambre, deux laquais, femme de chambre, cuisinière, fille de cuisine, gouvernante pour les enfants, grande chère, jeux, point d'équipage cependant. Je me souviens d'avoir vu tout cela ; mais à quoi bon *infandum renovare dolorem !* Ma mère menoit grand train à la maison ; mon père, de son côté, trouvant chez lui une femme dont l'humeur n'étoit pas toujours couleur de rose, se dissipoit au dehors, faisoit bombance et grande dépense avec ses amis, négligeoit l'exercice de sa charge, avoit des poulettes en mue qui lui coûtoient cher et jusqu'à 3.000 livres par an ; finalement il vendit sa charge et en acheta du produit la baronnie de Cramahé près La Rochelle et terres en dépendantes (voyez son article). Ma mère alors se fit séparer de biens par sentence du 14 juillet 1723 ; elle se rendit adjudicataire des meubles et effets. Cette sentence étoit du consentement des parties. Mon père obtint, le 16 septembre 1732, un arrêt de défense contre la sentence de séparation du Châtelet, et après bien des procédures de part et d'autre, fort contraires à la charité et à l'union qui doit être entre mari et femme, mon père perdit, et ma mère, restant maîtresse de tout le bien comme elle l'avoit toujours désiré, fit la loi au père et aux enfants, se fit adjuger la terre de Cramahé pour ses reprises, força par ses façons dures mon père à sortir de chez elle, lui créa six cents livres de pension viagère pour tout avoir, dont elle lui payoit 50 livres par mois ; j'ai plusieurs fois été témoin de ce paiement, qu'elle faisoit d'une façon dure et haute. Elle donna l'appartement que mon père occupoit chez elle, au second sur le derrière, dans sa maison rue du Four Saint-Eustache, au s^r Billault, qui avoit été dans toutes ses affaires son conseil et chez qui elle s'étoit retirée et avoit passé dix ans à sa terre de Grand'Maison, sise à Oulchy-le-Château, terre qu'elle avoit ensuite achetée dudit s^r Billault à charge de l'usufruit et que, depuis la mort dudit s^r Billault, nous avons vendue, mon frère et moi, ou plutôt mes nièces et moi, car mon frère étoit mort. C'est en 1754 que nous l'avons revendue à M. Vernier, procureur du Roi à Soissons et trésorier de M. le duc d'Orléans.

Ce Jean Billault étoit une grande figure d'homme sèche, de très basse extraction, fils d'un vinaigrier de Paris, qui avoit été maître-clerc chez Me Caillet, fameux notaire, et successivement avoit fait les affaires des marquis de Sablé, de Louvois et autres, où il auroit pu amasser du bien s'il eût eu plus de conduite ; c'étoit mon père qui en avoit donné connoissance à ma mère peu d'années après son mariage, et depuis n'eut pas de plus cruel ennemi, jusqu'à tirer une fois l'épée contre lui Billault pour le chasser de chez ma mère, dans l'appartement duquel il étoit alors, malgré lequel affront ledit Billault resta, et ma mère continua à le loger et à s'en servir pour conseil. Enfin ce Billault mourut vieux garçon, peu aisé, en 1753 ; il avoit une nièce, dite Melle de Raynes, grande chanteuse, qui s'étoit fort bien fait venir chez Mme de Bourdeilles, ma cousine, et avec laquelle nous avons traité après la mort de son oncle.

Ma mère étoit une femme grande et très sèche, brune de cheveux et un peu de peau, avoit eu de beaux yeux. Elle n'a jamais été peinte. [1] Elle avoit de l'esprit, mais haute, impérieuse, ayant le propos dur, comme la mère de ma femme l'a souvent éprouvé. Elle étoit très entichée du jansénisme, ayant donné

[1] C'est-à-dire qu'elle n'a jamais fait faire son portrait.

dans la dévotion, qui ne l'empêchoit pas d'être extrêmement serrée pour ses enfants, surtout pour moi. On m'a dit que dans mon jeune âge elle m'aimoit mieux que mon frère ; les choses ont bien changé depuis ; soit parceque je ne voulus pas prendre, comme mon frère, parti pour elle contre mon père dans leurs démêlés, soit parcequ'elle sentoit que je devinois toutes ses ruses et ses façons dissimulées, elle avoit conçu pour moi une aversion intérieure dont elle me faisoit très souvent sentir les effets et dont une liasse de lettres, que j'ai brûlées, faisoient foi. Elle a fait ce qu'elle a pu pour me détruire dans l'esprit de ma belle-mère et de ma femme. Gardez-vous bien, vous qui lisez ceci, de laisser naître une prédilection dans votre cœur pour un enfant plutôt que pour l'autre, et surtout de la faire connoître ; les suites en sont toujours dangereuses. J'ai fait tout ce que j'ai pu pour la faire revenir sur mon compte et n'ai rien à me reprocher à son égard, mais je n'y ai réussi qu'en apparence. Elle est morte le 18 avril 1746 à 8 heures du matin, après avoir traîné plus d'une année, d'une bile mêlée dans le sang, sans avoir voulu demander auprès d'elle en ces moments critiques aucun de ses enfants. Elle reçut tous ses sacrements ; elle étoit âgée de près de 67 ans et fut enterrée à Saint-Eustache dans la nef, presque vis-à-vis la chaire. L'année d'après, on a fait un caveau sous cette nef, et ses os ont apparemment été transportés comme les autres aux Saints-Innocents. J'ai su très positivement qu'avant de mourir elle étoit dans la disposition de vendre tout son bien à fonds perdu et de ne nous laisser que les cent pistoles de rente chacun, à mon frère et à moi, qu'elle nous avoit données en mariage. Une chose particulière, c'est qu'elle m'a toujours dit qu'elle s'étoit fait tirer son horoscope étant fille, et qu'on lui avoit prédit qu'elle épouseroit un homme dont les ancêtres auroient été de la Religion, et qu'elle mourroit à 63 ou à 67 ou à 73, etc. ; l'un et l'autre sont arrivés. (Voyez le surplus de ce qui peut la regarder aux articles de Michel Junquières, mon père, François Oursel, son père, Michel-Dominique Junquières, mon frère, et au mien).

[*Ajouté*]. Ma mère a revendu à M. de Villedon, le 29 décembre 1741, moyennant 64.833 l. 6 s. 8 d , cette même terre de Cramahé, etc., que mon père avoit achetée et qu'elle s'étoit fait adjuger.

MON ALLIANCE.

POUR LES REYNARD, S^rs DE BUSSY ET DE RAMILLY

La famille des Reynard (car c'est là leur nom) est originaire de Dauphiné et d'une très ancienne noblesse. Eymard Reynard, qui vivoit en 1443, est compris dans la ration des feux de Dauphiné de cette année et des suivantes, est qualifié noble homme et inscrit et mis au rang des gentilshommes du Valentinois et Diois et des lieux de Cheylas et de Saint-Dizier. Jean Reynard, son fils, étoit en 1500 écuyer, gendarme de la compagnie d'ordonnance du Roi; il avoit un frère qui fut père de Jean Reynard, écuyer, s^r de Saint-Dizier. Ce Jean Ier avoit épousé une Rose Faure et fut père de Jean 2, écuyer, qui vint s'établir avocat à Laon et fut prévôt de Ribemont, et qui épousa en 1539 Madeleine Vaillant, fille d'honorable homme Furcy Vaillant et d'Hélène Lefèvre. De Jean 2 et de Madeleine Vaillant sont issus Romain, écuyer, et Florent. Romain se ruina au service de la guerre, pour quoi il fut obligé de commercer. Pour Florent, il quitta son pays et retourna en Dauphiné, et fit une brillante fortune; il est qualifié écuyer, s^r de Saint-Julien et de Saint-Firmin. Le roi Henri 4 le fit conseiller d'État par brevet du 16 février 1600, trésorier général des finances du Piémont, marquisat de Saluces, etc. En 1599, il étoit premier président de la Chambre des Comptes de Dauphiné; il épousa en 1588 Marguerite Bonnard. De ce mariage vint François Reynard, chevalier, baron d'Avançon, seigneur de Châteauneuf, Saint-Julien et autres lieux, qui épousa en 1610 Marguerite de La Tour, fille de Charles de La Tour, chevalier, baron d'Aix et Auberives, seigneur de Mures, etc., gouverneur de Die.

Romain, conseiller du Roi, président de l'élection de Péronne, épousa en 1600 Marguerite Choquel, fille de Robert Choquel et de Marguerite Dupire, duquel mariage vint Jean 3, écuyer, s^r de Bussy, président en l'élection de Péronne, et François, écuyer, s^r de Champagne et d'Aubigny. Jean 3 et François obtinrent des lettres de réhabilitation de la noblesse à cause de la dérogeance de Romain, datées du 7 avril 1673, dûment enregistrées en la Cour des Aides, et ont payé les taxes exigées. Ce Jean 3 épousa en 1644 Claude Goullard, fille de Fabien Goullard, secrétaire ordinaire de la feue reine Marguerite, et de Marie Mézange. François épousa en 1650 Anne Cordelle, fille de Claude Cordelle, conseiller du Roi, élu en l'élection de Péronne, et de Jeanne Tullier. De François et de Claude Cordelle vint Étienne, écuyer, conseiller du Roi, président en l'élection de Péronne, s^r d'Aubigny, qui épousa Anne de Wally, fille de François de Wally, capitaine au régiment de Normandie, et de Suzanne Diré, d'où vinrent entre autres cinq enfants, savoir : Louis-François, Antoine, François, Marie, et Marie-Madeleine.

De Jean 3 et Claude Goullard vinrent : Jacques, écuyer, s^r de Bussy, conseiller du Roi, lieutenant particulier au bailliage de Péronne ; Jean 4, écuyer, s^r de Bussy, et une fille nommée Françoise, qui épousa Jean de Herte, écuyer, président au présidial d'Amiens. Jean 4, écuyer, s^r de Bussy, épousa en 1689 Denise Hochedé, fille de Jean Hochedé, s^r de Gournay, et de Catherine Coignet. De ce mariage vinrent quatre enfants, savoir : Louis-Marie, écuyer, s^r de Bussy, Marie-Catherine, Denise et Suzanne. — Jacques, écuyer, s^r de Bussy, conseiller du Roi, lieutenant particulier au bailliage de Péronne, né le 1er novembre 1644, épousa en 1678 Marie Labbé, fille de Claude Labbé et de Marie Boinet, et mourut le 31 janvier 1704. Lui et son frère Jean 4 furent fort inquiétés pour leur noblesse par les traitants du greffe, et comme il leur manquoit quelque titre qui avoit péri dans l'incendie du greffe et qu'ils étoient après à recouvrer, ces traitants avares se servirent de la circonstance de la mort de Jacques pour lui faire une sommation à laquelle il n'avoit garde de répondre, et faute par lui de répondre ils les firent condamner par M. Bignon ; au fond ce fut la faute de ce Jacques, qui, s'il avoit voulu jeter une centaine de pistoles dans la gueule des traitants, comme lui conseilla même M. Bignon, ils l'auroient laissé en repos ; mais il ne voulut pas, et les traitants se servirent de sa mort, et de l'impuissance où il étoit de produire l'original d'un contrat qui établissoit la filiation, pour le faire condamner.

Claude-François Reynard, écuyer, s^{r} de Ramilly, mon beau-père, fils dudit Jacques, obtint, ce nonobstant, des lettres de maintenue de noblesse en février 1706, qui furent registrées en Parlement, à la Cour des Aides, à la Chambre des Comptes et à la Généralité d'Amiens; partie de ses lettres furent ensuite supprimées, et, faute de crédit, il ne fut pas compris dans l'exception comme M. de Bienville, qui le fut par le crédit de M. le Duc [1]. Depuis mon mariage je me suis donné bien des efforts pour faire revoir cette affaire, mais il n'étoit plus temps, et il fut obligé d'acheter une charge de la Capitainerie royale d'Halatte pour conserver la qualité d'écuyer et les privilèges de la noblesse. Il étoit conseiller du Roi, lieutenant particulier au bailliage de Péronne, et avoit épousé en 1705 d^{elle} Élisabeth Chastellain de Popincour, avec laquelle, ayant vendu sa charge, il vint demeurer dans le bien de Montagny [2] qu'avoit sa femme, et de là à Villemétrie [3], où il est mort le 27 février 1738. De son mariage est venu : Marie-Élisabeth Reynard de Ramilly, femme de Michel-Dominique Junquières, mon frère ; un fils qui est mort chanoine régulier de Sainte-Geneviève en 1738 ; Daniel-René-François, écuyer, qui acheta en juin 1740 la charge de maréchal des logis de S. A. S. Mgr le duc d'Orléans ; et Catherine Reynard de Ramilly, ma femme.

Ma belle-sœur. — Marie-Élisabeth, née le 11 septembre 1706, fut fort jeune demeurer à Montagny, où elle a passé tout le temps que sa mère y demeura. Elles vinrent s'établir à Villemétrie, faubourg de Senlis, en novembre 1727. Elle manqua

---

[1] Le duc de Bourbon, premier ministre de Louis XV de 1724 à 1726, mort à Chantilly en 1740.

[2] Montagny-Sainte-Félicité, arr. de Senlis.

[3] Le 2 octobre 1720, Reynard de Ramilly avait acquis de Jeanne Tarlé une maison à Villemétrie ; elle appartint ensuite à J.-B. Junquières du chef de sa femme. Amable-Louis de Junquières la vendit à Mlle Dunant le 28 décembre 1791. Elle appartient aujourd'hui à la famille de Maricourt. Le comte R. de Maricourt a donné l'historique de cette propriété dans le *Bulletin* du Comité Archéologique de Senlis, année 1892, pp. 3-15.

d'épouser M. de Trossy, et ensuite M. Arnaud[1]. Elle eut beaucoup de partis, étant d'une figure assez aimable dans sa jeunesse. Il est vrai qu'elle étoit fort haute et pleine d'amour-propre, ce qui ne plaisoit pas à tout le monde et ce qui donna souvent du chagrin à sa mère. Sa sœur, ma femme, qui étoit de onze ans et demi plus jeune qu'elle, eut beaucoup à souffrir, étant fille, de l'humeur de sa sœur aînée, laquelle enfin en 1737 se trouvant vieille fille, car elle avoit près de 32 ans, songea tout de bon à se fixer et fit comme le héron de la fable, car après avoir refusé de fort bons partis, elle fut trop heureuse de s'unir à un garde du Roi, très bon gentilhomme à la vérité, nommé M. de Rouvray, mais qui n'avoit pas quarante écus de rente ; les accords étoient signés, un ban publié, et on partit pour Paris pour y aller passer le contrat et acheter les habits, au mois de janvier 1738. Ce fut dans ce voyage que mon frère, qui avoit refusé cette demoiselle deux ans devant sans la connoître, et qui dans ses désirs ne mettoit guère de réflexion, devint tout d'un coup amoureux fol de Melle de Ramilly. Celle-ci s'y prêta d'autant plus volontiers qu'elle voyoit que, par le mariage qui se tramoit entre sa sœur et moi, sa cadette seroit fort riche, au lieu qu'elle n'auroit rien. Elle remercia donc M. de Rouvray, ce qui fit des scènes terribles. Heureusement que ce M. de Rouvray étoit un garçon fort sage et fort pieux, qui se contenta de prendre Dieu à témoin de l'infidélité de sa maîtresse et de l'injure que lui faisoit mon frère, et de leur souhaiter à l'un et à l'autre mille malédictions (en quoi il n'a que trop bien été exaucé), sans quoi il auroit fallu nous couper la gorge avec lui ; c'eût été, comme on s'imagine, l'affaire de mon frère tout seul ; mais point du tout ; il disoit bravement qu'étant de robe ce n'étoit point son affaire de se battre et que je lui rendrois ce service ; je m'y suis attendu assez longtemps, mais heureusement il n'en a rien été ; au contraire, j'ai su, et j'ai reconnu depuis en le voyant, que M. de Rouvray avoit conçu de l'estime pour moi sur la façon dont j'avois pris le procédé de mon frère et de ma belle-sœur, que je trouvois indigne ; il en coûta beaucoup de mauvais compliments et de

[1] Bréda de Trossy et Arnaud de la Douye, familles senlisiennes.

railleries à ma belle-sœur et d'argent à sa mère pour terminer cette affaire. Enfin elle épousa, le 15 avril 1738, mon frère Michel-Dominique Junquières, qui s'étoit fait recevoir à la charge de lieutenant particulier que lui avoit apportée en mariage ma belle-sœur ; il l'exerça jusqu'à sa mort[1]. La cérémonie de leur mariage se fit à la Victoire, ainsi que nous, mais en bonnet de nuit et dès cinq heures du matin, parcequ'ils craignoient les curieux et les camarades de M. de Rouvray. Ce fut le Père de Ramilly, chanoine régulier, mon beau-frère, qui les maria. Elle fut assez heureuse en ménage les premières années de son mariage, mais cela ne dura pas longtemps, par sa faute et celle de son mari. De ce mariage vinrent quatre enfants, deux filles et deux garçons; les garçons moururent enfants, les filles survécurent à leurs père et mère. Enfin ma belle-sœur mourut de la poitrine, qu'elle s'étoit ruinée, ainsi que l'estomac, par trop de remèdes et de friandises, le 3 mai 1751 à dix heures du matin, âgée de 44 ans 8 mois et quelques jours, accablée de mépris et de mauvais traitements de son mari, qui ne la regretta pas un instant. Elle me recommanda en mourant et à ma femme ses deux filles, surtout l'aînée, pour laquelle elle avoit une grande prédilection. Elle fut enterrée à Saint-Étienne auprès de son père et de ses deux garçons. Elle étoit devenue sourde quelques années avant sa mort, encore plus que sa mère.

Mes beaux-frères. — Claude-François-Nicolas, né le 28 octobre 1708, après avoir fait ses études à Saint-Vincent de Senlis, conçut le désir d'entrer dans l'ordre de Sainte-Geneviève et se fit chanoine régulier, vint professer à Saint-Vincent. Ce fut lui qui fit la cérémonie de nos mariages et mourut la même année 1738, prêtre, chanoine régulier de Sainte-Geneviève, à Livry près Paris, où il s'étoit retiré pour se livrer tout entier au ministère de la chaire, dont il s'acquittoit fort bien. — Daniel-René-François, né le 5 février 1712 à Montagny, a toujours

[1] C'est le 22 mai 1738 que Michel-Dominique Junquières « fut installé au siège présidial en l'état et office de conseiller du Roi, lieutenant particulier civil audit siège, au lieu de défunt Mre René Chastellain, sr de Popincour, dont il a épousé la petite-fille » (*Archives de la ville de Senlis*). Il mourut le 18 janvier 1752.

vécu jusqu'à ce jour chez sa mère et avec nous tout le temps que nous y avons resté. En juin 1740, on lui acheta la charge de maréchal des logis de S. A. S. Mgr le duc d'Orléans, dont il jouit. — Il y eut encore un autre garçon, qui mourut enfant à Montagny.

Ma femme. — Catherine Reynard de Ramilly, dite de Chefdeville, naquit à Montagny, où son père et sa mère demeuroient pour lors, le 2 janvier 1718. Elle y fut élevée, mise au Moncel en 1730 pour y faire sa première communion, et n'eut rien de particulier que de petites tracasseries de la part de sa sœur aînée, qui, ayant près de douze ans plus qu'elle, lui faisoit sentir le droit d'aînesse. Étant venue à Paris au mois de janvier 1738 avec sa mère et sa sœur pour le mariage de celle-ci avec M. de Rouvray, nous nous plûmes l'un à l'autre et, nous étant convenus, je la demandai en mariage à sa mère, qui me l'accorda. On dressa et nous signâmes nos articles chez ma mère, et elle repartit. De là jusqu'à notre mariage, nous entretînmes un commerce de lettres tendres; elle écrivoit avec esprit. Je fis un petit voyage à Villemétrie chez sa mère, où je connus mon beau-père, qui est la seule fois que je le vis. Enfin, le 16 avril 1738 à minuit, nous nous mariâmes en présence de toute notre famille à l'abbaye royale de la Victoire, en deuil à cause de la mort de son père, mort le 27 février précédent. Ma femme, lorsque je l'épousai, étoit mignonne, et ne pesoit en janvier 1738 que 105 livres ; en 1744 elle pesoit 120 livres, et en 1746 123 ; mais depuis elle est devenue très grasse. Elle n'est pas grande, est brune de cheveux, les yeux très vifs, le tour du visage et la gorge très bien faits, et fort blanche, de très belles dents, le pied très mignon, et la jambe belle, ainsi que la main. Voilà tout ce que j'en puis dire. Voyez le reste de ce qui la regarde à mon article.

POUR LES CHASTELLAIN DE POPINCOUR

Les Chastellain viennent de Flandre, d'où ils se sont établis en France, et surtout à Senlis. Jean Chastellain étoit maître des Requêtes du roi Louis 12, et par conséquent vivoit en mil quatre cent et tant, puisque le roi Louis 12 mourut en 1515. Ce Jean Chastellain avoit une sœur nommée Nicole, qui épousa un médecin de Crépy nommé Jacques Maupin. Jean vint s'établir à Senlis, où il fut lieutenant particulier et épousa Blanche de Bonviller. De son mariage vinrent, entre autres enfants : 1° Nicolas, qui fut contrôleur des domaines du Roi à Senlis, qui fut ennobli et reçut ses armes par le roi Henri 3; ses lettres sont datées de Fontainebleau du mois d'octobre 1578 ; il épousa Suzanne Baudet et étoient morts l'un et l'autre avant 1597 ; 2° Marie Chastellain, qui épousa Pierre Germain, avocat en Parlement ; 3° Blanche Chastellain, qui épousa Pierre Durais, conseiller à Senlis ; 4° Daniel, écuyer, conseiller du Roi, lieutenant particulier à Senlis, qui épousa Antoinette Le Bel ; 5° Nicolas Chastellain, qui fut chanoine de Saint-Rieul à Senlis ; 6° Charles Chastellain, écuyer, qui épousa Jeanne Le Bel ; 7° Paul Chastellain, qui fut religieux de l'abbaye de Saint-Victor à Paris ; 8° Radegonde Chastellain, qui épousa N... Philipes, prévôt des Maréchaux.

De Nicolas Chastellain, écuyer, et Suzanne Baudet sont issus : 1° Pierre, qui fut jésuite et missionnaire au Canada, où il mourut ; 2° René, écuyer, conseiller du Roi et son procureur à Senlis, né en 1571, qui acquit par échange le fief de Popincour près Pont-Sainte-Maxence ; il épousa en 1600 Michelle Leconte : une généalogie que j'ai vue met Jeanne Leconte, mais il est visible que c'est une erreur, primo parceque une note ancienne dans les papiers des Popincour met Michelle, secundo parceque j'ai des preuves incontestables par des contrats de mariage que Jeanne Leconte épousa Claude Merault, écuyer, s[r] de la Fosse, conseiller du Roi, auditeur des Comptes, et que ce fut sa sœur Michelle Leconte qui épousa René Chastellain ; c'étoit de là que MM. Oursel se disoient parents des Chastellain ; en effet, Jeanne Leconte étant la bisaïeule maternelle de mon grand-père Oursel, et Michelle sa sœur étant l'aïeule paternelle du père de Mme de Ramilly ma belle-mère, ou plutôt bisaïeule de ma belle-mère, il s'ensuit que René, père de ma belle-mère, étoit cousin issu de germain de Catherine Galland, ma bisaïeule maternelle, et que conséquemment il étoit parent du 3e au 4e degré de François Oursel, père de ma mère, et qu'ainsi ensuivant ma femme étoit ma cousine du 5e au 6e degré; voilà quelle étoit notre parenté.

De ce René Chastellain, écuyer, sr de Popincour, et Michelle Leconte sont issus : 1° Daniel, écuyer, sr de Popincour, né en 1603, qui fut conseiller du Roi et son procureur à Senlis, et ensuite lieutenant particulier audit Senlis, qui épousa en 1638 Geneviève de Cornoailles, fille de Pierre de Cornoailles, écuyer, avocat, et de Marie Doger, d'où vient l'alliance avec M. Bignon, qui avoit épousé une Doger (ce Bignon s'appeloit Roland et fut père du conseiller d'État). Ce Daniel mourut le 2 janvier 1686, et Geneviève de Cornoailles le 13 juin 1691. — 2° Jacques Chastellain, écuyer, sr de Vaulieu, qui fut page de Mgr le prince de Condé, ensuite son gentilhomme, qui fut tué à la bataille de Seneffe en 1674, ainsi que son frère, qui suit, et tous deux fort regrettés du prince, surtout celui-ci, qui fut tué à ses côtés. — 3° Philippe, écuyer, mort à la guerre, lieutenant au régiment de Champagne. — 4° Nicolas, écuyer, lieutenant au régiment de Condé, qui épousa N... Dautré à Senlis. — 5° Claude, qui fut chanoine et chapelain de Notre-Dame de Senlis. — 6° Louise; comme elle étoit fille unique et de là très gâtée, on ruina la maison pour la marier à Jean-Baptiste Hesselin, chevalier, seigneur de Gacourt et de Sourdan en Picardie, qui étoit fort riche et qui mangea tout son bien et se vit réduit à rien du tout; de ce mariage vint une fille qui épousa M. de Baillon, très excellent gentilhomme, mais très peu riche, d'où viennent les demoiselles Baillon à présent vivantes. — 7° Louis, écuyer, qui mourut sans postérité.

Du mariage de Daniel Chastellain et de Geneviève de Cornoailles sont issus : 1° René Chastellain, écuyer, sr de Popincour, conseiller du Roi, lieutenant particulier au bailliage et siège présidial de Senlis dès 1667, né en 1641, qui épousa en 1667 delle Marie Plansson, fille de Roch Plansson, écuyer, fourrier des logis du Roi; il mourut le 12 décembre 1734, âgé de 93 ans et dix mois moins trois jours; Marie Plansson, sa femme, étoit morte le 6 janvier 1727, âgée de 76 ans; il fut enterré en l'église Sainte-Geneviève sous la tombe de Blanche Chastellain, dame Germain, sa tante, et elle dans le chœur de Sainte-Geneviève. Marie Plansson étoit devenue fort sourde à la suite d'une couche. — 2° Nicolas, écuyer, s[r] des Boistouzets, né en 1655. — 3° Louis, écuyer, s[r] des Ormeaux, né en 1659, qui fut aide-de-camp des armées du Roi ; son brevet est daté de Marly du 12 mai 1697 ; il épousa en 1705 Marie Blondel, qui étoit aveugle, et fut s'établir à Chauny ; il mourut à Senlis, très accablé d'infirmités.

Du mariage de René Chastellain et Marie Plansson sont issus, entre autres enfants : 1° René Chastellain, écuyer, s[r] de Popincour, né le 18 juin 1669, qui épousa, le 10 avril 1703, d[elle] Marie-Françoise Plansson de Montorgueil, fille de Charles Plansson, écuyer, fourrier des logis du Roi, et de Françoise Rozier ; il est mort à Saint-Gervais de Pontpoint en 1740, et sa femme au même lieu en 1748. — 2° Jean-Daniel, qui fut prêtre, chanoine de Saint-Frambourg, né le 2 juin 1670 et qui mourut d'une apoplexie de sang le jour du vendredi saint, 10 avril 1716. — 3° Nicolas, écuyer, né le 6 janvier 1674 et qui mourut en garnison dans la citadelle de Lille, lieutenant dans le régiment de Navarre et depuis dans celui de Nonville, le 16 avril 1696. — 4° Marie, née le 4 avril 1675, qui fut religieuse à l'abbaye royale du Moncel près Pont-Sainte-Maxence le 6 juin 1692 et y mourut le..... 17... — 5° Élisabeth Chastellain, née le 9 novembre 1679, qui fut élevée chez son père avec Angélique-Rose Oursel, ma mère. Elle épousa, le 5 mai 1705, Claude-François Reynard, écuyer, s[r] de Ramilly, conseiller du Roi, lieutenant particulier au bailliage de Péronne, où elle alla demeurer quelques années et revint ensuite à Montagny, et de là à Villemétrie, faubourg de Senlis, où elle demeuroit quand j'épousai Catherine Reynard de Ramilly, sa fille cadette. Elle est devenue sourde, ainsi que sa mère, à la suite d'une couche. Elle demeure actuellement avec mon beau-frère dans un corps de logis séparé de ma maison à Senlis. Voyez le reste de ce qui la regarde à l'article des Reynard et au mien. [Elle est morte le 23 mars 1763]. — 6° François, né le 15 août 1683, qui fut chanoine régulier de Sainte-Geneviève, et mourut en 1749 prieur-curé d'Origny près Troyes en Champagne ; je l'ai fort connu ; c'étoit un saint prêtre, et fort zélé.

Du mariage de René Chastellain, écuyer, s[r] de Popincour, et de Marie-Françoise Plansson sont issus : 1° René-François-

Charles Chastellain, écuyer, s[r] de Popincour, né le 4 septembre 1708, marié le 11 décembre 1745 avec Philippine-Adélaïde-Auguste-Sophie Prevôt, née le 8 janvier 1731, fille de Jean Prevôt et de N..... Plansson [1]. — 2° Marie-Jeanne-Élisabeth, que j'ai fort connue, qui étoit fort aimable et épousa M. Antoine de Belleval ; elle mourut le 10 juin 1743 du poumon, et on lui tira son enfant, qui mourut une heure après. — 3° Étienne-Alexandre, écuyer, s[r] de Popincour, né le 16 juillet 1724, qui est actuellement capitaine au régiment de Bretagne-infanterie, [chevalier de Saint-Louis en 1758, marié le 26 février 1759 à d[elle] Jeanne-Catherine-Élisabeth-Victoire Junquières, qui mourut le 13 novembre 1761 ; il a depuis épousé, le 8 mars 1763, Melle Thérèse Desfossés].

MOI, AUTEUR DE CECI

Jean-Baptiste Junquières, fils de Michel Junquières, écuyer, conseiller secrétaire du Roi, contrôleur général de la Grande Chancellerie de France, et de dame Angélique-Rose Oursel, c'est moi, qui écris ceci. Je ne prétends pas, en écrivant ceci pour satisfaire ma propre curiosité d'abord et ensuite celle de mes enfants, faire ma confession en racontant toutes les fautes grandes et petites que je puis avoir faites jusqu'à ce jour ; c'est tout ce que je pourrois faire, encore avec ménagement, si je croyois que mes enfants recherchassent ici quelque instruction ; mais comme je ne crois pas qu'ils veuillent se donner les airs d'être plus sages que moi, et que je sens très bien que si mon père ou mes auteurs m'avoient laissé de pareils mémoires je les regarderois comme très précieux, et d'autant plus précieux qu'ils auroient une empreinte de vétusté (car j'aime fort tout ce qui a un air d'antiquité) et que je les feuilletterois souvent par

[1] René-François-Charles Chastellain mourut à Saint-Gervais de Pontpoint le 27 avril 1773. Nous verrons son fils. René partager en 1793-1794 les épreuves d'Amable Louis de Junquières, puis se marier à Montataire, et mourir à Senlis le 13 janvier 1817.

curiosité, je ne pense pas que les miens apportent d'autres motifs et d'autres dispositions dans la lecture de ces espèces de mémoires, que j'écris en cette année 1756, étant âgé de 43 ans faits. Je ne me suis pas encore fait peindre ; peut-être le ferai-je, peut-être que non. En tout cas, pour que vous puissiez vous former, vous qui ne me verrez pas, une idée à peu près de ma figure, j'ai environ cinq pieds deux pouces de haut, plus maigre que gras, de poil fort brun, un peu ressemblant à feu mon père, le menton rond, les yeux bleus, les sourcils assez bien arqués ; j'ai dans la paupière droite je ne sais quoi qui lui donne un petit mouvement quand je fais quelque exercice violent ; elle paroît s'agiter ; cela me vient d'un regard que feu ma mère, étant grosse de moi, fit à la messe aux Petits-Pères à Paris d'une fille qui avoit l'œil droit tout de même que moi. J'ai depuis rencontré, étant avec ma mère, cette même fille à Paris. Dans mon enfance on disoit que ce petit défaut étoit un agrément et me donnoit un air malin. Cela ne me fait ni bien ni mal. Du reste je suis fait à peu près comme tous les autres, heureusement. Je ne parois pas d'un tempérament bien fort ; cependant je suis très rarement malade, et au moyen de ce que je ne fais aucun excès je suis d'une santé assez satisfaisante. Pour vous mettre en état de juger de ma corpulence, je vous dirai que m'étant fait peser par curiosité en 1738, l'année de mon mariage, que j'avois 25 ans, je pesois 116 livres ; en 1744, je pesois 120 livres ; le 3 mai 1746, je pesois 126 livres, et le 20 mai 1747, je pesois 138 livres. Depuis je ne me suis pas fait peser, ce qui m'arrivera quelque jour. (Voyez le 1er juin 1757).

Pour ce qui est de mon caractère, je vous le dirois bien, car je me suis assez étudié pour me connoître à fond. Je suis un espèce de philosophe, ennemi de la gêne telle qu'elle puisse être, réfléchissant sur tous mes entours et sur ce qui se passe dans le monde pour combiner les caractères des hommes, aimant beaucoup l'application et le travail pourvu que ce que je fais soit de mon choix et de mon goût, paresseux pour tout le reste, d'une conception très aisée, beaucoup d'ordre dans mes idées, une mémoire ordinaire qui eût été brillante si je l'eusse plus cultivée, ayant voulu savoir un peu de tout et y ayant assez bien réussi, aimant beaucoup à m'instruire par la lecture, etc., complaisant par étude et non par inclination, mais n'exigeant aucune gêne de la part des autres pour moi, le tout à charge de revanche, etc., etc., etc..

Je vins au monde le 6 avril 1713 à 7 heures 18 minutes du soir, qui, cette année là, étoit le jeudi de la semaine de la Passion, dans une maison qui fait le coin de la rue Vivienne et de la rue Colbert à Paris, où demeuroient pour lors mon père et ma mère, et ayant été ondoyé, je ne fus baptisé à Saint-Eustache, ma paroisse, que le jeudi 29 juin de la même année, et cela parcequ'on attendoit mon oncle Junquières, qui devoit être mon parrain et qui étoit à La Rochelle. Je fus tenu sur les fonts par Jean-Baptiste Junquières, écuyer, mon oncle paternel, qui me donna son nom, et par dame Marguerite Le Fèvre, veuve de Dominique Oursel, ma grand'tante maternelle. Je fus nourri à Paris chez une très bonne nourrice à qui je ferois bien du bien si elle vivoit encore, mais elle est morte que j'avois quinze ou seize ans ; son mari étoit cordonnier.

Je fus élevé sur un grand ton quand on me retira au logis. Nous avions, mon frère et moi, une gouvernante qui n'avoit que nous uniquement à soigner et qui avoit un petit laquais pour la servir, ce qui n'empêcha pas, comme j'étois fort vif, que je ne fis bien des chutes, une entre autres qui, si elle eût été un peu plus haute, m'eût fait sauter l'œil. Je tombai en chartre [1] au sortir de nourrice et pensai mourir ; on ne me sauva qu'en me mettant un an à l'eau de riz. On dit qu'enfant j'étois très fier, ne voulant me laisser prendre par qui que ce fût que par ma gouvernante et les miens. Mon frère alloit avec le premier venu. On dit encore que j'avois alors des petites saillies enfantines fort plaisantes ; je le veux croire. Je me souviens cependant en gros que ma mère, qui n'eut jamais grand embarras de ses enfants, me faisoit quelquefois amener, comme nous étions toujours très proprement mis, quand il y avoit compagnie chez elle, pour l'amuser quelques instants, à peu près comme on fait apporter un perroquet.

---

[1] *Chartre*, nom vulgaire du carreau ou atrophie mésentérique, cette maladie retardant le développement et tenant le petit malade comme en une chartre, en une prison. Tomber en chartre, être en chartre » (*Dictionnaire* de Littré).

Mon frère étoit beaucoup moins vif et moins gai, et nous avions souvent maille à partir ; soit que je déduisisse mieux mes petits moyens, soit qu'on m'aimât mieux, on me donnoit pour lors presque toujours gain de cause. Ce que je me souviens le mieux de ce temps-là, c'est d'avoir vu le fameux abbé de Louvois, fils de M. Le Tellier [1], qui étoit fort doux, qui me caressoit toutes les fois qu'on nous menoit promener dans le jardin de la bibliothèque du Roi, qui étoit près de nous et où il demeuroit ; je l'aimois beaucoup, et je l'ai si présent que je ferois son portrait. Il n'étoit point vieux et mourut que j'avois cinq ans ; je pleurai beaucoup.

On me mit au collège chez les PP. de l'Oratoire à l'académie royale de Juilly le 6 mai 1720 (comme vous voyez, fort jeune, parceque je ne voulois rien apprendre au logis), où mon frère étoit déjà depuis un an, et où je n'appris pas non plus grand'chose les premières années. Je ne commençai à m'appliquer qu'en quatrième, à l'âge où l'on cesse d'apprendre en perroquet ; mais aussi depuis mes progrès furent rapides. Une chose singulière, c'est que quand mon père et ma mère m'amenèrent à Juilly, mon frère, qui n'y étoit que depuis treize à quatorze mois, avoit si bien brouillé ses idées qu'il ne reconnoissoit plus ni père ni mère ni frère ; on eût pu faire passer le Grand Turc pour son père. Il y avoit beaucoup de gens de conséquence à Juilly dans ce temps-là, dix ou douze chevaliers de Malte. J'y ai vu M. de Zinzendorf, fils du chancelier de l'Empire, le comte de Bewern, les princes de Salm, MM. de Bauffremont, M. de Breteuil, etc. Je n'ai conservé d'amis de collège que le s^r^ Perrin de la Croix, qui avoit été mon camarade, que j'ai retrouvé depuis, et qu'un dérangement de ses affaires a obligé d'aller à Saint-Domingue, où il est encore à présent [1756].

Je sortis du collège le 1er septembre 1729 après ma rhétorique et revins chez ma mère, où je fis ma philosophie au collège des

---

[1] Petit-fils de Le Tellier et fils de Louvois, Camille Le Tellier, dit l'abbé de Louvois, né le 11 avril 1675, membre de l'Académie française, bibliothécaire du Roi, intendant et garde des médailles et antiques de Sa Majesté, mourut le 5 novembre 1718. Le jardin où le rencontrait Junquières enfant est celui de la Bibliothèque Nationale sur la rue Vivienne.

Quatre-Nations sous M. l'abbé Geffroy. Je fis, contre l'ordinaire, mes deux premières années de droit avec ma philosophie, quoiqu'il ne soit permis de commencer la première année de droit qu'avec l'année de physique. En 1731, pendant ma seconde année de philosophie, j'appris avec mon frère pendant six mois à monter à cheval chez le s^{r} de La Guérinière, assez habile écuyer, qui demeuroit pour lors rue de Vaugirard, près le Luxembourg, qui depuis a demeuré rue de Tournon et a eu depuis le manège des Tuileries; il est mort à présent; c'est lui qui a composé cet excellent livre pour le cheval [1]. Dans le même temps faisoient leur académie avec nous les fils du duc de Saint-Aignan qui fut ambassadeur à Rome, et les comtes de Palafox, Espagnols. J'y étois encore dans le temps que Bruni, cafetier attenant, fut assassiné dans son comptoir par Lamotte, très habile écuyer de La Guérinière, et ce fut Lamotte lui-même qui me conta le fait comme une nouvelle; il fut depuis arrêté, son procès fait, et, faute de preuves suffisantes, condamné à être enfermé à Pierre-Encize pour le reste de ses jours. Il aimoit la femme de Bruni et l'assassina pour se défaire d'un mari jaloux; il le tua avec une arme italienne nommée scopette dans laquelle on met une trentaine de balles; on en trouva une quinzaine, dont cinq dans sa tête et le reste dans une cloison vis-à-vis; par un grand bonheur deux messieurs qui jouoient aux échecs dans ce moment à la table près le comptoir n'en attrapèrent rien.

Dans le même temps, nous apprenions à faire des armes chez Pillard, rue Mazarine, habile maître d'armes, mais vieux; ce fut lui dont le grand-père voyant dîner Henri IV et se faisant remarquer par sa bonne mine, le Roi le fit avancer et lui demanda son nom, et ayant répondu : Pillard, Henri IV lui dit : « Il n'y a pas grande distance de Pillard à Paillard. — Non, dit-il, Sire, il n'y a que la table entre deux », ce qui fit beaucoup rire Henri IV, qui aimoit les bonnes réparties. Nous apprenions

[1] *Ecole de cavalerie, contenant la connoissance, l'instruction et la conservation du cheval*, par M. de la Guérinière, écuyer du Roy. A Paris, de l'imprimerie de Jacques Collombat, 1733, in-f°, figures gravées par Cars, Lebas, Aveline, Coquart, Audran, Dupuis, Beauvais, etc., d'après les dessins de Ch. Parrocel.

encore en même temps à danser par Duval, gendre du fameux Malterre.

Sur la fin de ma troisième année de droit, en 1732, ma mère jugea à propos, comme elle plaidoit contre mon père, de me mettre en pension au séminaire de Saint-Magloire, craignant apparemment que je ne servisse d'espion à mon père ou que je ne voulusse point prendre parti pour elle contre mon père, comme fit mon frère, qui sollicitoit même contre lui. Je fus fort aise de cette retraite pour pouvoir demeurer neutre, estimant que c'est là le parti que des enfants doivent prendre dans les querelles de leurs père et mère. Pour continuer même à être à portée de garder cette conduite, je proposai à ma mère de me faire entrer dans l'Oratoire ; elle y consentit, quoiqu'elle eût bien mieux aimé que j'eusse fait des vœux dans quelque ordre, ce qui étoit bien éloigné de ma façon de penser. J'entrai donc confrère de l'Oratoire à l'institution le 1er octobre 1732 ; j'y fis mon année d'institution, pendant laquelle j'assistai à l'enterrement du fameux P. de La Tour, général, et à la nomination du P. de La Valette, son successeur *, et pendant laquelle j'eus une très grosse maladie d'une fièvre continue avec redoublements et transport. Après mon année d'institution, je demandai à aller être préfet à Juilly, où les supérieurs m'envoyèrent et où je fus préfet pendant un an, au bout duquel je me résolus à sortir de l'Oratoire. Il est sûr que j'y serois resté ; la façon de vivre de cette congrégation, où l'on ne fait pas de vœux et où on peut vivre comme on l'entend, étoit fort analogue à ma façon de penser ; et j'y serois, comme je vous dis, resté, si ma mère m'eût voulu donner une pension honnête ; mais comme elle ne me donnoit rien, et que dans cette congrégation, où chacun jouit de son bien, il faut en avoir du moins un peu pour y être

* Ce très digne et saint général est mort le 22 décembre 1772, à 95 ans [1].

[1] Le P. d'Arerez de La Tour avait succédé en 1696 au P. de Sainte-Marthe comme général des Oratoriens ; il mourut le 13 février 1733 et fut remplacé par le P. de La Valette ; celui-ci, né à Toulon, descendait d'une noble famille qui avoit donné à l'ordre de Malte de valeureux chevaliers, et d'illustres amiraux à la marine française. — Voir Paul Lallemand, *Histoire de l'éducation dans l'ancien Oratoire de France* (Paris, 1888).

considéré, cela me détermina à en sortir, ce que j'exécutai au mois de septembre 1734. Quoi qu'il en soit, je dois reconnaître que c'est dans le temps que j'ai passé dans cette congrégation que j'ai puisé les meilleurs principes de religion.

J'ai oublié de marquer dans le temps que dans mon séjour comme écolier à Juilly j'y avois été confirmé le 5 août 1728 par Mgr Surian[1], évêque de Vence, qui avoit été de l'Oratoire, et qui y passa. Ma mère avoit voulu me faire confirmer pendant des vacances à Oulchy-le-Château par l'illustre Mr Languet, évêque de Soissons[2], mais il le refusa en zélé moliniste parceque j'étudiois chez les PP. de l'Oratoire. J'y fis aussi ma première communion le 8 mai 1729. Et qu'on m'avoit surnommé de la Motte pour me distinguer de mon frère.

Sorti de l'Oratoire, l'envie extrême que j'avois de m'éloigner de la maison paternelle, où je n'étois pas vu de bon œil, me fit désirer d'entrer au service du Roi. Par le moyen de M. d'Héricourt, capitaine au régiment du Roi et notre ami, je fus nommé à une lieutenance dans ce régiment; mais un sage ami m'ayant fait faire réflexion que je ne pourrois pas me soutenir dans ce corps, qui est d'une très grande dépense, parceque ma mère ne vouloit rien me donner, cela fut cause que je laissai là ce projet, et je n'y fus pas reçu. Je me retournai d'un autre côté, et pour satisfaire le désir que j'avois de m'éloigner du logis et le goût que je me sentois pour voir le monde et faire mon chemin, après m'être informé je voulus m'engager au service militaire sur les vaisseaux de la Compagnie des Indes; il n'étoit question que de faire les avances de trois ou quatre mille francs une fois payés; je le proposai et le fis proposer à ma mère, mais elle ne voulut jamais consentir à débourser cette finance, craignant, disoit-elle, qu'après cela je ne revinsse chez elle. J'eus beau lui jurer qu'elle ne me reverroit jamais, elle ne voulut point y entendre; il est pourtant très certain que je ne fusse jamais revenu chez elle, quand j'aurois dû avoir du mal comme un chien. Ce parti étoit très bon, et il

---

[1] Jean-Baptiste Surian, évêque de Vence de 1728 à 1754.

[2] Languet de Gergy (Jean-Joseph), aumônier de la duchesse de Bourgogne en 1702, évêque de Soissons en 1715, membre de l'Académie française en 1721, archevêque de Sens en 1730, mort en 1753.

y auroit bien des années que j'y serois capitaine et très enrichi, ou bien j'y serois crevé, il n'y a pas de milieu.

Me trouvant donc encore cette porte fermée, je vis bien qu'il falloit que je travaillasse tout seul à me pousser sans espérer aucun secours de sa part. Je me remis à corps perdu dans les mathématiques et le génie, et, sans quitter la maison maternelle, entrai chez M. Buache, gendre de M. Delisle, de l'académie des Sciences, et hydrographe du bureau du Dépôt des cartes marines [1]. J'y ai passé jusqu'à mon mariage quatre ans d'arrache-pied depuis huit heures jusqu'à midi et depuis deux heures jusqu'à huit heures du soir, enfoncé dans les calculs les plus abstraits et les opérations les plus difficiles de l'astronomie et de la navigation tant spéculative que pratique, dont j'ai fait un excellent traité. Le bureau du Dépôt et les bureaux d'Amirauté sont pleins de plans et de cartes marines de ma façon en tout ou en partie, sans avoir jamais gagné un sol pour mon travail. Ma mère aimoit fort ce parti, parceque je ne lui coûtois chez elle que la nourriture et l'entretien, qui n'étoit pas considérable. Pendant ce temps je pensai être nommé hydrographe à Marseille, qui est une belle et bonne place, qui est la même auprès des cadets de marine que celle des ingénieurs auprès des cadets d'artillerie ; celui qui la possédoit vouloit se retirer ; je fis écrire par M. le comte de Toulouse [2] pour en être informé ; mais cet homme changea d'avis. Enfin, après cinq ans de ce travail infructueux, j'étois destiné à partir avec le s^r^ Bouvet, capitaine de vaisseau de la Compagnie des Indes, pour la découverte des terres australes au sud du cap de Bonne-Espérance en qualité d'ingénieur de la Compagnie, quand mon mariage rompit tous ces projets.

Permettez-moi de vous faire une digression sur ce qui donna lieu à ce voyage. C'est une anecdote fort singulière, que je sais d'original qui est très vrai, et que vous ne verrez écrite nulle part.

---

[1] Philippe Buache, né en 1700, membre de l'académie des Sciences en 1730, mort en 1773; auteur de nombreux travaux de géographie. — Joseph-Nicolas Delisle était astronome ; né en 1688, membre de l'académie des Sciences en 1714, il mourut en 1768.

[2] Louis-Alexandre de Bourbon, comte de Toulouse, fils de Louis XIV et de Mme de Montespan, était grand amiral de France.

En 1504, un normand nommé Gonneville partit d'un port de Normandie, commandant un vaisseau frété aux dépens d'une société de commerçants pour les Grandes Indes. Quand il fut par le travers du cap de Bonne-Espérance, il fut assailli d'une furieuse tempête qui le ballotta pendant trente jours et lui fit perdre sa route. Enfin au bout de ce temps il se trouva à l'entrée d'une baie inconnue fort au sud dudit cap, où il se dépêcha d'entrer; il débarqua avec une partie de son équipage armée, fut à la découverte et trouva la terre couverte de neige. Ayant aperçu de la fumée, ils y furent et trouvèrent dans une place nettoyée un cercle de sauvages autour d'un grand feu, qui s'enfuirent dès qu'ils aperçurent les nôtres. Enfin à force de signes on parvint à les faire approcher, et avec du tabac et de l'eau-de-vie on les amadoua si bien qu'on fut les meilleurs amis du monde. Ils fournirent à Gonneville toute sorte de fruits et de rafraîchissements de leur pays. Gonneville y passa trois mois à se rafraîchir, et se fit si bien venir de ces peuples que leur roi en chef confia un de ses fils à Gonneville pour l'amener avec lui à condition qu'il le lui ramèneroit dans trente lunes, c'est-à-dire trente mois, ce que Gonneville lui promit. Celui-ci, de retour en France, conta son aventure; il se disposoit à repartir, mais sa société se rompit apparemment, de façon qu'il ne put faire son voyage. Il garda, fit instruire et éleva chez lui ce fils de roi, et n'ayant pu remplir son engagement de le remmener, il le maria avec une parente qu'il avoit *.

Or, un abbé dont j'ai oublié le nom, qui descend par les femmes de cette fille de Gonneville et de ce fils de roi, ayant fait un mémoire qu'il dédia au pape pour l'engager à envoyer des missions dans ces terres australes, pays de ses ancêtres, le s[r] Bouvet, capitaine de la Compagnie des Indes, jeune homme

* [Sur la marge]. *Nota bene*. Lorsque j'écrivois cecy, le 17e volume de l'*Histoire générale des Voyages* n'avoit point paru à beaucoup près, et je ne l'écrivois que d'après le récit que m'avoit fait M. Buache, hydrographe du bureau du Dépôt de la Marine; mais depuis, c'est-à-dire en 1761, ce volume étant paru, j'y ai vu tout au long l'histoire de ce voyage de Gonneville, qu'on y peut lire page 448 et suivantes.

brave, hardi et entreprenant, ayant eu quelque connoissance de cette histoire, conçut un violent désir de découvrir cette terre et en demanda permission en 1736 à la Compagnie des Indes, qui lui refusa pour lors, mais lui promit qu'à son retour des Indes, dont il alloit faire le voyage, elle lui donneroit deux vaisseaux à cet effet, dont l'un resteroit dans les terres découvertes et l'autre reviendroit en rapporter des nouvelles. Le s^r^ Bouvet partit donc pour les grandes Indes avec cette espérance, et pendant les deux ans de son voyage nous travaillâmes par ordre de M. de Maurepas, ministre de la Marine, à faire des dépouillements, résidus, et plans figurés des routes de tous les navigateurs qui ont fait ce qu'on appelle le tour du monde, ouvrage, comme vous sentez, très pénible et très difficultueux. Le sieur Bouvet, de retour à la fin de 1737 de son voyage des grandes Indes, somma la Compagnie des Indes de sa promesse. Elle lui confia en effet deux vaisseaux, savoir la frégate *la Marie*, commandée par led. s^r^ Bouvet, et la frégate *l'Aigle*, commandée par M. Hay. Ils partirent du port de Lorient le 19 juillet 1738 (année de mon mariage) et arrivèrent à la vue d'une terre après avoir traversé des glaces de 2 à 3 lieues de tour et de 2 à 300 pieds de haut ; ils ne purent aborder cette terre à cause des glaces, de la brume et des vents contraires. Après avoir louvoyé pendant douze jours, elle leur parut fort haute ; ils la dessinèrent à vue et la nommèrent le cap de la Circoncision parcequ'ils la découvrirent le 1er janvier 1739. Elle est au sud du cap de Bonne-Espérance, à 54 degrés de latitude méridionale et environ 28 degrés 30 minutes de longitude. *L'Aigle* et *la Marie* se séparèrent le 5 février ; *l'Aigle* continua son voyage à l'Ile-de-France, et le s^r^ Bouvet ramena *la Marie* par le cap de Bonne-Espérance en France, où il arriva le 24 juin 1739 sans perte d'aucun homme, malgré l'extrême fatigue de ce voyage, dont j'ai la carte. Ce cap de la Circoncision est à peu près l'antipode de la ville de Hambourg.

Je devois donc, comme j'ai dit, être de ce voyage en qualité d'ingénieur, ce qui m'auroit fait une entrée dans la Compagnie, dont je ne serois plus sorti et aurois été employé en cette qualité dans tous ses établissements, quand il prit fantaisie à ma mère de me marier en province. Mon père étoit mort le 2 février 1736 ;

j'avois renoncé à sa succession ; partant, je ne dépendois plus que de ma mère. Elle me fit donc sonder par mon frère. Je touchois à 25 ans, âge où il est bien encore temps de faire quelque chose, mais il est un peu tard pour commencer. Cette réflexion ou, plus encore, mon étoile, ou, si l'on veut, la Providence, qui me destinoit à cet état, tout cela me détermina à me prêter à ses vues. Elle comptoit ne marier que moi en province, auquel cas elle ne m'auroit pas donné grand'chose, garder mon frère à Paris et lui acheter une charge d'auditeur des Comptes ; mais il en fut tout autrement. Elle avoit connu de tout temps Mme de Ramilly, ma belle-mère, Élisabeth Chastellain, avec laquelle elle avoit été élevée à Senlis dans son enfance, et avoit toujours un peu cultivé la connoissance. En 1735 ou 36 elle voulut marier mon frère avec Mlle de Ramilly l'aînée ; après quelques explications, ce projet rompit par une fantaisie de mon frère, ce qui mit un peu de froid entre les deux mères. La mienne se servit de l'occasion de la mort de mon père pour renouer commerce de lettres, et quand elle sut que je n'étois pas éloigné du mariage, elle écrivit à Mme de Ramilly pour lui proposer le mariage de sa fille cadette (qui est ma femme) avec un gentilhomme élevé tout comme mon frère, qui auroit autant de bien que lui, etc., sans me nommer. Melle de Ramilly la cadette ne savoit rien de tout cela, quoique une certaine Geneviève, de Montagny, qui avoit servi Mme de Ramilly et qui étoit sœur de la femme de chambre de ma mère, lui fît, toutes les fois qu'elle revenoit de Paris, bien des compliments de ma part et que je demandois fort de ses nouvelles, ce que la bonne femme prenoit sous son bonnet, car je ne savois pas pour lors qu'il existât dans le monde une Melle de Ramilly la cadette. Sur ces entrefaites, au mois de janvier 1738, Mme de Ramilly vint à Paris pour faire le contrat de mariage et acheter les habits de noces de sa fille aînée avec M. de Rouvray, garde du Roi, très bon gentilhomme, de grande famille, mais de très petit bien, et amena aussi sa fille cadette. Mon frère se jeta tout au travers du mariage de Melle de Ramilly et du s^r^ de Rouvray, le fit rompre et se proposa à la place. Pour moi, j'examinai beaucoup cette d^elle^ de Ramilly la cadette, que je savois qu'on me destinoit ; son air fin et sa figure me plut, ainsi que son esprit et son caractère, que j'étudiai pendant son séjour à Paris. Apparemment que j'eus aussi le bonheur de lui plaire. Enfin nous ajustâmes si bien nos flûtes, qu'après bien des scènes que nos aînés nous donnèrent, la surveille de son départ, de son consentement, je la demandai à sa mère, et la veille de leur départ on dressa et signa chez ma mère les articles du mariage de nos aînés et les nôtres. Elles repartirent ; nous entretînmes, ma future et moi, un fort joli commerce de lettres jusqu'aux premiers jours d'avril que nous partîmes pour nous marier. Nous nous rendîmes chez Mme de Ramilly à Villemétrie, faubourg de Senlis, où elle demeuroit pour lors, et, ma mère et la famille de ma future étant arrivées quelques jours après, j'épousai, la nuit du 15[1] au 16 avril à minuit, delle Catherine Reynard de Ramilly, fille de Claude-François Reynard, écuyer, sr de Ramilly, ci-devant conseiller du Roi, lieutenant particulier à Péronne, et de dame Élisabeth Chastellain de Popincour. La cérémonie de notre mariage se fit par permission de l'évêque dans l'église de l'abbaye royale de N. D. de la Victoire, qui est tout près de Villemétrie, par le père Ramilly, chanoine régulier de Sainte-Geneviève, frère de ma femme, qui nous fit une exhortation si touchante que ma femme en eût pleuré si je ne lui eusse serré la main d'un air riant.

Je suis obligé d'avertir que j'ai passé sous silence bien des fautes et fredaines de ma jeunesse jusqu'à mon mariage (car j'ai été jeune tout comme un autre), et cela pour trois raisons : la première, c'est qu'il est humiliant pour l'amour-propre d'avouer les sottises qu'on a faites ; la seconde, c'est que ce n'est pas ma confession que j'écris ici, mais seulement les principaux événements de ma vie ; et la troisième, c'est qu'il n'y auroit pas beaucoup à profiter de l'aveu de mes fautes, et que cela n'empêcheroit pas les miens d'en faire de pareilles et peut-être de plus grandes, car il faut que jeunesse se passe ; heureux qui la passe de façon qu'il n'ait pas lieu de s'en ressentir dans sa vieillesse !

J'avois oublié de dire qu'avant mon mariage il n'avoit tenu qu'à ma mère de me faire recevoir chevalier de N.-D. du Mont-Carmel et de Saint-Lazare; elle étoit alors amie de M. l'abbé

---

[1] Son frère, Michel-Dominique de Junquières, s'était marié le même jour 15 avril à la Victoire, mais à cinq heures du matin. (Voir plus haut).

de Montgault, secrétaire des commandements de feu M. le duc d'Orléans, qui étoit grand-maître de cet ordre. Cet abbé le proposa à ma mère, et il eût réussi, quoique M. le duc d'Orléans fût très difficultueux [1]; mais il étoit question de peut-être environ quinze cents livres que cela eût coûté; elle ne voulut jamais me faire ce plaisir; je ne lui ai jamais pardonné cette petite crasse qu'avec peine.

J'ai encore oublié de dire que j'eus la petite vérole, très violente, ensuite de la rougeole, en 1726 ou 27 à Juilly; mais je n'en suis nullement marqué.

Je n'eus pas besoin de dispense pour épouser ma femme. Nous savions bien en gros que nous étions parents, mais fort éloignés, sans pouvoir dire à quel degré. Ce n'est que par les recherches que j'ai faites depuis que j'ai débrouillé que par les deux sœurs Jeanne et Michelle Leconte, qui épousèrent l'une un ancêtre des Oursel, et l'autre un Chastellain, ma femme étoit ma cousine du 5e au 6e degré. Notre ménage et celui de nos aînés restèrent chez ma belle-mère l'année de nourriture convenue par nos contrats, non sans quelques bisbilles de la part de nos aînés, surtout de ma belle-sœur, jalouse à l'excès, dans lesquelles ma belle-mère, qui m'aime mieux que ses propres enfants et qui aimoit mieux ma femme que sa sœur, prenoit toujours notre parti. Nous fûmes un peu meilleurs amis quand au bout de leur année alimentaire nos aînés se mirent à leur ménage à Villemétrie même, dans une grande maison joignant celle de notre maman, surtout lorsque le chagrin que ma belle-sœur essuya en ménage eut un peu humilié son caractère impérieux. Cependant nous eûmes encore quelques querelles fomentées par ma mère, qui venoit passer tous les ans l'automne dans un petit castel qu'elle avoit loué à Villemétrie. Pour nous, nous demeurâmes toujours en pension chez ma belle-mère.

La première année de mon mariage, j'eus une fausse fluxion de poitrine dont je me tirai très bien, et je pris le lait d'ânesse

---

[1] Louis, duc d'Orléans, fils du Régent, prince savant et très pieux, mort à l'abbaye de Sainte-Geneviève le 4 février 1752; l'abbé de Mongault (Nicolas-Hubert) avait été son précepteur avant d'être son secrétaire, et fut membre de l'Académie française et de l'académie des Inscriptions; il mourut le 15 août 1746.

ensuite, qui remit entièrement mon tempérament. Le 29 avril 1739, qui étoit un mercredi, ma femme accoucha heureusement, à 5 heures 29 minutes du soir, d'une fille très forte qui fut baptisée à Saint-Étienne le 30 dudit mois et tenue sur les fonts par mon frère et ma belle-mère, qui la nommèrent Angélique-Catherine-Élisabeth ; elle fut nourrie à Montagny et est à présent très grande, forte et raisonnable. Comme nous avions gagé, mon frère et moi, un castor d'un louis d'or à qui seroit le premier père de nous deux et que ma belle-sœur n'accoucha que trois mois après, ma femme me fit gagner cette gageure.

J'ai oublié de dire que sur la fin de 1738, ayant appris que les habitants de Senlis, chez qui les gentilshommes ne sont pas chose commune et, partant, objet de leur jalousie, parloient de m'imposer à la taille (la charge de mon frère l'en mettoit à l'abri), je fus obligé de leur produire mes titres et ceux de mes ancêtres, dont le président de l'Élection me rendit partie, étant plus que suffisants, et fit enregistrer le reste à l'Élection ; la sentence d'enregistrement est du 13 septembre 1738, et l'enregistrement sur le cartulaire de l'hôtel-de-ville du 29 octobre ensuivant, au moyen de quoi je fus imposé à la capitation de la noblesse. Dès cette année là je liai connoissance avec feu Mgr Trudaine, évêque de Senlis, dont j'étois un peu allié, et je lui plus tellement qu'il falloit que j'y fusse tous les jours quand il étoit dans le pays, surtout à Mont-l'Évêque près la Victoire ; j'ai vécu ainsi dans son intimité jusqu'à sa mort. Les religieux de la Victoire, nos voisins, nous étoient aussi d'une grande ressource pour nous faire compagnie lorsque le mauvais temps empêchoit nos amis de Senlis de nous venir voir.

L'an 1740, le mercredi 18 mai à 11 heures 15 minutes du soir, ma femme accoucha heureusement d'un fils qui fut ondoyé au logis, et baptisé à Saint-Étienne le 5 septembre 1741 ; il fut tenu sur les fonts par mon beau-frère de Ramilly et ma mère, qui le nommèrent Jean-Baptiste-René. Ce qui fut cause qu'il fut baptisé si longtemps après sa naissance, ce fut parcequ'on attendoit que ma mère, qui devoit être sa marraine, pût venir dans le pays. Il fut ondoyé à la maison ; j'en avois obtenu la permission de Mgr l'évêque. Il fut nourri dans Villemétrie même et sous nos yeux, comme l'ont été tous nos autres enfants, n'ayant point été content de la nourrice de ma fille.

L'an 1741, le vendredi 29 septembre à 9 heures 45 minutes du matin, ma femme, continuant sa ponte, accoucha heureusement d'un fils, qui fut baptisé à Saint-Étienne le 3 octobre. Il eut pour parrain M. l'abbé Pierre, chanoine de la cathédrale, et pour marraine ma belle-sœur; ce fut l'abbé Pierre qui fit la cérémonie de le baptiser, et toute la musique vocale et instrumentale de la cathédrale y vint chanter un motet. Il fut nommé Nicolas-Adrien-Michel, Nicolas du nom de son parrain, Adrien en faveur de mon oncle le chartreux, qui étoit alors à la Victoire, et Michel parcequ'il étoit venu au monde ce jour-là.

L'an 1743, le mardi 21 mai à 5 heures 30 minutes du matin, ma femme accoucha heureusement d'une fille, qui fut baptisée à Saint-Étienne le 29 dudit mois et tenue sur les fonts par M. Oursel de Blainville et par Mme de Popincour, tante de ma femme; elle fut nommée Marie-Louise-Constance; mais, la pauvre petite, elle est morte et est allée peupler le Paradis et gambader avec les anges le vendredi 26 mai 1747; elle étoit fort gentille, raisonnable pour son âge, et promettoit beaucoup.

Dans ce temps là, la charge de lieutenant de robe longue de la capitainerie royale des chasses de Halatte étant vacante par la démission du s^{r} Caron, j'écrivis en droiture à S. A. S. Mgr le comte de Charolois [1], qui étoit capitaine de cette capitainerie pour la minorité du prince de Condé, et lui demandai cette place, me recommandant de M. notre évêque, qui lui parla aussi en ma faveur. Enfin il me fit venir à Chaalis, où il chassoit, et ce prince m'y fit ma leçon, me dit de donner mon nom pour faire expédier mes provisions, qu'il eut la bonté de me remettre tout enregistrées à la Chambre des Comptes, le 30 juillet 1744, lorsque je prêtai le serment en ses mains à Chantilly, où il m'avoit mandé; ma présentation du prince au Roi est du 1er mars 1744, et mes provisions du Roi du 1er avril audit an, signées Louis et sur le repli Phelypeaux, et scellées du grand sceau de cire jaune. Je fus reçu et installé à l'audience de la

1 Charles de Bourbon, comte de Charolais, oncle et tuteur du jeune prince de Condé.

capitainerie par M. de Sarrobert [1], lieutenant de robe courte de ladite capitainerie, le 11 août audit an, et donnai ce jour là à Senlis, chez M. Gapard, officier des chasses du prince, qui me prêta sa maison, un grand repas à tous les officiers des chasses et autres mes amis, qui me coûta plus de vingt pistoles malgré la provision copieuse de gros et menus gibiers que le prince m'avoit fait la grâce de me donner. Cette charge a de très beaux droits et privilèges, qui sont ceux des commensaux de la maison du Roi, droit de committimus aux Requêtes, etc.; mais elle n'a que 100 livres de gages, sur quoi 54 livres de capitation. Peu après, le prince me donna une clef à deux bouts de Chantilly, marquée à mon nom, et une carte de la capitainerie, et au bout d'un an il me permit de chasser, ce qui, outre l'utile, m'a procuré jusqu'à présent et commence à procurer à mon fils beaucoup d'agrément, mais dont j'usai avec tant de discrétion et me conduisis enfin si bien dans toutes les affaires de la capitainerie vis-à-vis M. le Comte, qui ne passoit pas pour être aisé, que le prince a eu pour moi toutes les bontés possibles, m'a permis de lui aller faire ma cour toutes et quantes fois que je voudrois, et n'a pas fait de grandes chasses tant qu'il a été capitaine qu'il ne m'ait fait l'honneur de m'envoyer de son gibier, et m'en donnoit chaque fois que j'allois lui rendre mes devoirs. Comme il faut être gradué pour exercer cette charge, et que j'étois bachelier en droit dès le 31 décembre 1731 et licencié le 22 août 1732, je fus me faire recevoir avocat au parlement de Paris le 4 juillet 1743.

Cette année 1744, nous achetâmes la maison de Baron de nos épargnes.

En l'année 1746, j'eus beaucoup d'affaires occasionnées par la mort de ma mère, qui arriva le 18 avril de cette année; nous partîmes nous deux mon frère en poste la nuit suivante, avec le laquais de ma mère qui nous l'étoit venu annoncer, et nous arrivâmes le même jour ou plutôt la même nuit à près de minuit.

---

[1] Louis de Sarrobert, écuyer, capitaine de cavalerie, avait succédé à son père Sigismond (mort le 15 octobre 1742) comme capitaine des chasses de Chantilly et lieutenant de la capitainerie d'Halatte. Il épousa Marie-Stanislas Urbain, dont il eut une fille le 24 juin 1745 et un fils le 7 juillet 1746. Il mourut le 8 juillet 1760.

Quand elle eut été inhumée le lendemain, nous passâmes procuration à M. Hinselin, et mon frère repartit peu de jours après ; pour moi, je restai près de trois mois à Paris et fis venir ma femme et ma belle-sœur pour la vente, qui fut longue.

En 1747, ma fille fut confirmée, le 22 mai lundi de la Pentecôte, par Mgr Trudaine, évêque de Senlis; mon fils aîné l'a été aussi deux ou trois ans après. Cette même année, le 13 août, dimanche avant l'Assomption, ma femme accoucha d'un fils, qui fut ondoyé le lendemain; il fut baptisé à Saint-Étienne le 6 septembre suivant et tenu sur les fonts par ma chère reine Mme de Camps (aujourd'hui Mme Lemerre) et par M. Dieuxivoye, chanoine régulier de la Victoire et notre ami, qui fit la cérémonie du baptême [1]; il fut nommé par lui Amable-Louis; il fut nourri à Borest, à une lieue de Villemétrie. Il vint au monde à 5 heures 35 minutes du matin.

En 1749, je fus à Paris faire nos partages avec mon frère, et cette même année, le 28 juin, je mis mon fils aîné au collège à Saint-Vincent, d'où je l'ai retiré quand ma maison de Senlis fut bâtie, ainsi que mon fils le chevalier, que j'avois mis à Saint-Vincent le 21 avril 1751.

Le 11 avril 1751, ma fille fit sa première communion, le jour de Pâques, au couvent de la Présentation, où nous l'avions mise à cet effet dès le 1er septembre 1750, et nous l'en retirâmes le 15 février 1752.

Cette même année 1751, le 3 novembre, je traitai avec mon frère et passai contrat pour sa charge de lieutenant particulier au bailliage et siège présidial de Senlis ; j'en obtins les provisions, datées du 12 février 1752; je fus à Paris me faire recevoir, et fus examiné à la 3me des Enquêtes le 9 mars 1752, prêtai serment et fus reçu au Parlement ledit jour; je revins tout de suite ici, où je fus installé au siège le 21 mars. Mes provisions, paulette, réception au Parlement et installation ici m'ont coûté plus de 2.000 livres. A mon retour, nous achetâmes, ma femme et moi, de la dame veuve Duquesne [2] sa maison, rue

[1] Mme Lemerre mourut le 22 juin 1766, âgée de soixante-douze ans. Quant au chanoine Dieuxivoye, nous le retrouverons dans les *Souvenirs* de son filleul, en mai 1767.

[2] Geneviève-Catherine Degéresme, veuve de Philippe Duquesne.

et près Sainte-Geneviève, dont nous passâmes contrat le 24 mars ; nous vînmes nous y établir le 18 mai ensuivant que nous quittâmes Villemétrie pour nous mettre à notre ménage, car jusque là nous avions depuis notre mariage été toujours en pension chez ma belle-mère, nous et nos enfants. Peu après, ma belle-mère et mon beau-frère vinrent demeurer dans le corps de logis séparé qui fait partie de ladite maison. Depuis ce temps jusqu'à ce jour d'hui j'ai presque toujours eu des ouvriers dans cette maison, que nous avons extrêmement fait approprier et qui nous a coûté beaucoup, de façon que nous avons été assez mal logés dans la première année [1].

Le 18 janvier de cette même année 1752, mon frère mourut dans la maison qu'il occupoit à Villemétrie. Je fus obligé avant sa mort de lui faire quelques affaires pour parer aux mauvais desseins qu'il avoit depuis son veuvage contre sa famille, qui auroient ruiné ses enfants. Je quittai lors le surnom de La Motte que je portois.

Le 20 juin 1753, Mgr le prince de Condé ayant amené pour la première fois la princesse sa nouvelle épouse à Chantilly avec une brillante cour, j'eus l'honneur de lui être présenté par Mgr le comte de Charolois ; il y eut des fêtes et feux d'artifice. J'avois été de même présenté par Mgr le comte de Charolois à Mgr le prince de Condé, pour lors notre capitaine de la Capitainerie, quand il arriva pour la première fois à Chantilly le 3 septembre 1748, et ce fut même moi qui eus l'honneur ce jour là de le haranguer pour et au nom de la Capitainerie, M. de Sarrobert s'en étant excusé, quoique ce fût à lui, comme premier lieutenant, à porter la parole [2].

---

[1] La propriété s'agrandit d'une partie de la cour et du jardin lors de la création de la grande route (rue de la République) ; ce surplus fut acquis par J.-B. Junquières le 5 juin 1753 (acte conservé dans l'étude de Me Gazeau, notaire à Senlis). La maison fait le coin de la rue Sainte-Geneviève et de la rue de la République, en face de la Sous-Préfecture et de la maison de M. Vatin. Elle appartint aux héritiers de J.-B. Junquières jusqu'au 1er décembre 1888 ; M. Chalmin la posséda ensuite ; enfin elle fut acquise par M. Reyre le 29 avril 1911.

[2] Pour tous les faits qui se sont passés à Chantilly, on trouve de plus amples détails dans le *Journal* manuscrit du lieutenant des chasses Jacques Toudouze, dont les deux copies sont conservées à la bibliothèque Mazarine et à Chantilly. Voir aussi G. Macon, *Les Arts dans la Maison de Condé* (1902), *Chantilly et le Musée Condé* (1910), *Historique de la ville de Chantilly* (1908-1912).

Je fus, au commencement de novembre de cette année, mandé à la Chambre royale pour n'avoir pas voulu enregistrer l'arrêt d'établissement de cette chambre dans l'exil du Parlement.

En 1754, au mois de mai, je fis recevoir mon second fils le chevalier surnuméraire dans le bataillon de milice de Saint-Denis, et, le 9 juin ensuivant, mon fils aîné fit sa première communion à Sainte-Geneviève, notre paroisse.

Le 4 janvier de cette même année 1754, mourut à Paris M. François-Firmin Trudaine, notre évêque, qui avoit toujours eu mille bontés pour moi, à 75 ans ; il étoit évêque de Senlis depuis le 24 novembre 1714. Il fit l'hôpital des pauvres de Saint-Lazare de cette ville son légataire universel. Son corps fut transféré en cette ville le 7 janvier ; tous les corps séculiers et réguliers du clergé et toutes les compagnies furent le recevoir à Saint-Lazare et le conduisirent à la cathédrale sur les 6 heures du soir, ce qui fit un convoi magnifique. Le mercredi 9, on l'enterra ensuite d'un service très solennel le long du côté latéral du maître-autel du chœur, du côté de l'Évangile. Le 16 juin de la même année, Jean-Armand de Roquelaure, âgé de trente et quelques années *, son successeur, fut sacré à Paris ; c'est le 101e évêque de cette ville ; il prit possession et fit son entrée solennelle le 11 août ensuivant en grandes cérémonies usitées en pareil cas [1] ; tous les corps ecclésiastiques séculiers et réguliers furent le recevoir en procession et suivis des compagnies jusqu'à la porte Saint-Rieul, où il fut harangué pour toutes les compagnies ; les bourgeois étoient sous les armes. Ensuite des cérémonies et de sa messe pontificale, il donna à tout son chapitre, aux dignités des autres et à nous autres, chefs de compagnie, un superbe repas dans la salle de l'Évêché. Tous les notables l'ayant été visiter, ainsi que les dames, il rendit à tout le monde sa visite. Il me fait aussi beaucoup

* Fils de Jean-Baptiste-Emmanuel de Bessuéjols, marquis de Roquelaure, bailli de la séance de Mende aux états de Languedoc.

[1] Voir la relation de cette cérémonie dans Margry, *Notes pour servir à l'histoire de Senlis*, quatrième série, pp. 25-29.

d'amitiés, mais je ne suis pas encore avec lui comme avec le défunt.

Le 2 mai 1755, mon fils le chevalier fut reçu lieutenant de milice au bataillon de Senlis à Pontoise, où les milices étoient assemblées. Dans le même mois, je commençai d'occuper et de m'établir dans mon cher et joli cabinet. Le 26 juillet, j'eus l'honneur de présenter mon fils le chevalier à S. A. S. Mgr le prince de Condé, qui l'accueillit avec bonté.

Le 29 janvier 1756, mon fils le chevalier fit sa première communion à Sainte-Geneviève, et le lendemain partit pour l'assemblée de la Milice à Pontoise, d'où, le 9 février, il partit avec son bataillon pour aller en garnison à Rocroy.

Cette année 1756, il n'y a pas eu d'hiver, point de gelées, de neige, etc , et le froid a été plus supportable qu'il ne l'est souvent les autres années en automne. J'ai attribué cela à la grande éruption qu'il s'est fait à la terre le 1er novembre 1755 à Lisbonne, par tout le Portugal, l'Espagne, l'Afrique et la plus grande partie de l'Europe, et qui a repris à plusieurs fois de côté et d'autre, car on n'a cessé d'en parler qu'au mois de février de cette année. Il est sûr que le vent a presque constamment tout l'hiver été cloué à notre égard au sud-ouest. Cet hiver tempéré a été très avantageux pour faire reprendre les arbres de mon jardin, que j'ai replanté cette année en entier.

Le 12 mars, le régiment de Condé infanterie ayant passé et eu séjour en cette ville, le prince de Condé vint de Paris le passer en revue dans la plaine près la Muette, et ensuite donna à tous les officiers un grand dîner dans la salle de la Cène de l'Évêché [1]. J'y fus au dessert faire ma cour. Je prévins M. le comte d'Anlezy, lieutenant-général et ancien gouverneur du prince, pour faire

[1] Cf. Margry, *Notes pour servir à l'histoire de Senlis* (d'après les registres municipaux); quatrième série, p. 31 (Senlis, novembre 1906). — Le régiment de Condé, se rendant à Saint-Lô, arrive le 11 à Senlis; le 12, le prince de Condé vient en faire la revue : « A son arrivée, la Municipalité a fait tirer les boites et battre la générale. Le prince a donné à dîner à l'Évêché à tous les officiers de son régiment; le corps de ville s'y est transporté pour lui rendre ses hommages et lui offrir le vin de présent, ce qui a été vu favorablement par le prince, qui a été complimenté par le premier échevin ». — Le prince était accompagné de son ancien gouverneur, Louis-François de Damas, marquis d'Anlezy.

recevoir mon chevalier dans ce régiment; mais il me répondit que ce ne pouvoit être pour cette année, attendu que mon fils n'avoit pas seize ans. Je fus témoin d'en haut, où je restai avec les gens sages de cette cour, que plusieurs demoiselles de cette ville furent violemment chiffonnées sur l'escalier et dans la cour par une partie de ces jeunes seigneurs et des jeunes officiers, qui étoient un peu dans les vignes. Pourquoi y furent-elles? Ce n'étoit pas là leur place.

Le 21 mars, mon fils le chevalier m'écrivit de Rocroy qu'il avoit été assez mal d'une fluxion dans la tête, mais qu'il étoit refait.

Notre cuisinière vient de trouver dans des terres que ma chienne avoit grattées de dessous l'évier une petite bague d'or émaillé où est enchâssé un petit diamant; c'est tout ce qu'on a trouvé encore, avec quelques deniers, dans cette maison, quoique je l'aie bien fait fouiller.

Le mardi saint 13 avril, Madame la princesse de Condé étant accouchée très heureusement, à neuf heures et demie du matin, d'un fils (M. le duc de Bourbon), on dépêcha sur le champ un page en toute diligence à M. le prince de Soubise, père de la princesse, qui commandoit à Dunkerque, avec ordre de passer par Chantilly pour annoncer cette nouvelle. Aussitôt qu'on l'y eut appris, on fit trois décharges de tous les canons et boîtes, qui étoient disposés depuis longtemps. Ce page a eu du prince de Soubise une belle tabatière d'or enrichie de diamants, et de Madame la princesse cent louis et une lieutenance dans Condé. Il fut pris jour pour chanter un *Te Deum* à Chantilly en actions de grâces pour le mardi suivant 20 avril; ce jour, je m'y rendis à trois heures après midi avec ma femme, ma fille et mon fils aîné, et j'assistai en robe, à la tête de la Capitainerie, conjointement avec M. de Sarrobert, aux vêpres et *Te Deum*, qui furent chantés par les chantres de la cathédrale de Senlis, pendant lequel les canons, etc., firent décharge. Après le *Te Deum*, qui finit vers les six heures, on fut à la salle des Bains, où on commença à danser jusqu'au souper. On avoit invité tous les notables du pays et des environs, hommes et femmes. Sur les huit heures, on fut souper sous le dôme des Écuries, qui étoit, ainsi que toute l'écurie, illuminé en dedans de lumières et terrines. Il y avoit au milieu une table en fer à cheval de cent couverts, qui fut très bien servie ; plus loin, dans un côté, une autre table pour les bourgeois, aussi de cent couverts ; et plus loin une barrière où on distribuoit à tout le peuple du pain, de la viande et du vin. On but à la santé du prince, de la princesse, du nouveau né, de M. le comte de Charolois et toute la famille, avec une décharge de douze canons à chaque ; celle du prince de Soubise fut saluée de six coups. Après le souper, on tira sur la Pelouse un petit feu d'artifice qui ne fut pas merveilleux, ensuite duquel on reconduisit toute la compagnie à la salle des Bains, où on commença le bal, où chacun resta tant qu'il lui plut. Pour nous, nous nous retirâmes et nous mîmes en voiture pour revenir ici vers les trois heures du matin. On compte donner de nouvelles fêtes quand le prince et la princesse viendront à Chantilly après la Pentecôte. Nous avons compté, nous deux M. de Sarrobert, qu'il a été bu à souper quinze à seize cents bouteilles de vin.

Le 30 avril, qui étoit un vendredi, à 9 heures 4 à 5 minutes du soir, il y eut dans cette ville de Senlis une petite secousse de tremblement de terre qui dura environ une minute. Près de la moitié des habitants ne s'en aperçurent pas. Au logis nous venions de descendre pour souper ; nous n'en sentîmes rien. La femme de chambre de ma femme, qui étoit restée en haut dans l'appartement, s'aperçut de ce tremblement dans tous les meubles, qui fit le même effet que lorsque une voiture ébranle une chambre. Il a été plus long et plus violent à Pont, du côté de Beauvais et dans tous les environs, et s'est fait sentir jusqu'à Paris et par delà.

Le 7 mai, Jean-Armand de Roquelaure, évêque de cette ville, dans son cours de ses premières visites vint à Sainte-Geneviève, ma paroisse. Je fus prié de lui faire cortège ; il me fit bien des amitiés ; je l'avois prévenu en dînant chez lui trois jours devant. Le curé et son clergé furent le recevoir à la porte principale de l'église, où il baisa la croix, fut encensé, l'eau bénite présentée, etc. ; de là on le conduisit au chœur en chantant des antiennes ; il y donna la bénédiction avec le saint ciboire, visita toute l'église, les vases, ornements, registres, comptes, etc., fut encenser les fonts, asperger le cimetière, fit partout des prières, fut au presbytère et de là s'en retourna ; le curé lui fit un petit compliment auquel l'évêque répondit. Sa visite dura depuis dix heures qu'il arriva jusqu'à midi et demi. A son arrivée et à son départ, toutes les cloches sonnèrent.

Le 9 mai, j'ai reçu une lettre de mon fils le chevalier, en garnison à Rocroy, qui m'écrit du 5 et une marque qu'il vient d'avoir la petite vérole, mais qu'il commence à se rétablir.

Le lundi 10 mai, mon troisième fils Chefdeville a été confirmé à la cathédrale de cette ville par Jean-Armand de Roquelaure, notre évêque.

Le 28 novembre, je fus nommé marguillier de Sainte-Geneviève.

MÉMORIAL

DE

JEAN-BAPTISTE JUNQUIÈRES

1757-1780

1757. — Cette année commence sous un bien malheureux auspice. Le jeudi, fête de l'Épiphanie, le bruit se répandit le matin dans la ville que le Roi avoit été assassiné la veille au soir; la consternation fut générale, et l'événement ne se trouva par malheur que trop vrai. Voici la copie de la lettre que M. le duc de Gesvres écrivit aux maire et échevins de la ville.

« Versailles, ce 6 janvier 1757. — Messieurs. Le bruit de l'attentat affreux qui a été commis sur la personne du Roi est de nature à répandre un si juste effroi dans l'esprit de tous ses sujets que je ne crois pas devoir perdre un moment, pour diminuer vos alarmes, à vous mettre au fait des véritables circonstances de cet horrible événement et de l'état où se trouve Sa Majesté. Je suis, Messieurs, votre très affectionné serviteur. (Signé) le duc de Gesvres ». — Ensuit le détail.

« Hier, cinq janvier, à cinq heures trois quarts du soir, le Roi est sorti de chez Mesdames de France pour monter dans son carrosse et se rendre à Trianon. Un malheureux trouva alors le moyen de s'approcher de Sa Majesté au milieu de ses gardes sans être aperçu. Il étoit armé d'un couteau à deux lames, dont l'une étoit une lame ordinaire et l'autre avoit la forme d'un canif, large de cinq à six lignes et longue d'environ quatre pouces. C'est avec la dernière lame que le coup a été porté ; il est tombé sur la partie latérale inférieure et un peu à l'extérieur de la poitrine, c'est-à-dire entre la quatrième et la cinquième des côtes inférieures du côté droit. Le coup a été dirigé de bas en haut et a pénétré d'environ quatre travers de doigt. Le Roi en le recevant crut seulement qu'il étoit frappé d'un coup de poing; il sentit ensuite un peu de chaleur et ne s'aperçut qu'il étoit blessé que par l'effusion du sang. Sa Majesté fut saignée à six heures et un quart, et quoique cette saignée eut produit un grand soulagement, on la réitéra quatre heures après pour plus grande sûreté. Sa Majesté, quoiqu'Elle eût peu dormi, a passé la nuit assez tranquillement. Il est survenu ce matin une légère moiteur après un sommeil d'une heure; on a levé l'appareil à dix heures; on a trouvé le gonflement considérablement diminué, et au moment qu'on écrit ce détail Sa Majesté est aussi bien qu'Elle puisse être dans une pareille circonstance. Tout paroît indiquer jusqu'à présent que le coup n'a pas porté dans la poitrine ».

Depuis le Roi a toujours été de mieux en mieux, et l'accident n'a pas eu de suites. Le malheureux fut arrêté sur le champ par les gardes du corps, lié et conduit dans leur salle, où on lui mit les pieds devant le feu et on lui tenailla un peu les jambes avec des tenailles rouges, ce dont ils ont été très blâmés. Il fut ensuite transféré dans la geôle de Versailles, et bien gardé; il eut la fièvre et fut très bien soigné. Il fut amené le 18 janvier à Paris et enfermé dans la tour de Montgomery, où on lui avoit préparé une chambre matelassée de tous les côtés.

Il est aisé de croire tous les bruits et tous les discours que cet événement a fait tenir; je n'en ferai pas mention, ne voulant dire rien que de vrai. On nomme ce malheureux Robert-François Damiens, natif de La Thieuloye en la paroisse de Monchy-Breton dans l'Artois, où il est né le 9 janvier 1715. On lui trouva dans sa poche un *Nouveau Testament* et une *Imitation de Jésus-Christ*. Il a demeuré longtemps aux Jésuites, où il a été valet de salle ou cuistre, et a fait d'autres conditions où il a commis plusieurs vols, dont le dernier étoit de 250 louis chez un fermier général, qui le faisoit chercher pour le faire pendre. Son père, âgé de 80 ans, sa mère et une partie de sa famille ont passé ici le 16, ainsi que son curé, pour être conduits en prison et donner des éclaircissements; on les dit fort honnêtes gens. Ce scélérat a toujours été protégé des jésuites; on soupçonne beaucoup ces pères d'être les auteurs du coup, et ils ont déjà été insultés et menacés d'être brûlés à Paris. La suite nous instruira davantage. Les présidents de Maupeou et Molé et les conseillers Sévère et Paquier ont été nommés pour l'interroger.

Un carme deschaux, qui a demeuré ici et est à présent à Charenton, a depuis reçu un coup de couteau en passant dans la rue des Prouvaires à Paris, par un homme qui s'est sauvé; la blessure, dans le ventre, est fort légère. On ne sait ce que tout cela veut dire.

Le jour de la blessure du Roi, une personne nommée Moreau, logée à Paris, rue (je crois) Maubué, reçut dès le matin (non, c'est le soir même), un billet qui contenoit ces mots : « Le coup est manqué, sauvez-vous ». Ne sachant ce que cela vouloit dire, il s'informa s'il n'y avoit pas un autre Moreau dans le voisinage ; on lui dit qu'il y en avoit un dans la même maison ; il lui envoya le billet. Le lendemain, quand on sut la nouvelle du coup, le premier Moreau fut conter à M. Berrier, lieutenant de police, l'aventure du billet; on envoya pour arrêter l'autre Moreau, mais il étoit déniché.

La veille des Rois, une pensionnaire de la communauté de Saint-Joseph, étant allée tirer les rois chez sa mère, de derrière un rideau de croisée qui la cachoit entendit un homme venir dire à sa mère : « Enfin le Roi sera assassiné demain ». Elle rapporta cela le soir à sa supérieure, qui la fit taire. Mais le lendemain, quand la nouvelle fut divulguée, elle alla le rapporter à M. Berrier. On a arrêté la petite fille et tous ceux qu'on a pu avoir sur son indication.

Le père Patouillet, jésuite, qui faisoit les mandements de l'archevêque de Paris, étant exilé à Amiens et passant par Clermont pour s'y rendre le 9 ou le 10 janvier, perdit de sa voiture une valise pleine de papiers, qui fut portée au lieutenant de police, et de là ont été envoyés en cour. Ils contiennent, dit-on, bien des choses. On a voulu courir après le père jésuite ; mais au lieu de se rendre au lieu de son exil, on ne sait ce qu'il est devenu.

On dit que le Roi, aussitôt sa blessure, se confessa avec beaucoup de piété, fit à M. le Dauphin une très belle et très touchante exhortation, ne sachant s'il n'en mourroit pas, et que depuis il est fort mélancolique.

Le 30 janvier, Chefdeville, mon troisième fils, a tenu à Saint-Aignan sur les fonts de baptême le fils de Sauvage, perruquier de cette ville, avec d[elle] Rosalie Boulon, fille de M. Boulon, lieutenant particulier de la maîtrise des Eaux et Forêts ; j'y ai consenti par complaisance et égard pour le père et la mère de la marraine. L'enfant a été nommé Amable-Louis-Rosalie.

Le 26 mars, après bien des procédures, le nommé Robert-François Damiens, qui avoit frappé le Roi d'un coup de couteau le 5 janvier, fut condamné par arrêt du Parlement à avoir le poing, armé du couteau dont il avoit fait le coup, brûlé au feu de soufre, les mamelles, bras, cuisses et mollets tenaillés, et dans ces parties là tenaillées coulé du plomb fondu, de la poix résine brûlante, de l'huile bouillante et de la cire fondue avec du soufre, ensuite tiré à quatre chevaux, ses membres et son corps brûlés, et ses cendres jetées au vent, préalablement appliqué à la question ordinaire et extraordinaire, la maison où il est né rasée de fond en comble, défense d'y jamais rebâtir : ce qui a été exécuté en place de Grève le lundi 28 après midi. Le même arrêt surseoit en ce qui regarde le père et toute la famille dudit Damiens et nombre d'autres particuliers repris dans ledit arrêt.

On dit que Damiens, après avoir souffert la question ordinaire et extraordinaire, partit de la Conciergerie pour la Grève. On avoit acheté six forts chevaux entiers, 600 livres pièce. Il a souffert tous les supplices en jetant des cris horribles. Les quatre chevaux ne pouvant séparer tout-à-fait les membres à cause des nerfs, quoiqu'ils tirassent ventre à terre, on a été obligé de couper les nerfs pour les faire détacher, ce qui a été fort long. Après le scélérat, étant resté avec la tête et le tronc, a eu la force de soulever la tête pour voir son corps, l'a laissée retomber et est mort. On dit qu'on eût pu entendre ses cris d'un bout de Paris. Il y a eu plusieurs personnes d'écrasées et d'étouffées dans la Grève. L'exécution, comprise la question, a duré cinq heures. Cet homme étoit d'un fort tempérament.

Le 2 avril, samedi avant les Rameaux, il fit un vent si terrible qu'on en a vu peu de semblables ; il fit voler ici plusieurs cheminées et beaucoup de tuiles, à Paris encore plus ; au Havrede-Grâce, il fit tomber une salle de charpente pour la comédie, où il y eut vingt-deux personnes d'écrasées ou brûlées, et quatre-vingts de blessées.

Le 1er juin, je me suis pesé en simple veste blanche et redingote ; je pesois 121 livres ; ainsi je vas en déclinant ; je me porte cependant très bien. La volonté de Dieu soit faite.

Le 28 juin, mon fils le chevalier prit querelle au jeu de quilles à sa garnison de Rocroy contre un de ses camarades beaucoup plus grand que lui ; mon fils l'amena sur le pré et se battit contre lui ; le chevalier fut blessé au doigt ; ensuite ils se donnèrent un coup fourré et se blessèrent tous deux ; mon fils le fut un peu plus considérablement. Ils vinrent se faire panser ; on les mit aux arrêts ; en sortant on leur fit un sermon, et tout fut dit. Les lois, le Roi, défendent ces combats, les officiers supérieurs paroissent aussi les défendre, et si on refuse cependant de se battre, il faut sortir du corps. Quelle contradiction !

1758. — Le 27 mai 1758, mon fils le chevalier est arrivé de Rocroy, où il étoit en garnison depuis quinze mois ; je le retirois absolument et tout-à-fait de la milice, ayant obtenu pour lui une lieutenance de M. le prince de Rohan dans son régiment d'infanterie. Je lui fis ici son équipage pour aller joindre ce régiment, qui étoit à l'armée de Soubise autour d'Hanau, Francfort ou Cologne. La veille du départ de mon fils, il arriva ici un jeune gentilhomme de Beaulieu au Bas-Limousin, de même âge que mon fils, qui alloit aussi joindre et se faire recevoir lieutenant au régiment de Picardie, et qui étoit fort en peine de trouver un camarade de voyage ; ce jeune homme, nommé M. d'Arche, soupa chez moi, et, le lendemain mercredi 14 juin, ils partirent d'ici de compagnie avec chacun un valet et deux chevaux, mon fils ayant son équipage bien complet et dix louis d'or dans sa poche pour faire sa route, que je compte être de dix à douze jours. J'aurai soin de faire compter de l'argent au régiment, qu'il trouvera à son arrivée, n'ayant pas voulu l'en charger de tant sur lui pour plus de sûreté et pour l'accoutumer à avoir de la conduite et vivre de ménagement dans sa route. Je lui fis dire une messe du Saint-Esprit le jour de son départ pour attirer sur lui les grâces de Dieu et sa protection pour son voyage. Je lui ai recommandé de m'écrire de Sedan, de Liège et des principales villes sur sa route. Que Dieu soit avec lui ! Il va avoir bien du mal et de la fatigue pour un jeune homme qui n'a pas encore dix-sept ans faits, car selon l'apparence la campagne sera très rude et meurtrière.

Mon fils le chevalier, après m'avoir écrit de Bouillon et de Liège, m'écrivit enfin le 4 juillet qu'il étoit arrivé à son régiment avec deux louis et demi de reste, qu'il a eu beaucoup de mal et de fatigue, mais qu'il se porte bien et tout ce qui le regarde, à l'exception de son cheval de bât qui est en pauvre état, et qu'il doit être reçu à la garde le lendemain. Dieu soit loué ! Nous commençions à être fort inquiets de lui, n'en ayant point reçu de nouvelles depuis le 21 juin.

Le 5 juillet, mon fils fut reçu lieutenant au régiment de Rohan-Prince, qui pour lors étoit à l'armée de Soubise à Hanau près Francfort, et, le 7, cette armée se mit en marche. J'envoyai à mon fils 22 louis d'or par une lettre de change.

Le 3 août, je reçois une lettre de M. du Saulcey, lieutenant au régiment de Rohan, camarade de mon pauvre petit chevalier, datée de Cassel du 24 juillet, qui me marque qu'à la bataille qui s'est donnée la veille 23 à une lieue de Cassel [1], mon pauvre petit chevalier reçut dans la tête une balle qui le tua roide ; il y a eu onze officiers de son régiment de tués, 25 de blessés, et 400 soldats tués.

Un des jours de ce mois de novembre, un officier revenant de l'armée et s'étant trouvé au logement à Versailles de M. le duc de Chartres [2], prince âgé de onze ans, demanda permission de le voir dîner. Le jeune prince, le voyant en assez mauvais équipage et couvert d'un pauvre uniforme, envoya, sans faire semblant de rien, demander à son trésorier l'argent de son mois qu'on lui donne pour ses menus plaisirs, et ayant fait venir des

---

1 Victoire du duc de Broglie sur les Hessois à Sondershausen.

2 Louis-Philippe-Joseph d'Orléans, né le 13 avril 1747, nommé d'abord duc de Chartres, devint duc d'Orléans en 1785 à la mort du duc Louis-Philippe, son père. Le Musée Condé conserve une jolie aquarelle de Carmontelle représentant le duc de Chartres « dans sa belle jeunesse », c'est-à-dire à l'époque du charmant trait de bienfaisance que rapporte Junquières.

dragées, en fit des cornets qu'il distribua à tous ceux qui étoient présents, et mit dans celui qu'il donna à ce pauvre officier 50 louis d'or, générosité bien placée, noblement faite, et qui annonce de très heureuses dispositions. Le duc d'Orléans, son père, l'ayant appris, donna ordre qu'on lui doublât ses petits mois.

Madame la princesse de Condé fut attaquée, le jour de la Toussaint, de la petite vérole dans son appartement à Versailles, d'où on la transporta à l'hôtel de Condé à Versailles. Nous eûmes tous les jours un bulletin de ses nouvelles. Elle est guérie. On la dit fort marquée ; j'en serois bien fâché, car elle étoit très belle ; je le verrai quand j'irai lui faire ma cour à Chantilly, où elle viendra au bout des six semaines, et où l'on prépare des fêtes pour son rétablissement. Aussitôt que le prince de Condé apprit sa maladie à l'armée, il en revint en poste.

1759. — Le 13 janvier 1759, je vendis ma charge de lieutenant particulier, qui depuis longtemps me pesoit fort, à M. Nicolas-François Roze de Beaupré ; au moyen des émoluments que j'en avois retirés et de quelques arrangements avec ma belle-mère, je n'ai ni gagné ni perdu à cette vente. Ledit s^r^ Roze de Beaupré fut reçu le 20 mars suivant.

Au commencement de février de la même année, mon poème de *l'Élève de Minerve ou Télémaque travesti en vers* étant fini d'imprimer en cette ville, je partis pour aller en faire les présents ordinaires à Paris. Le 10 dudit mois, je fus avec mon fils aîné présenter un exemplaire de cet ouvrage, que j'ai fait en trois petits volumes, bien relié en maroquin avec les armes de Condé, au jeune prince Mgr le duc de Bourbon, à qui j'avois eu la permission de le dédier, après en avoir présenté un pareil, aux armes près, à Mme de Jarzé, gouvernante de ce jeune prince ; nous en fûmes très bien accueillis, ainsi que des deux jeunes princesses, M^elles^ de Bourbon et de Condé, ses sœurs [1]. J'en offris un pareil au prince de Condé le 13 et un au comte

[1] Le jeune prince et ses sœurs, dont la seconde seule vécut (la princesse Louise), comptaient neuf ans à eux trois.

de Charolois, à M. notre évêque, et plusieurs exemplaires brochés à mes amis. Tous ceux qui ont déjà lu partie de cet ouvrage en paroissent charmés ; je commence à me flatter qu'il sera fort goûté [1].

---

[1] L'Élève de Minerve, ou Télémaque travesti en vers. Dédié à S. A. S. Monseigneur le Duc de Bourbon. *A Senlis, chez Des Rocques ; et à Paris, chez Duchesne, libraire, rue St Jacques, au Temple du Goût.* M.DCC.LIX. Avec approbation et privilège du Roi. — [A la fin] : *A Senlis, de l'Imp. de N. Des Rocques.* — 3 vol. in-12 de VIII — 307, 286 et 258 pp., rel. orig. en veau brun (exempl. appartenant à M. Brumeaux et par lui gracieusement offert à la bibliothèque du Musée Condé le 12 mars 1913). — A la fin du tome III, *Approbation* du 10 avril 1758, signée Gaillard, et *Privilège du Roi* accordé à Des Rocques le 12 mai 1758.

Dédicace en vingt vers adressée au duc de Bourbon et signée J.......... :

Aimable Prince, votre nom
De cet innocent badinage
Fera la fortune, et, je gage,
Au Public donnnera le ton......

« *Préface, avertissement, discours préliminaire, etc., etc., etc..* — Voici un poème qui ne m'a pas beaucoup coûté pour l'invention et la distribution ; et c'est bien ce qu'il me faut : ma paresse naturelle s'accommodera toujours de trouver la besogne toute faite. Quant au style, c'est-à-dire à la façon de narrer et de versifier, ce sont productions de mon crû ; personne ne peut, je crois, m'accuser d'avoir pris son ton, et encore moins être assez simple pour envier le mien.

« La Morale guindée sur des échasses et la Vertu hérissée m'ont toujours déplu ; j'ai tâché de les faire descendre un peu plus à ma portée et de leur donner un air plus enjoué.

« Je ne rends point compte dans cet ouvrage, par notes ni autrement, des changemens légers, retranchemens fréquens, anachronismes outrés, et autres licences que je me suis permises, n'en étant comptable qu'à ma seule fantaisie.

« Enfin le Public, pour qui je suis foncièrement pénétré d'un respect infini, est très libre de penser de cette production tout ce qu'il jugera à propos ; ce sera même sans aucune prévention pour moi, qui n'ai point l'honneur d'en être connu, ni en bonne ni en mauvaise part. Je me suis amusé en arrangeant ces rimes, je souhaite que la lecture en amuse d'autres, et tout est dit. »

D'après la *France littéraire* de Quérard, il y aurait eu une seconde édition de l'ouvrage en 1765, et une troisième en 1784.

Grimm se montre sévère pour le talent de notre auteur ; dans sa correspondance du mois de juillet 1759, après avoir rendu compte de quelques mauvais ouvrages, il ajoute : « Un autre poète de même trempe (M. de Junquières) vient de publier *l'Élève de Minerve ou Télémaque travesti en vers.* Celui-ci a encore le tort d'avoir choisi un sujet sérieux et grave pour ses plates et ridicules turlupinades » (*Correspondance littéraire*, édition Tourneux, t. IV, p. 127).

Le lundi gras 26 février à 3 heures du matin, Jeanne-Catherine-Élisabeth-Victoire Junquières, ma nièce unique, épousa, dans ma paroisse de Sainte-Geneviève de Senlis, Étienne-Alexandre Chastellain, chevalier, s[r] de Popincour, chevalier de Saint-Louis, ancien capitaine au régiment de Bretagne-infanterie, cousin-germain de ma belle-sœur et de ma femme, après en avoir obtenu les dispenses de Rome. La noce se fit chez moi. Je la menai comme lui tenant lieu de père. Dieu veuille que cette affaire leur soit agréable !

1760. — La nuit du 4 au 5 mars 1760, mourut à l'hôtel de Condé à Paris Charlotte-Godefride-Élisabeth de Rohan-Soubise, princesse de Condé, dans le 21e jour d'une fièvre maligne et dans la 23e année de son âge, étant née le 3 mai 1737. Je l'avois vue à Chantilly peu de temps avant sa maladie, et ne l'avois jamais vue si bien ni si aimable. Elle avoit été mariée avec le prince de Condé le 3 mai 1753. Cette princesse réunissoit toutes les vertus chrétiennes et morales ; son caractère doux et affable lui avoit gagné l'affection de toutes les personnes qui avoient l'honneur de l'approcher. Elle est universellement regrettée ; les pauvres pleurent amèrement une mère et une amie que leurs vœux n'ont pu leur conserver.

Le Roi avoit fait un édit l'an passé pour inviter ses sujets à envoyer ce qu'ils pourroient de leur vaisselle à la Monnoie pour subvenir aux besoins de l'État. En conséquence, par le compte que j'ai fait sur les écrits publiés de ce qui en a été envoyé à la Monnoie de Paris seulement, depuis le 29 octobre 1759 que l'on a commencé à l'y porter jusqu'au 31 décembre, j'ai trouvé que cela montoit à la quantité de 242.232 marcs 6 gros et demi en argent, et 22 marcs 7 onces 6 gros 2 deniers 15 grains en or ; mais comme on y prenoit l'argent monté ou plat sur le pied de 56 livres le marc, la quantité ci-dessus pour l'argent seul monte à 13 560.993 livres 13 sols 9 deniers, sans compter ni l'or ni ce qui y a été apporté depuis le 31 décembre, ni ce qui a été porté aux autres hôtels des Monnoies du royaume. De l'argenterie que l'on portoit, le Roi en payoit le quart comptant sur ledit pied de 56 livres le marc, et on donnoit un billet des trois autres quarts, dont le Roi s'engageoit à faire la rente au denier vingt jusqu'au remboursement. Comme ce n'étoit qu'une invitation et qu'on ne vous y obligeoit pas, je ne portai point ma vaisselle, non plus que bien d'autres qui, je crois, n'en seront pas fâchés. On dit qu'on fit battre de la monnoie de toute cette argenterie. Bien des particuliers profiteront de cette circonstance pour vendre avec honneur leur argenterie en la portant chez l'orfèvre. On dit que les Juifs en achetèrent beaucoup qu'ils emportèrent dans les pays étrangers, ce qui préjudicie à l'État.

Le mardi 8 juillet, mourut à Chantilly, à midi trois quarts, mon ami et camarade M. de Sarrobert, d'une phthisie-ulcère au poumon dont il languissoit depuis longtemps. J'ai été très sensible à sa mort, car nous étions fort amis. Il avoit 43 ans et demi, étant né, à ce qu'il m'a dit, le dernier novembre 1717[1]. J'y fus le jour de sa mort; sa veuve étoit au désespoir, et elle n'a pas tort, car elle perd tout sans ressource; elle me tira des larmes en me demandant continuation de mon amitié pour son fils lorsque je la mis dans sa voiture pour aller à Paris se présenter et son fils au prince. J'y retournai le jeudi suivant pour l'enterrement, qui se fit à dix heures; le convoi fut fort beau; j'étois à la tête du deuil, précédé de mon huissier audiencier en robe, après moi le procureur du Roi, le greffier, tous les officiers de Chantilly, de Senlis et de Pont, chacun en robe ou uniforme, puis la gruerie, la justice et un grand nombre d'amis du défunt et de seigneurs des environs; la marche étoit bordée par deux rangées de gardes, les bleus à droite et les jaunes à gauche[2], au nombre d'une quarantaine, leurs fusils renversés, dont ils firent une décharge dans la fosse. Il est enterré dans la nef, vis-à-vis la chaire, à côté, dit-on, de son père. Il se flattoit et ne comptoit pas mourir si tôt, mais je n'en pensois pas

---

[1] Ce n'est pas le 30, mais le 3 novembre 1717 que Louis de Sarrobert était né à Chantilly, de Sigismond de Sarrobert, capitaine des chasses, et de Marthe Le Meignan. Il fut baptisé, le 8, dans la chapelle du château par l'évêque de Senlis, et fut tenu sur les fonts par le duc de Bourbon et une de ses sœurs, Mlle de Charolais. Il perdit sa mère le 13 janvier 1742, et son père le 15 octobre suivant.

[2] Les bleus étaient les gardes des forêts du Roi, les jaunes, ceux des forêts du prince de Condé.

de même. Il a mené, ainsi que sa femme, une vie bien brillante, bien tumultueuse, mais bien courte. Dieu lui fasse miséricorde ! Il a reçu tous ses sacrements. On est fort en mouvement pour savoir qui lui succèdera; le prince de Condé est à l'armée; on assure toujours que le fils aura la place, qu'il en a la parole du prince; mais comme il n'a que 13 à 14 ans [1], il faut un gérant jusqu'à sa majorité; cela ne sera pas long à être décidé.

Ce 23 juillet, on vient de m'apprendre de Chantilly que M. le comte de Charolois étoit mort hier à huit heures du soir à Paris, d'une hydropisie de poitrine ou goutte remontée; il y avoit longtemps qu'il en étoit tourmenté. Il entroit dans sa soixante et unième année, étant né le 19 juin 1700. Le 22 juillet, mardi, il se sentit plus mal vers le matin ; ses lèvres s'enflèrent, sa langue et sa gorge. Son chirurgien, M. Baudot le père, lui dit que c'étoit la goutte qui remontoit, qu'il falloit lui tirer du sang au pied ou y mettre de la moutarde pour l'attirer en bas ; ce prince remit cette saignée au lendemain, et demanda un bouillon aux herbes. L'après-midi, le mal de gorge et enflure augmentant, il demanda des figues et en mangea une demi-douzaine. Enfin, vers les 8 heures du soir, se sentant plus mal, il voulut se coucher ; on le déshabilla, et comme on lui passa sa chemise, il s'écria qu'il se trouvoit fort mal et tomba mort ; son valet de chambre appelant du secours, on le mit sur son lit, où il ne tarda pas à jeter le sang par les narines et la bouche ; mort qui, à la suite de la vie qu'il a menée, est capable de faire frémir quiconque a la moindre ombre de religion. On l'ouvrit et on lui trouva toutes les parties nobles très saines. Son cœur a été porté aux Grands Jésuites, ses entrailles à Saint-Gervais, sa paroisse, et son corps, le 1er août, à Enguien [2] dans le caveau des Condé.

[1] Claude-Louis-Sigismond de Sarrobert, fils de Louis et de Marie-Stanislas Urbain, était né le 7 juillet 1746.

[2] C'est-à-dire à Montmorency. Louis XIV avait érigé Montmorency en duché d'Anguien pour le fils du Grand Condé. « Anguien » se transforma en « Enghien » au XVIIIe siècle et cette nouvelle orthographe prévalut. On voit que M. de Junquières écrit encore « Enguien ». La ville actuelle d'Enghien n'existait pas encore. — On sait que le lieu de sépulture des princes de Condé était Vallery (dans l'Yonne) ; la tradition fut abandonnée en 1740, et le duc de Bourbon (mort le 27 janvier 1740) fut le premier prince de sa maison inhumé à Montmorency, où son frère le comte de Charolais le rejoignit en 1760.

La nuit du 23 au 24 août, un frère chez les Carmes de cette ville, nommé le frère Adrien, se jeta dans le canal qui est dans leur jardin et s'y noya. La justice fut le retirer le lendemain. Il avoit pris la précaution de s'attacher au cou avec trois cordes une pierre assez grosse, et il avoit laissé sur la table de sa cellule un petit papier où il avoit écrit : « Ne cherchez point le frère Adrien ; son corps est dans le canal ; il y est, il y est. » On dit que ce frère ayant été le sommelier du couvent et buvant le vin, on lui avoit ôté cet emploi, qu'ensuite il détournoit des œufs et tout ce qu'il pouvoit attraper pour le vendre et avoir du vin, que les pères l'avoient enfermé et mis dans une rude pénitence au pain et à l'eau, et d'autres humiliations (on sait que les prisons et punitions des moines sont terribles) ; enfin, soit que la tête lui ait tourné ou non, il s'est jeté à l'eau. On a assoupi cette affaire, et ils l'ont enterré dans leur jardin.

Le 25 du même mois, Marie-Louise Guile, femme du nommé Bourguignon, qu'elle avoit épousé, qu'elle n'aimoit pas, se pendit dans son grenier dans l'après-midi, et on l'y trouva morte le soir ; elle avoit quelques petits dérangements d'esprit et avoit déjà voulu se noyer. En conséquence, après descente de justice, on l'enterra en terre sainte. Voilà deux aventures arrivées en deux fois vingt-quatre heures bien extraordinaires pour une petite ville comme celle-ci.

Le lundi 17 novembre 1760, j'ai reçu et installé à l'office de lieutenant de robe courte de la Capitainerie[1] M. Claude-Louis-Sigismond de Sarrobert à la place de feu son père, pour exercer quand il aura l'âge de vingt ans accomplis ; il est né le 7 juillet 1746. Je lui ai donné au retour, à lui, son précepteur, aux officiers de robe de la Capitainerie et à ses amis, un beau repas. Il étoit arrivé la veille de Paris et avoit couché et soupé chez moi ; il est reparti après le dîner. C'est M. de Belleval, cousin de ma femme du quatre au quatre, qui a été accepté de S. A. S. pour exercer et gérer jusqu'à ce que M. de Sarrobert ait 20 ans ; je ne l'ai pas encore reçu et je ne sais s'il le sera à la Capitainerie.

---

[1] La Capitainerie royale d'Halatte, dont le prince de Condé était capitaine des chasses, M. de Sarrobert lieutenant de robe courte, et M. de Junquières lieutenant de robe longue. Les officiers de robe longue avaient la justice de la Capitainerie.

1761. — Le 26 janvier 1761, j'ai reçu et installé M. Antoine de Belleval pour exercer la charge de lieutenant de robe courte de la Capitainerie jusqu'à ce que M. de Sarrobert ait atteint l'âge de 20 ans ; il nous donna au retour chez Mme de Trossy, sa sœur [1], un grand et beau repas où nous étions 27 ou 28, et ensuite des violons jusqu'à près de deux heures du matin ; mais je me retirai et vins me coucher à minuit. M. de Belleval est né le 8 novembre 1713, et, partant, est plus jeune que moi de sept mois.

Le vendredi 13 novembre 1761, Mme de Popincour, ma nièce, âgée de 19 ans et 20 jours, mourut à neuf heures et demie du matin à la suite d'une longue éthisie ou consomption et ayant vraisemblablement un ulcère au poumon. Cette jeune femme, jolie et assez riche, mariée au chevalier de Popincour, cousin-germain de ma femme et de feu sa mère, au moyen d'une dispense de Rome obtenue sur un exposé qui ne m'a jamais satisfait, n'étant point vrai ou du moins fidèle, a eu le malheur de périr à la fleur de son âge après avoir fait en deux ans et demi de mariage son propre malheur et celui du fort honnête homme à qui elle avoit été unie, mais malgré l'antipathie qu'elle avoit déclaré avoir pour lui ; c'est Mme de Ramilly, ma belle-mère, qui seule l'y avoit forcée pour obliger le chevalier de Popincour, son neveu ; il a fait toujours tout son possible, par des présents et des bonnes façons, pour gagner son cœur, sans avoir pu y réussir. Ce mariage ne fera que me confirmer dans l'idée où je suis (confirmée par maints exemples) que les alliances entre parents si près et sur dispenses obtenues sur des exposés la plupart infidèles, ne réussissent et ne sont presque jamais heureux. Elle avoit toujours dit à ma femme : « Ma tante, on veut absolument me forcer à l'épouser ; eh bien ! vous verrez que j'en mourrai ». Elle a reçu tous ses sacrements. Dieu veuille lui faire miséricorde ! Par cette mort, je reste seul de la branche aînée des Junquières, comme ma femme seule des Ramilly (à mon beau-frère près, qui est un bon garçon, mais très borné), et nous recueillons sur nos têtes tous les biens des Junquières

---

[1] Marie-Françoise de Belleval, femme de Jacques-François de Bréda, seigneur de Trossy.

et des Ramilly. Dieu accorde à ma belle-mère encore longues années avant que ce côté là nous revienne !

Le vendredi 20, huit jours positivement après la mort de ma nièce, le nommé Philippe Martin, fils du maître d'école de ma paroisse, garçon très sage, très rangé et très serviable, que nous aimions fort et à qui mon fils avoit la complaisance de donner des leçons de violon, disparut le matin de cette ville. Il étoit sacristain et sonneur de cette paroisse [1], et avoit sollicité la sacristie de la cathédrale, vacante par la mort de celui qui l'étoit ; je m'étois même employé pour la lui faire avoir. Il avoit été menacé par les enfants du dernier sacristain mort et à qui on avoit refusé la place de leur père parcequ'ils étoient mauvais sujets ; il avoit, dis-je, été menacé par eux d'être assassiné, ainsi qu'il l'avoit déclaré à plusieurs ecclésiastiques. Aussitôt sa fuite, on fut fort inquiet de son sort ; enfin, le dimanche suivant dès le matin, ou trouva sur la rivière son chapeau, qui étoit à peine mouillé, et deux heures après on trouva son corps mort dans un trou de la rivière près la porte de Meaux. Tout le peuple qui fut le voir et même des médecins convinrent qu'il n'étoit pas mort noyé, mais qu'il avoit été jeté à l'eau après sa mort. La justice vint l'enlever ; on fit faire par deux chirurgiens un procès-verbal, très mal construit ; tous s'accordoient à déclarer qu'il n'avoit aucune marque d'un homme mort noyé ; il n'y a petit ni grand qui ne soit intimement persuadé qu'il a été étranglé par ses envieux et même gardé sous du fumier jusqu'au dimanche matin. On ne cesse depuis ce temps jusqu'à ce jourd'hui 3 et 4 décembre, de faire des informations et d'entendre des dépositions ; c'est étonnant tout ce qui se dit à la charge de ceux qu'on soupçonne de cet assassinat ; je ne veux pas les nommer. Je crains bien que tout cela n'en reste là ; mais ce qui est sûr, c'est que Dieu, qui le sait, punira les auteurs de ce meurtre dans ce monde-ci ou dans l'autre. Ce pauvre garçon, que toute la ville regrette, avoit 28 ans.

Le 1er décembre, nous avons fait notre renonciation à la communauté d'entre ma nièce et le chevalier de Popincour, et fait la liquidation de nos droits; je lui ai payé comptant

---

[1] La paroisse de Sainte-Geneviève.

2000 livres pour les clauses portées dans son contrat de mariage.

La veille de Noël, notre évêque fut nommé par le Roi à l'abbaye de la Victoire, vacante par la mort de M. l'évêque de Tulle [1], qui l'avoit eue après M. Trudaine. Il falloit bien que notre évêque eût de quoi vivre; son évêché de 30.000 livres de rente ne pouvoit suffire; cette abbaye de 20.000 livres de rente le mettra plus à son aise; mais cela ne suffit pas encore. Il n'en restera pas là.

1762. — Le 16 février, Mlle de Belleval, âgée de 17 ans et demi, cousine éloignée de ma femme, épousa à Chantilly M. de Franclieu, écuyer cavalcadour de M. le prince de Condé; ils se marièrent à cinq heures du matin en négligé, sans personne que les témoins à ce nécessaires, et la suite du mariage ne fit pas plus d'étalage, ayant été défendu aux gardes et aux gens de l'écurie et équipage de faire aucun mouvement. Dieu veuille mettre sa bénédiction à ce mariage, fait, dit-on, contre le gré du père et presque commandé par le prince. [*En marge*] : ce refus du père n'étoit que pour la frime vis-à-vis du public [2].

La nuit du mardi 16 au mercredi 17 mars, le feu prit dans Paris à la foire Saint-Germain; un vent du nord qui souffloit avec une extrême violence fit faire en peu de temps un si grand progrès aux flammes qu'en moins de cinq heures toutes les

---

[1] François de Beaumont d'Autichamp, évêque de Tulle le 11 juin 1741, mort le 20 novembre 1761.

[2] Le père, Antoine de Belleval, fut d'ailleurs présent au mariage et signa sur le registre de la paroisse, ainsi que le chevalier Antoine de Belleval, oncle de la mariée, Jacques Toudouze, lieutenant des chasses, Claude-Étienne de La Fresnaye, écuyer, Jean-Baptiste Marchand, sous-écuyer, Louis-Joseph de La Combe, chapelain du château, et Louis Manoury de Saint-Germain, inspecteur des chasses. — Le marié, Jean-François-Anselme Pasquier, comte de Franclieu, écuyer commandant l'équipage du prince de Condé, était fils de feu Jacques-Laurent-Pierre-Charles Pasquier, marquis de Franclieu, et de Marie-Louise de Busca. — La mariée, Marie-Françoise de Belleval, était fille d'Antoine de Belleval et de défunte Marie-Françoise Poullet de Sally. — La bénédiction nuptiale fut donnée par le cousin du marié, l'abbé de Trossy, fils de Jacques-François de Bréda, seigneur de Trossy, et de Marie-Françoise de Belleval.

boutiques et les loges de la foire, qui n'étoient construites que de bois, furent totalement consumées.

Le mardi 30 mars, le vent fut si violent que le haut de la cheminée de ma cuisine tomba sur mon toit du côté de Saint-Jean, cassa une panne, un chevron, et beaucoup de tuiles. C'étoit la seule où je n'avois pas touché; elle étoit très mauvaise, mal faite, et me faisoit toujours trembler pour le feu; j'avois résolu de la faire refaire cet été. En la démolissant on s'est aperçu que les deux poutres et quatre solives étoient à nu dans le tuyau; c'est un grand bonheur que je n'aie pas été brûlé. Je l'ai fait refaire à neuf entièrement et ai bien paré à tous les inconvénients du feu.

Ce 16 mai, dimanche, mon fils le cadet vient de faire à 7 heures du matin sa première communion à Saint-Vincent, où il est en pension. J'ai assisté à la messe, où il a communié avec huit autres de ses camarades.

Le 6 août, arrêt du Parlement qui casse, anéantit, annule et extermine à jamais la société des Jésuites. Belle pièce à lire.

Le 8 septembre, ma femme tint sur les fonts à Saint-Rieul la fille de M. Cretel et de Mlle Duquesne son épouse, avec M. Duquesne, procureur du Roi de notre capitainerie, aïeul de la petite. Ma femme la nomma Caroline-Catherine-Sophie.

Le dimanche 26 septembre, *Te Deum* solennel et grande fête à Chantilly, très bien ordonnée par M. de Belleval, à l'occasion de l'avantage que le prince de Condé a remporté sur l'ennemi [1]; feu d'artifice, illumination sur l'eau, souper magnifique, grand bal, etc. [2]. J'en suis revenu à trois heures du matin.

---

[1] Combats de Grüningen et de Johannisberg, 25 et 30 août 1762.

[2] Voici comment le lieutenant des chasses Toudouze rapporte cette fête : « Le 26 septembre 1762, il a été donné, en réjouissance de la bataille que S. A. S. Monseigneur le prince de Condé a gagnée le 30 août précédent, une très belle fête à Chantilly, qui a été annoncée par une salve de 24 pièces de canon tirée le matin; un *Te Deum* chanté en musique vers les 6 heures du soir; il y a eu deux salves de canon de tirées et trois salves de mousqueterie pendant qu'il a été chanté. Après le *Te Deum*, la compagnie a été danser aux Bains dans la salle préparée, une pour la compagnie et une pour les bourgeois; et le public a dansé dans la galerie (des Cerfs) et à qui on a distribué du pain et du vin. Après la danse, l'on a tiré un fort joli feu d'artifice et du canon, et illuminations sur l'eau.

Le mercredi 22 décembre, Mme de Franclieu (Mlle de Belleval) est accouchée heureusement à Chantilly de sa première fille, à midi. Elle a été tenue sur les fonts par le prince de Condé et Mme la comtesse de La Guiche et baptisée le 24 avril suivant.

1763. — Le 9 janvier 1763, deux commis aux Aides nommés Duchemin et Bruncant, ayant pris querelle dans un petit jardin de cette ville où ils donnoient à goûter à des demoiselles filles de marchands, se donnèrent rendez-vous auprès de la maison de Détrées, chaufournier, au faubourg Saint-Martin de cette ville, et furent se battre à l'épée. Duchemin tua Bruncant de trois coups d'épée, dont un à gauche entroit de près de deux pouces dans le cœur. On commença des procédures et des informations, ledit Duchemin s'étant sauvé comme de raison. Le cadavre de Bruncant fut enfin enterré dans un champ au bout de quatre jours.

On dit communément qu'une abondance de glands dénote un hiver suivant très froid ; cela s'est vérifié cette année. De mémoire d'homme on n'a jamais tant vu de glands que l'automne dernier, et je crois que l'on a peu vu d'hivers et de froid si constant que cet hiver ; la gelée a commencé le 6 décembre et ne vient de finir que le 26 janvier, et cela sans discontinuer ; on a vu des glaces de trois pieds d'épaisseur ; la terre a gelé à plus de 30 pouces ; on a passé longtemps sur la Seine et sur l'Oise.

Mon fils aîné a donné aux Italiens une petite pièce intitulée *le Gui de Chêne ou la Fête des Druides*, pièce en un acte mêlée d'ariettes, qui a été jouée pour la première fois le 26 janvier

---

Après le feu tiré, la compagnie a été souper au château. Il y avoit une table de 55 couverts pour les dames seulement ; les messieurs les servoient à table. Il y a eu à l'Orangerie une table de 100 couverts pour les bourgeoises ; les bourgeois les servoient à table. Il y a eu une table au bout de la galerie des Cerfs de 60 couverts pour tout l'équipage. Pendant le souper, il y a eu trois salves de canon de tirées pour trois santés que l'on a bu à S. A. S. Après le souper, toute la compagnie et les bourgeois sont retournés aux deux salles de bal aux Bains, qui a duré jusqu'à 6 heures du matin, où pour la clôture on a tiré une salve de 24 coups de canon ».

(*Journal* manuscrit de Jacques Toudouze, bibliothèque de Chantilly).

avec des applaudissements extraordinaires et une affluence prodigieuse qui ont duré toutes les représentations. Le même jour de sa représentation première, a été mis au jour à Paris mon petit poème de *Caquet-Bonbec ou la Poule à ma Tante*, qui a été fort couru des gens de goût ; il a eu deux éditions [1].

Le mardi 8 mars, M. le chevalier de Popincour, après seize mois du veuvage de ma nièce, a épousé à six heures du matin, dans la paroisse du village de La Chapelle-en-Serval, Melle Thérèse Desfossés, très aimable et spirituelle, âgée de 32 ans. Comme l'archevêque de Paris n'avoit pas voulu donner dispense

1 *Mercure de France*, février 1763, p. 178. — « Le 26 janvier, on a représenté pour la première fois *le Guy de Chesne ou la Fête des Druides*, comédie nouvelle en vers, en un acte, mêlée d'ariettes. La musique est de M. La Ruette, acteur de ce théâtre (la Comédie Italienne). Nous n'avons pas encore été informés du nom de l'auteur des paroles. Cette pièce a beaucoup réussi et elle est toujours vue avec grand plaisir. C'est un des ouvrages de ce nouveau genre auquel le goût ait le plus de part. Tout, jusqu'au comique, y est d'un ton agréable, délicat et souvent assez fin, tant en paroles qu'en musique, assorties ensemble avec beaucoup de grâce et d'intelligence. C'est, au gré de quelques connoisseurs, une des plus jolies bagatelles auxquelles on puisse accorder ses suffrages, sans déroger à la raison et au principe sur les choses d'agrément ». — Mars 1763. « On a continué pendant le mois précédent les représentations de la jolie comédie, mêlée d'ariettes, intitulée *le Guy de Chêne*, dont nous avons déjà parlé ». — LE GUY DE CHÊNE OU LA FÊTE DES DRUIDES, comédie en un acte et en vers libres, mêlée d'ariettes, avec un divertissement. PAR M. DE JUNQUIÈRES le fils. La musique de M. DE LA RUETTE. Représentée pour la première fois par les Comédiens Italiens ordinaires du Roi, le mercredi 26 janvier 1763. Prix, 1 l. 4 s. (*A Paris, chez Duchesne, libraire, rue St Jacques, au Temple du Goût*). — Quérard attribue en outre à J. B. René de Junquières une autre pièce dont il indique seulement le titre, sans plus : *La Satire du Whisk.....*

Grimm est loin d'être aussi indulgent que le rédacteur du *Mercure* pour la pièce de M. de Junquières fils : « *Le Gui de Chêne ou la Fête des Druides*, dont le poème est de M. de Junquières et la musique de Laruette, acteur de la Comédie Italienne, a eu beaucoup de succès. C'est bien, et pour la musique et pour les paroles, la plus plate et la plus insipide chose qu'on ait vue depuis longtemps » (*Correspondance littéraire*, édition Tourneux, t. V, p. 277). Et Grimm n'est pas plus tendre pour le père que pour le fils : « *Caquet-Bonbec, la poule à ma tante*, poème badin de M. de Junquières, qu'il faut jeter au feu bien vite avec *le Caleçon des coquettes du jour* », etc. (*Ibid.*, t. V, p. 269). Nous retrouverons *Caquet-Bonbec* un peu plus loin.

de se marier en Carême, ils vinrent la veille coucher dans ce village, le premier de ce diocèse (de Senlis) en venant de Paris, pour s'y marier, et revinrent tout de suite en cette ville.

Le jeudi de la semaine de la Passion, 24 mars, à cinq heures et demie du matin, le Seigneur nous a enlevé Élisabeth Chastellain de Ramilly, ma belle-mère; elle avoit 83 ans 4 mois et 14 jours, étant née le 9 novembre 1679. Elle avoit mené une vie très chrétienne et très charitable, et a reçu tous ses sacrements avec une grande piété et résignation; elle a conservé sa connoissance jusqu'au dernier instant de sa vie.

La nuit du mardi 5 avril, le feu prit à l'Opéra par la négligence d'un ouvrier qui travailloit à la loge de M. le duc d'Orléans, et qui, étant ivre, laissa en se retirant une chandelle allumée. On ne s'en aperçut que le lendemain à onze heures du matin. L'incendie a été fort considérable; toute la salle de l'Opéra, le grand escalier du Palais-Royal ont été brûlés sans qu'on pût l'empêcher, et partie du Palais-Royal de ce côté-là fort endommagé. On estime la perte de plus d'un million. On dit que l'on rebâtira l'Opéra à la même place, le duc d'Orléans l'ayant demandé au Roi, mais cela ne sera pas sitôt fait et coûtera beaucoup; on augmentera l'emplacement. En attendant, l'Opéra a commencé et continuera, dit-on, à donner des concerts françois aux Tuileries dans la salle du concert spirituel.

Le 15 avril, le duc de Mazarin, le seigneur de la Cour dont la conduite est la plus infamante, se trouvant chez Melle Allard, danseuse de l'Opéra et entretenue, dit-on, par le prince de Condé, fut pris par deux hommes masqués et jeté du haut de l'escalier en bas par dessus la rampe; il a eu de la chute une épaule ou bras cassé et la tête, en sorte qu'il a été trépané. On dit que c'est par l'ordre du prince qu'on lui a fait faire ce saut; il faudroit savoir le particulier qui a précédé cette aventure et qui y a donné lieu.

La seconde édition de *Caquet-Bonbec*, augmentée d'un chant et d'une fort jolie estampe très bien gravée, a paru en public le 25 avril; j'ai dédié cette seconde édition à Mme de Popincour, la femme du chevalier [1].

[1] Cette seconde édition, ornée d'un frontispice de Gravelot gravé par Baquoy, contient en effet sept chants, tandis que la première n'en comp-

Le jeudi 14 avril, sur la présentation et proclamation de M. l'évêque, on me fit l'honneur de me choisir pour un des administrateurs du bureau du collège de la ville, établi en conformité de l'édit du mois de février dernier, et on me pria d'en être le secrétaire.

Le 29 juin, on publia dans cette ville la paix générale, d'abord à l'hôtel-de-ville par le greffier, qui fit lecture des premiers articles, ensuite par toute la ville par un tambour; l'après vêpres, on chanta un *Te Deum* à l'ordinaire, et le soir on brûla quelques fagots, le tout au bruit des boîtes, etc.. La cérémonie avoit été annoncée la veille et le jour par des carillons, etc..

Le lundi, mardi et mercredi 20, 21 et 22 juin ont été consacrés à Paris à des réjouissances publiques pour la statue de Louis XV au bout du pont tournant des Tuileries et pour la publication de la paix. L'inauguration de la place Louis XV étoit le motif de la fête de la première journée; on avoit disposé les choses pour que, dès que le corps municipal entreroit dans la place, les toiles qui masquoient la statue du Roi tombassent; le soir, il y eut illumination à la place de la maîtresse allée des Tuileries et concert dans le jardin. Le mardi, la publication de la paix aux quatorze principaux quartiers par la Ville et le

---

tait que six. Grimm l'annonça en ces termes dépourvus de mansuétude : « Nous sommes, depuis quelque temps, incommodés de beaucoup de petits poèmes. M. de Junquières a donné l'hiver dernier *Caquet-Bonbec, la poule à ma tante*, poème badin, dans lequel il n'y a pas le mot pour rire. Ce poème vient d'être réimprimé et augmenté d'un chant. Cela prouve qu'il y a des quartiers dans Paris où ces platitudes réussissent » (*Correspondance littéraire*, édition Tourneux, t v, p. 318). Le poème est consacré aux aventures d'une poulette que sa maîtresse veut garder chaste, mais qui, poussée par la curiosité et l'instinct, finit par tomber entre les pattes d'un jeune coq. Vers de dix syllabes, facture légère et facile; divertissement aimable qui, certes, reste loin de *Vert-vert*, mais qui ne mérite pas les foudres d'une critique sévère.

La Bibliothèque du Musée Condé possède un exemplaire de la première édition, dans sa reliure originale en maroquin rouge, in-12 de 69 pages dont voici le titre : CAQUET-BONBEC, || LA POULE || A MA TANTE || POÈME BADIN. || M.DCC.LXIII. || (sans lieu). Le poème est précédé d'un *Avertissement* et d'une *Épître à qui la voudra*, signée : Junquières. — Ce petit ouvrage a été aussi inséré, au XVIIIe siècle, dans un recueil de poésies de petit format dont il occupe la fin du tome VII, pp. 283-356. L'exemplaire

Châtelet réunis. Le mercredi, il y eut des illuminations ; le soir, on tira un beau feu d'artifice en face de la nouvelle place sur la rivière; la décoration représentoit une espèce de terrasse ornée de cascades et de figures; sur cette terrasse, s'élevoit un temple dont l'unique décoration étoit une infinité de lumières d'artifice de diverses couleurs à l'italienne; la terrasse du Palais-Bourbon avoit été décorée pour le corps de ville, et l'immense bassin du pont Royal à Chaillot formoit le plus brillant spectacle par la variété et le mouvement de plus de 300.000 spectateurs qui y étoient placés à l'aise et sans confusion. Après une joute sur l'eau, on tira le feu, dont il n'y eut qu'une partie qui réussit; on admira les riches gerbes, la balance, signe de la justice, qui se promena sur l'eau, les berceaux et les serpents d'eau; mais la plus belle partie avoit souffert de la pluie au point qu'on ne put lui faire prendre feu ; le soleil, l'illumination du palais et un très grand nombre d'autres pièces ne purent jouer.

Le vendredi 25 novembre vers les cinq heures du soir, fut trouvé mort sur le revers d'un fossé, tout près de Courteuil, le fameux abbé Prevost, auteur des *Mémoires de l'homme de qualité, Cleveland*, etc., etc., etc.; il revenoit seul à pied de Saint-Nicolas, et s'en retournoit à Saint-Firmin, où il s'étoit

---

de la Bibliothèque de la ville de Senlis est une découpure de ce recueil. — Le titre de la seconde édition porte : *Amsterdam et Paris, Panckoucke*, 1763 (Quérard, *la France littéraire*). Quérard mentionne en outre deux éditions plus récentes : *Paris, Renard*, 1803, in-8, et *Paris, Froment*, 1823, in-32. Cette dernière édition est certainement celle dont M. Dupuis, président du Comité Archéologique de Senlis, possède un exemplaire; elle est ornée de petits culs-de-lampe et d'un joli frontispice gravé par Derly d'après Chasselat; en voici le titre : CAQUET-BONBEC, ‖ LA ‖ POULE A MA TANTE ; ‖ POÈME BADIN, ‖ PAR JUNQUIÈRES. ‖ *Paris,* ‖ *de l'imprimerie de Rignoux.* ‖ 1824. ‖ Au verso du faux-titre : *Se trouve chez Roux-Dufort aîné, rue du Battoir, n° 7; Froment, quai des Augustins, n° 11.* In-32 de VI et 112 pages.

Quérard attribue aussi à M. de Junquières une *Épître du P. Grisbourdon à M. de V**** (Voltaire) *sur le poème de la Pucelle* (s. l. n. d., 1756, in-18), et il ajoute : « On a encore du même beaucoup de pièces de vers dans les journaux ». Il semble bien que si M. de Junquières était l'auteur de cette *Épître*, il n'aurait pas manqué de le dire dans ses *Mémoires*.

retiré depuis quelques années; on l'ouvrit le lendemain, et il parut être mort d'un coup de sang; il approchoit 80 ans [1].

Pendant l'automne de cette année, il y a eu une espèce de maladie * épidémique sur les chiens qui en a fait mourir une quantité, plus de 400 chez le Roi, beaucoup à Chantilly; cela leur prenoit par une espèce de morve qui leur couloit par le nez; ils ne mangeoient plus; je crois qu'il se formoit un dépôt dans la tête. J'en ai perdu une fort belle et bonne chienne d'arrêt qui étoit en apprentissage chez un garde, et, six semaines après, une autre belle chienne que j'avois depuis plusieurs années et qui chassoit bien.

Le 25 décembre, jour de Noël, Mme de Franclieu est accouchée à Chantilly d'un garçon fort heureusement [2].

1764. — Le 1er avril 1764 étoit marqué pour une éclipse de soleil annulaire et même centrale, dont le milieu devoit être vers les dix heures et demie du matin. Ce jour là étoit le quatrième dimanche de Carême. La *Gazette de France* contenoit un avis aux curés pour qu'ils avertissent aux prônes que la grande obscurité de l'air que causeroit cette éclipse n'avoit rien que de naturel et ne devoit point causer d'effroi, et pour qu'ils eussent à avancer leurs messes paroissiales, parceque l'on ne

* Dans le *Mercure* de janvier 1764, il y a un remède pour cette maladie.

1 Tout le monde connait le célèbre abbé Prevost, l'auteur du roman de *Manon Lescaut;* on sait moins qu'il rédigea un volume du *Gallia Christiana* et qu'il entreprit une *Histoire des voyages*, qui, terminée après sa mort par Querlon et Surgy, compta 20 vol. in-4. Bénédictin de Saint-Maur, réconcilié avec son ordre, il visitait souvent les religieux de Saint-Nicolas d'Acy, mais il habitait Saint-Firmin, chez dame Catherine Robin, veuve de Claude David de Genty, avocat au Parlement. Voir le livre que lui a consacré M. Harrisse (Paris, Calmann Lévy, 1896).

2 Louis-Henri-Camille Pasquier, vicomte de Franclieu, devint capitaine de dragons au régiment de Bourbon. Un autre fils, Anselme-Florentin-Marie, né le 29 juillet 1765, fut chevalier de Malte et garde-marine; baptisé le 31 juillet à Chantilly, il fut tenu sur les fonts par Charles-Florentin Poullet, sr de La Tour, et par Marie-Françoise de Belleval, veuve de Jacques-François de Bréda, seigneur de Trossy. Un troisième fils, Antoine-Claude, naquit le 17 février 1771.

verroit pas clair. Depuis deux ou trois ans on étourdissoit le public de cette éclipse ; on avoit débité une infinité de cartes qui représentoient la projection de l'ombre de la lune dans cette éclipse ; suivant ces cartes, nous devions, ici comme à Paris (à très peu de chose près), voir la lune entière sur le disque du soleil, de sorte qu'un bord de la circonférence de la lune devoit presque raser le bord septentrional du soleil, ce qui devoit causer ici une fort grande obscurité. En conséquence, on avança à huit heures au lieu de neuf toutes les messes paroissiales de cette ville, après lesquelles tout le monde étoit prêt à observer à travers des verres noircis à la flamme de bougie, moyen que j'avois indiqué à tous ceux qui m'avoient consulté ; mais comme le temps étoit extrêmement couvert et brouillasseux, non seulement on ne vit rien, mais (contre les prédictions) on ne s'aperçut d'aucune obscurité marquée, si ce n'est sur les dix heures un quart que je fis remarquer une légère différence comme à l'approche d'une nuée d'orage, mais dont sûrement peu de gens se sont aperçus, tant c'étoit peu de chose, et il plut tout le reste de la journée. Nous nous moquâmes bien des astronomes et de leurs prédictions.

Le 12 avril, je reçois une lettre de ma cousine Melle de Junquières de La Rochelle, qui m'apprend la mort de son frère le chevalier, qui demeuroit à Marans, que j'aimois fort et avec lequel j'étois en grande relation de lettres. Il est mort le jeudi 29 mars à la suite d'une longue maladie ; sa dernière lettre qu'il m'avoit écrite me faisoit craindre cet accident. Il avoit ruiné sa santé dans ses campagnes et surtout dans celles de Philisbourg et de Prague ; après cette dernière, il s'étoit retiré, ayant la croix de Saint-Louis depuis quelques années, et s'étoit marié ; il ne laisse qu'une fille. Ainsi, plus de parents de mon nom.

Ce 15 avril, jour du dimanche des Rameaux, Mme la marquise de Pompadour, depuis 18 à 19 ans favorite régnante, mourut à Versailles, comme il plut à Dieu, et fut enterrée sans grande cérémonie dans le caveau de la chapelle qu'on lui avoit concédée aux Capucins de Paris. Elle laisse des biens et un mobilier immenses. Il a couru plusieurs copies de son testament olographe. Elle laisse le marquis de Marigny, son frère, son légataire universel, et nomme le prince de Soubise son exécuteur testamentaire. On lui donne d'âge entre 40 et 50 ans. *Sic transit gloria mundi.*

Le mardi dans l'octave de l'Ascension, 5 juin, notre évêque tint un synode dans son palais ; il fut composé de tous les curés du diocèse, qui y assistèrent en surplis, bonnet carré et étole rouge ; on y reçut un nouveau rituel, et on y fit d'autres règlements. Il avoit été précédé par un *Veni Creator* chanté dans toutes les paroisses le dimanche précédent, annoncé la veille au soir par le bruit de toutes les cloches, et, le mardi avant l'assemblée, on fit une procession solennelle où assistèrent tous les curés, et qui fut suivie d'une messe solennelle et pontificale du Saint-Esprit. La veille, l'évêque avoit annoncé que le Roi l'avoit reçu premier aumônier, dont il lui avoit donné l'agrément sur la démission de l'évêque d'Autun [1]. On dit que cette charge lui coûte 350.000 livres. Raison de plus pour autoriser la non-résidence. On dit qu'il n'y avoit point eu de synode dans ce diocèse depuis celui que M. de Chamillart [2], évêque, tint en 1708.

La nuit du 18 au 19 juillet, il y eut un orage terrible sur cette ville et les environs en tirant vers le nord ; il tomba une grêle effroyable dont les grains pesoient deux onces et plus et étoient gros comme des œufs de pigeon ; elle brisa toutes les vitres qui y étoient exposées. Les uns en sont pour 300, 200, 100 carreaux ; pour moi, grâce aux jalousies de mes croisées de la face de ma maison contre lesquelles frappoient les grêlons, qui étoient fermées, je n'ai point eu de carreaux cassés que cinq ou six à une petite croisée ; on estime pour 5 à 6.000 livres de vitres cassées dans cette ville. Le tonnerre tomba cette même nuit sur le clocher de la Charité tout près de moi, le dépouilla d'ardoises, brisa quelques charpentes, perça un gros mur de cette église, et fit plusieurs tours dans cette maison.

1765. — Le 15 juin 1765, je suis entré et ai couché pour la première fois dans le petit appartement que j'ai fait bâtir au-dessus de mon cabinet.

---

[1] Nicolas de Bouillé, évêque d'Autun du 13 avril 1758 au 22 février 1767.

[2] Jean-François de Chamillart, évêque de Senlis du 15 avril 1702 au 17 avril 1714.

Le 25 juin, dans l'assemblée générale du corps de ville tenue en conformité de l'édit du Roi, j'ai été nommé notable pour le corps de la noblesse et des officiers militaires.

Le 2 octobre, mon fils le chevalier est entré à la pension académique de M. Berthaud près le Roule pour y être instruit des mathématiques; il avoit été enregistré au Bureau de la Guerre comme aspirant du corps d'artillerie.

Le 4 octobre, il y eut un ouragan de vent terrible qui dura tout l'après-midi et jusqu'à trois heures du matin; il cassa des arbres du cours, renversa des cheminées, abattit beaucoup de tuiles (j'en fus quitte pour quatre); il fit beaucoup plus de dommages dans les campagnes, et encore plus en Normandie.

Le vendredi 20 décembre, Louis, Dauphin, fils unique de Louis XV, mourut à Fontainebleau vers les huit heures du matin, à la suite d'une très longue et très douloureuse maladie, d'abcès au poumon, etc., âgé de 36 ans 4 mois et 16 jours, étant né à Versailles le 4 septembre 1729. Il avoit épousé, le 25 février 1745, Marie-Thérèse, infante d'Espagne, morte en couches le 22 juillet 1746 après avoir mis au monde une princesse qui a vécu jusqu'au 27 avril 1748. Le 9 février 1747, il épousa en secondes noces Marie-Josèphe de Saxe; il laisse de ce mariage Mgr le duc de Berry, Mgr le comte de Provence, Mgr le comte d'Artois et deux princesses. C'étoit un prince plein de vertus et de piété, qui a montré une grande résignation et beaucoup de fermeté dans le cours de sa longue maladie, pendant laquelle il a reçu plusieurs fois les sacrements de l'Église; il est généralement regretté. On a fait des prières de quarante heures dans toutes les églises pour obtenir le retour de sa santé, découvert et descendu la châsse de sainte Geneviève. Le Roi a donné sur le champ à Mgr le duc de Berry le titre de dauphin; il est né à Versailles le 23 août 1754. Le corps du prince défunt fut porté le 28 décembre, en grand cortège commandé par le duc d'Orléans, et accompagné du cardinal de Gesvres, grand-aumônier, à Sens pour y être inhumé comme il l'avoit demandé, son cœur à Saint-Denis par le prince de Condé, accompagné de l'évêque de Senlis, premier aumônier, et ses entrailles furent enterrées à la paroisse de Fontainebleau. Quelques heures avant sa mort, il fit appeler le duc de

La Vauguyon, gouverneur des princes ses enfants, et lui dit : « Je souhaite à mes enfants toutes sortes de bonheur et de bénédictions ; je leur recommande de profiter de la bonne éducation que vous leur donnez ; inspirez leur la crainte de Dieu et le plus grand respect pour la religion ; qu'ils soient toujours soumis au Roi, et qu'ils conservent toute leur vie pour Madame la Dauphine l'obéissance et la confiance qu'ils doivent à une mère aussi respectable ». On avoit répandu un faux discours prononcé par ce prince. Quoique l'usage ne soit pas dans cette ville de porter les deuils de cour, celui-ci n'étant pas du compte aux autres, nous résolûmes, plusieurs des principaux de cette ville, de prendre le deuil, que nous prîmes en effet, hommes et femmes, le 1er janvier, ce qui fut imité par tous les honnêtes gens ; nous le portâmes un an.

Vers la fin de décembre, un nommé Herbet, pain-d'épicier demeurant dans une vieille maison appartenant aux PP. Carmes de cette ville, trouva dans un mur de cette maison, dont il se détacha quelques pierres, des pièces d'or de différents âges et de différentes grandeurs, pour près de 7.000 livres de valeur.

1766. — Le mercredi 22 janvier, on fit dans la cathédrale de cette ville un service solennel pour M. le Dauphin, la messe en musique célébrée par notre évêque. La veille, on avoit chanté les vigiles. Le corps de ville ne voulut, malgré les sollicitations du chapitre, entrer pour rien dans la dépense de ce service, où toutes les compagnies furent invitées. Notre prélat, avec lequel je passai une heure ou deux, et qui me raconta plusieurs actions de la fin de M. le Dauphin dont il avoit été témoin comme premier aumônier, m'a paru bien pénétré de cette mort, et ce n'est pas sans sujet, car ce prince l'aimoit et le considéroit. M. l'évêque me dit qu'il lui lisoit en particulier mon *Télémaque*. Toutes les paroisses et communautés ecclésiastiques, séculières et régulières, de la ville firent aussi tour à tour des services solennels.

Le 10 avril, ma femme posa la première pierre du bâtiment de mes remises, qui est celle du jambage de la porte à côté du puits ; je lui avois fait mettre autour d'elle mon tablier de franc-maçon.

Le 19 juin, je partis pour Paris voir ma chère reine Mme Lemerre, qui étoit très malade depuis plus de quatre mois ; j'eus le malheur de la perdre la nuit du samedi au dimanche 22 juin ; elle est morte d'une hydropisie de poitrine, âgée d'environ soixante et douze ans ; c'est une amie de quarante ans de connoissance, et qui m'a rendu mille services obligeants, que je perds avec elle et que je regrette fort [1].

Le 29 juin, jour de saint Pierre, Deslions, garde de la Muette, tira un coup de fusil dans les bois du Chapitre au nommé Guillaume Pinson d'Avilly, qui à l'aide de ses camarades vouloit assommer ledit Deslions ; je le fis transporter à l'hôpital de Chantilly, où il mourut la nuit du 1er au 2 juillet. Cette affaire me donna beaucoup de travail et d'embarras, parceque le bailliage voulut s'ingérer d'instruire ce procès ; nous avons obtenu un arrêt du Conseil qui nous en attribue la connoissance [2].

Le 10 juillet, j'ai tenu sur les fonts de baptême à Saint-Martin un garçon, fils de M. Reynard de Gozengré, greffier de notre capitainerie royale ; j'ai eu pour commère Mme Frontier, femme d'un trésorier du prince de Condé et grand'tante maternelle de l'enfant ; j'ai nommé cet enfant Jean-Baptiste, ainsi que je m'appelle [3].

Mon petit filleul ci-dessus est mort le 17 du même mois, neuf jours et heure pour heure après sa naissance.

Le mercredi 3 septembre, le Roi, qui depuis six jours étoit parti de Compiègne pour aller chasser à Choisy, Versailles, etc.,

---

[1] C'est la seconde fois que M. de Junquières parle de sa « chère reine », sans donner aucun détail sur cette vieille amie, qui fut la marraine de son fils Amable-Louis en 1747 (elle s'appelait alors Mme de Camps).

[2] Les contestations étaient fréquentes entre les juges de la capitainerie d'Halatte, de qui relevaient les délits et crimes commis dans les forêts, et les juges du présidial, qui cherchaient toujours à étendre leur compétence.

[3] Louis-Charles-Nicolas-Rieul Reynard de Gozengré, greffier en chef de la capitainerie royale d'Halatte et de la justice et gruerie de Chantilly, veuf de Marie-Ursule Arnauld de la Douye, avait épousé, le 25 mai 1761, à Chantilly, Jeanne-Sophie Peyrard, fille de Jean Peyrard, gruyer de Chantilly, et d'Agnès-Jeanne Loubradou de la Perrière ; une sœur de celle-ci, Julie-Catherine Loubradou de la Perrière, était mariée à Edme-Charles Frontier, contrôleur des bureaux du prince de Condé, dont le Musée Condé conserve un joli portrait par Carmontelle.

vint à la Table dans cette forêt, où étoit le rendez-vous, courut le cerf le reste de la journée, coucha à Chantilly, le jeudi chassa au tirer, revint coucher à Chantilly, d'où il repartit pour Compiègne le vendredi à dix heures du matin.

De mémoire d'homme il n'y a eu autant de noisettes que cette année 1766[1].

1767. — J'ai fait repaver entièrement le pavé de ma cour en chaux et ciment les premiers jours de mai 1767.

Mon fils le chevalier est parti aspirant dans le corps royal d'artillerie pour se rendre à Bapaume, ainsi que le portent ses lettres d'examen, pour y être examiné par M. Camus ; il est parti à cheval à deux heures après midi le 7 mai ; c'est sa première sortie de la maison paternelle pour se conduire par lui-même.

Mon fils le chevalier vient de recevoir une lettre de Versailles, en date du 10 juin, signée « le duc de Choiseul », qui lui marque avec beaucoup d'éloges que le Roi l'a nommé élève et lui ordonne de se rendre aux écoles à Bapaume ; il est parti pour s'y rendre le lundi 22 juin.

Le Roi a fait pendant le voyage de Compiègne un petit voyage de trois jours [10-13 août] à Chantilly comme l'an passé. Mais après il y a eu de grandes fêtes entre les princes à Chantilly, des comédies sur un théâtre que le prince de Condé a fait faire et qui est superbe, etc., etc., etc.[2].

Le 7 septembre, à Paris, le s^r^ Chomberg, premier violon du prince de Conti, ayant été avec sa femme et sa famille se promener au bois de Boulogne, y cueillirent des champignons qu'ils crurent bons, les firent accommoder chez lui et en mangèrent

---

1 M. de Junquières ne nous dit pas qu'en cette année 1766 il fut élu échevin, et M. Hamelin conseiller de ville ; que tous deux, sous le prétexte de leur noblesse, refusèrent d'accepter ces fonctions municipales, et qu'ils y furent contraints par sentence du bailliage en date du 7 juillet, confirmée par un arrêt du Parlement ; ils s'inclinèrent, et formulèrent leur acceptation le 14 juillet. (Cf. Margry, *Notes pour servir à l'histoire de Senlis*, cinquième série, pp. 6 et 7).

2 Cf. le *Journal* de Toudouze (bibliothèque de Chantilly), et Macon, *les Arts dans la Maison de Condé* (1902), et *Chantilly et le Musée Condé* (1910).

beaucoup ; mais ils étoient si dangereux qu'après des coliques affreuses le père, la mère, les enfants, un ami et des domestiques périrent tous la nuit suivante au nombre de sept ; on les a ouverts et on leur a trouvé les entrailles séchées, noires et brûlées comme du charbon.

1768. — Le froid au commencement de cette année a été très violent. Suivant les observations les plus exactes faites à Paris, le 5 janvier à 8 heures du matin le thermomètre étoit à 14 degrés et demi, c'est-à-dire à un degré moindre que celui de 1709, et a passé de 4 degrés et demi le froid de 1740.

Il y a eu dans cette ville, dans la fin de l'année dernière et le commencement de celle-ci, des rhumes (nommés grippes) et des petites véroles sans nombre ; il y a eu sur ma paroisse seule de Sainte-Geneviève près de cent personnes attaquées de petites véroles, mais elles ont été très bénignes.

Le lundi 25 avril, nous partîmes de Senlis, ma femme et moi, mon fils aîné et ma fille, dans un carrosse de remise pour aller à Paris marier ma fille à un M. de Malézieu, auditeur des Comptes. Nous fûmes loger à l'hôtel d'Orléans, rue du Parc-Royal, près de la rue Culture-Sainte-Catherine, où logeoit ledit s[r] de Malézieu chez son cousin l'abbé de Malézieu, conseiller au Parlement. Nous signâmes le contrat le samedi 30 avril, et S. A. S. Mgr le prince de Condé nous fit l'honneur de le signer le dimanche 1er mai. Puis le mardi 3 mai, à six heures du matin, M. l'abbé de Malézieu fit la cérémonie de marier ma fille avec Mre Jean-Baptiste-Pierre-Joseph de Malézieu, écuyer, conseiller du Roi, auditeur ordinaire en sa Chambre des Comptes de Paris, âgé de trente ans, en présence du premier vicaire de Saint-Paul de Paris dans une chapelle de ladite paroisse de Saint-Paul ; ensuite de quoi nous revînmes déjeuner chez ledit abbé de Malézieu, d'où nous remontâmes en voiture, avec ledit s[r] de Malézieu d'augmentation, pour nous rendre en cette ville.

Le 1er mai, dans une assemblée générale à l'hôtel-de-ville, on me choisit pour un des trois sujets qui devoient être présentés au Roi pour être par lui choisi dans iceux un maire ; ce fut sur moi que le choix de Sa Majesté tomba ; mon brevet, signé Louis et plus bas Phelypeaux, est daté de Versailles le 21 mai 1768 ;

M. l'intendant me l'envoya le 1er juin. Dès que je l'eus reçu, je me donnai bien des mouvements pour me faire dispenser de cette charge, attendu ma qualité de gentilhomme ; j'écrivis au prince de Condé, qui voulut bien faire écrire à ce sujet à M. de Saint-Florentin, lequel lui répondit que qui que ce soit, même gentilhomme, ne pouvoit se dispenser d'accepter cette place ; M. le prince de Condé m'envoya la réponse de M. de Saint-Florentin et y joignit de sa part une lettre si obligeante qu'elle me consola du chagrin de ma nomination.

A la fin d'octobre, fut posé le nouvel horloge du beffroi, fourni et posé par le nommé Guillot, de Luzarches, avec qui l'on avoit fait prix moyennant cent pistoles et l'ancien horloge repris par lui.

Le 21 octobre, Christian VII, roi de Danemark, âgé de dix-neuf ans, qui voyageoit en Europe, passa par cette ville de Senlis en revenant d'Angleterre, et fut passer à Fontainebleau et à Paris le temps qu'il jugea à propos de rester en France. Il vint à Chantilly le lundi 28 novembre après-midi [1] ; il y eut le soir spectacle, savoir la comédie du *Bourgeois gentilhomme* et une entrée d'opéra *(Silvie)*; c'étoit des acteurs de la Comédie de Paris. Le lendemain il y eut chasse au cerf, le rendez-vous à la Table et les toiles tendues pour empêcher le cerf de trop s'écarter et le conduire aux étangs ; le soir, comédies, jeux, etc . Le lendemain 30, il y eut opéra, feu d'artifice; or, par un malheur que les princes ne peuvent parer, il fit ce soir un temps

---

[1] Sur le séjour du roi de Danemark à Chantilly, voir le *Journal* manuscrit de Toudouze conservé au Musée Condé, les *Mémoires secrets* (Bachaumont) à la date des 5 et 14 décembre 1768, et le *Mercure de France*, janvier 1769, p. 199, *Fête de Chantilly*, dont nous mentionnerons ce qui a trait aux spectacles : « Le 28, les comédiens ordinaires du Roi représentèrent le *Philosophe sans le savoir*, qui fut suivi de l'acte de *Zélindor*, représenté par l'Académie royale de Musique..... Le 29, les comédiens ordinaires du Roi représentèrent le *Bourgeois gentilhomme* avec tous ses agrémens, exécutés par les acteurs de l'Opéra et de la Comédie italienne. Pendant le souper, le sieur Cailleau, accompagné de la musique militaire du prince, chanta différents airs tirés de nos opéras comiques. Le 30, l'Académie royale de Musique représenta l'acte d'*Églé* et celui de *Pygmalion*, avec des divertissemens nouveaux..... On avoit construit, hors du château, un théâtre sur lequel la troupe de Gaudon représenta des farces et des parades, et plusieurs orchestres avoient été distribués en différens endroits pour l'amusement du peuple..... ».

si terrible, savoir une pluie de déluge et un vent à tout abattre, que de ce beau feu qui coûtoit 80.000 francs il n'y en eut qu'une très petite partie et la moins belle qui put être tirée; tout le reste fut gâté et culbuté. En revenant, tous les chemins et les routes étoient comme des rivières; un monde infini de tout âge et de tout sexe qui y étoit allé à pied, furent percés au retour jusqu'aux os et manquèrent de périr, car il y avoit dans Chantilly tant de voitures de Paris, de cette ville et des environs, tant de chevaux et de monde qu'on ne pouvoit trouver un endroit où se mettre à couvert. Après le feu et le souper, il y eut dans le château un très beau bal masqué qui dura jusqu'à sept heures du matin, où l'on n'entroit qu'en masque et avec billet. Nous en avions des billets, comme de raison; mais aucun de notre maison ne fut à cette fête, excepté mon fils aîné, qui fut conduire à Chantilly M. Fréron [1], qui étoit venu au logis la veille pour faire entrer sa fille au couvent de la Présentation et qui alloit rejoindre sa femme et une brillante compagnie qui étoit arrivée en droiture de Paris à Chantilly pour le bal. Mon fils ne vit que le feu tel quel de dedans la voiture, puis fut au château voir le coup d'œil de la salle du bal, qui étoit très belle et très illuminée, et revint ici à onze heures du soir. Le roi de Danemark est reparti de Paris le 9 décembre au matin pour retourner dans ses états; il passera par Metz et Strasbourg.

Le 31 juillet, le tonnerre tomba à huit heures du soir sur le moulin à tan situé au bout de l'allée et près la grille de la Victoire. Comme maire de la ville, et que c'étoit la nourrice d'un de mes enfants qui y demeuroit, j'y fis conduire les pompes et les seaux de la ville, avec tous les casaques [2] et bas officiers de ladite ville, et j'y passai la nuit à donner des ordres; mais malgré tous nos soins nous ne pûmes sauver que les murailles et la roue; tout le reste fut consumé.

On ne se souvient pas d'avoir vu un automne aussi pluvieux et avec des vents aussi terribles que celui-ci, et il y a eu fort

---

[1] Il s'agit ici du célèbre journaliste Fréron, ennemi de Voltaire et du parti des philosophes. Junquières mentionnera sa mort à l'année 1776.

[2] C'est-à-dire les employés de la ville portant la casaque d'uniforme.

souvent des orages de tonnerre et de grêle, mais il n'a pas été froid.

Le 3 décembre, mon fils le chevalier reçut son brevet de lieutenant en second dans le régiment de Metz du corps royal d'artillerie, qui pour lors étoit en garnison à Auxonne en Bourgogne, où il se rendit.

1769. — Dans le voyage du Roi à Compiègne, on fit un camp à Verberie, à quatre lieues d'ici et trois de Compiègne, composé de 25.000 hommes, ce qui me causa beaucoup d'embarras pour loger dans cette ville environ quatre mille hommes qui passèrent pour se rendre au camp et repassèrent à leur retour ; désagrément de ma place de maire, qui me donne bien de l'humeur ; je regarderai comme un des plus heureux jours de ma vie celui où je sortirai de cette place.

Le Roi, dans son voyage de Compiègne, fit quelques voyages à Chantilly comme de coutume ; il y a quelques mois qu'étant tombé de cheval il se foula le bras droit, dont il se sent toujours incommodé ; la comtesse du Barry, nouvelle favorite, étoit du voyage ; si je vois sa chute, je dirai ce qui en est.

Ma maudite place de maire est cause que je n'ai pas eu le courage d'écrire aucun événement de cette année ; elle me met trop de noir dans l'âme.

Le 11 août, mourut, à la suite d'une longue et traînante maladie, Mme Dufresne, amie et société de notre maison ; elle étoit âgée de 59 ans.

Le 15 août après midi, le Roi se rendit à Chantilly avec la favorite. Le lendemain, il y eut chasse au cerf ; je vis le Roi, qui se tint à cheval sans remuer un bon quart d'heure à douze pieds au plus de moi et de ceux avec qui j'étois ; je ne l'aurois pas reconnu si l'on ne m'en eût averti, tant je le trouvai changé et vieilli. Je vis aussi la favorite, qui ne me parut point si belle qu'on me l'avoit faite, mais d'un enjouement très commun, analogue à sa naissance ; le Roi parut honteux de la voir en spectacle à tant de monde et fit retirer la calèche où elle étoit [1].

---

[1] Louis XV séjourna au château de Chantilly du 15 au 18 août avec Mme du Barry et 65 seigneurs et dames, parmi lesquels le duc d'Orléans, le duc de Chartres, le comte de Clermont, le comte de la Marche, le prince de Soubise, les ducs de La Vallière, de Fronsac, de Coigny, etc., etc..

Le lundi 27 novembre à neuf heures trois quarts du soir, Mme de Malézieu ma fille accoucha fort heureusement d'un garçon, qui fut baptisé le lendemain au soir à ma paroisse de Sainte-Geneviève par M. l'abbé de Malézieu, conseiller au Parlement, en la présence du curé, et tenu sur les fonts par Mme de Malézieu, belle-mère de ma fille, et par moi, et fut nommé Jean-Baptiste-Marie ; il est en nourrice à Villers-Saint-Paul chez de fort honnêtes gens.

Le 29 octobre, M. de Belleval, mon cousin et lieutenant de la capitainerie, faisant la Saint-Hubert à sa terre en grande compagnie et chassant aux sangliers, fit une chute de dessus un arbre où il étoit monté pour les tirer au passage ; aujourd'hui que j'écris cela, il y a un mois, et il sent encore des douleurs dans le corps.

1770. — Cette année-ci s'annonce pour extraordinairement tardive ; le froid qui continue empêche la terre de produire ; il est tombé dans les environs de cette ville, le 2 mai, jusqu'à près d'un pied de neige ; les nouvelles publiques ne parlent que d'une abondance de neige telle que l'on n'a pas mémoire de pareille.

Le grand événement du temps est le mariage du Dauphin avec la jeune archiduchesse ; ce mariage occasionne des fêtes et des dépenses prodigieuses ; qui voudra savoir le détail de tout cet événement n'a qu'à lire les nouvelles, je n'ai pas envie de les transcrire. La richesse des habits, ainsi que tout le reste, me fait hausser mes épaules intérieures ; qu'on s'imagine des habits de quinze mille livres, que l'on peut à peine porter ! On sent bien que ma façon de penser ne me porte point à aller voir tout cela ; je me contente, lorsque ma maudite place de maire m'en laisse le temps, de voir tout cela passer de dessus ma terrasse, comme hier 13 mai que le Roi passa, à six heures, avec le Dauphin pour aller coucher à Compiègne, et aujourd'hui 14 aller à la rencontre de la Dauphine à quelques lieues de Compiègne ; elle arrive de Soissons, où elle a séjourné un jour. Mon fils le chevalier, qui avoit passé son semestre ici, retournant le dernier avril à La Fère, où étoit sa garnison, fut du détachement de 500 artilleurs qui alloit à Soissons pour la

Dauphine. Le Roi repasse demain 15 mai avec le Dauphin, la nouvelle Dauphine et toute la cour, pour aller coucher à la Muette et de là se rendre le lendemain à Versailles pour le mariage et les fêtes.

Un événement qui a fait bien de la sensation est le départ de Madame Louise, fille du Roi, qui, âgée de 32 ans, vient de se retirer aux Carmélites de Saint-Denis et a pris l'habit de postulante; il y a longtemps qu'elle en avoit fait le projet et sollicitoit le Roi de le lui permettre. Elle y est entrée le 11 avril à 6 heures du matin.

Le feu et les fêtes de Versailles à l'occasion du mariage de la Dauphine se sont exécutés sans aucun accident considérable, si ce n'est que, le jour même du mariage, il y eut un orage qui fit remettre le feu, que le tonnerre tomba dans le parc de Versailles et tua les uns disent un homme, d'autres disent trois; mais le feu que la ville de Paris fit tirer le mercredi 30 mai à la place de Louis XV au bout des Tuileries a causé des événements qui ne sortiront jamais de la mémoire des hommes. Le feu fut assez bien exécuté, au bouquet près, qui partit trop tôt; mais après le feu, comme tout le monde se retiroit en foule pour aller voir les illuminations du rempart, qui par parenthèse étoient fort communes et par la position d'une petite lanterne de trois arbres en trois arbres qui lui donnoit l'air d'un convoi d'enterrement, comme, dis-je, le monde se sauvoit par la rue Royale et que fort imprudemment des carrosses de seigneurs passoient aussi, il s'y fit une confusion si terrible qu'elle n'a point d'exemple; on culbutoit et on fouloit aux pieds, on étoit écrasé et on mordoit et déchiroit tous ceux qui marchoient sur vous; finalement que pour ne point entrer dans un détail de cette horreur il y eut plus de six cents personnes d'écrasées, tuées, égorgées, sans compter un nombre infini de blessés dont la plupart est morte depuis. On rangea tous les morts dans le cimetière de la Madeleine de la Ville l'Évêque, s'entend ceux qui ne furent pas reconnus et enlevés d'abord, et le lendemain qu'on en eut emporté toute la nuit on en compta encore 138, absolument défigurés, les uns les oreilles arrachées, les doigts coupés, etc., pour leur voler des boucles d'oreille et des bagues. Il y eut des gens comme il faut qui furent écrasés, des dames, des enfants, des femmes enceintes, et même des carrosses effondrés et des chevaux écrasés. Le duc de Biron, celui de Richelieu, pensèrent périr, et le prince de Condé se sauva de son carrosse à pied à son hôtel. On a voulu que ce fussent des filous, de cette fameuse bande de quatre cents qui s'étoit formée pour faire des siennes à ce mariage, qui causèrent ce désordre; car presque tout le monde, tant les morts que les blessés et ceux qui se sauvèrent, furent volés et dépouillés de boucles d'oreille et à souliers, de bagues, de bracelets, de montres et de bourses; on trouva même deux fripons parmi les morts, dont un avoit sept montres d'or et l'autre cinq, et il y en avoit qui s'étoient déguisés en archers du Guet; mais s'ils contribuèrent à la bagarre, il y eut aussi bien de la faute du prévôt de la Ville et du commandant du Guet, car tous les gardes de la Ville et tous les soldats du Guet étoient saouls. Le Parlement manda, le surlendemain, le prévôt de Ville et le lieutenant de Police, qui dirent leurs raisons. Pendant que cette boucherie se faisoit dans la rue Royale, sur le pont Royal il se passoit un autre désordre dans la foule; on se culbutoit dans la rivière, et on a trouvé près de 300 noyés de tout état et de tout sexe dans les filets de Saint-Cloud. On ne saura jamais au juste le nombre de ceux à qui cette fête a causé la mort, car tous les jours il meurt quantité de blessés; mais les plus modérés font monter le tout à au moins douze cents. Il y eut des familles entières dont il n'a échappé aux unes que le père, aux autres la mère, etc.. Les *penseurs* tirent un mauvais augure de tout ce que dessus pour ce mariage.

Le lendemain de cet accident, le Dauphin et la Dauphine écrivirent au lieutenant de Police pour lui témoigner combien ils y étoient sensibles et lui firent remettre 12.000 francs pour soulager les pauvres qui seroient dans le cas d'en souffrir.

Le 15 juillet, M. le duc de Bourbon fit son entrée à Chantilly; il fit toute la journée par intervalles des ondées de pluie terribles. Les bourgeois en cavalcade furent au devant de lui jusqu'à la côte de La Morlaye; son arrivée au château fut annoncée par une décharge de seize canons. Aussitôt, ayant fait ma toilette de robe et rabat chez M. de Franclieu, nous fûmes voiturés au château, où étant annoncé, je fis mon compliment au jeune prince, auquel les dames et seigneurs de sa cour battirent des mains. Toutes les harangues faites, on fut dîner. Après dîner, la cour fut promener en voiture aux Écuries, aux Cascades, à la Ménagerie, où il y eut une collation dans la Laiterie ; ce fut là que la petite Franclieu, qui est charmante, ayant un habillement galant de ménage et précédant cinq jeunes fillettes, offrit au jeune prince un petit panier où il y avoit des petits poulets et des petits canards tout nouvellement éclos, avec un très joli compliment en vers de la façon de mon fils aîné, après lequel les princes demandèrent l'auteur, mais le mauvais temps ne lui avoit pas permis de suivre le prince à la Ménagerie. De retour au château, une vingtaine de bergers et autant de bergères, très galamment accoutrés selon le costume, furent introduits dans une des salles, et en présence de toute la cour firent, savoir un berger et une bergère chacun un très joli compliment en vers de la façon de mon fils, que le prince de Condé avoit vus quelques jours avant et qui lui avoient paru si bien qu'il avoit écrit de Paris qu'il vouloit qu'ils fussent récités à son fils. Les compliments récités, les princes et toute la cour demandèrent à grands cris l'auteur ; or, comme nous y étions immédiatement derrière les bergers, j'entrai avec mon fils dans le cercle et le présentai au jeune prince en lui disant : « Monseigneur, voici l'auteur ; c'est le fils de celui qui a eu l'honneur de vous présenter ce matin les hommages de la Capitainerie ». Tout le monde battit des mains, et les dames et les seigneurs lui demandèrent à l'envi la copie de ses vers ; on se les arrachoit et on les lisoit tour à tour ; enfin il fut très accueilli. Après cela les dames, seigneurs, bergers et bergères dansèrent des contredanses. Au soir, comme nous nous en allions retrouver les voitures, on appela du château mon fils, qui y retourna ; c'étoit Mme de La Vaupalière, quelques autres dames et des seigneurs, qui lui proposèrent le dessein de faire, pour surprendre le duc de Bourbon lorsqu'il iroit voir le Théâtre, quelques scènes dialoguées ; le prince de Condé le prit à l'écart et causa longtemps avec lui en lui donnant ses idées, et le renvoya en lui recommandant d'aller vite faire tout cela et de lui rapporter dans deux jours en venant les dresser à les exécuter. Il donna le tout à Belleval pour le remettre au prince, n'ayant pu se rendre à Chantilly à cause d'un débord de bile.

Le 3 décembre, mon fils aîné fut reçu auditeur des Comptes, charge dont il eut bien de la peine à avoir l'agrément, qui autrefois dépendoit du premier président de ladite chambre, et qui depuis quelque temps dépendoit du chancelier. Il se trouvoit pour lors soixante et douze prétendants inscrits pour la première vacante, et dont plusieurs avoient de très fortes recommandations ; aussi mon fils n'eût pas eu l'agrément si M. le prince de Condé, à qui nous nous étions adressés, n'avoit écrit lui-même à M. de Maupeou, pour lors chancelier, qu'il demandoit l'agrément pour mon fils, et cela d'un ton à n'être pas refusé ; ainsi le chancelier fut comme contraint de lui accorder l'agrément. Comme le prince en avoit écrit aussi à M. Nicolaï, premier président de la Chambre des Comptes, ce magistrat en fut très flatté, ce qui procura mille agréments et protection à mon fils à son entrée à la Chambre, se trouvant d'ailleurs comme enfant de la Chambre par mes ancêtres maternels, dont beaucoup en ont été, et y ayant encore le président Mallet, mon cousin. La première année d'exercice étant comme une espèce de stage de chanoine, il sera obligé de la passer presque entière à Paris, où il a loué un appartement, surtout s'il ne s'y reçoit pas un nouvel officier qui fasse qu'il ne soit plus le dernier.

1771. — Le 10 janvier, l'Académie françoise élut dans son assemblée particulière notre évêque de Senlis pour remplir la place de M. de Montcrif; je lui écrivis pour lui en faire mon compliment, et il me fit une réponse fort obligeante.

L'automne dernier et jusqu'au commencement de ce mois de janvier, il a tombé partout et ici aussi une si grande quantité de pluie que les nouvelles publiques ne font mention que de débordements de rivières, de maisons, de ponts, de moulins, etc. entraînés par les eaux.

Il y a eu, tout ce courant du mois de janvier et même avant, beaucoup de tracasseries entre la cour et le Parlement, tant au sujet de l'affaire du duc d'Aiguillon et de M. de La Chalotais, du parlement de Rennes, que pour un édit que le Parlement ne voulut point enregistrer. Enfin, après bien des remontrances, lettres patentes, lit de justice, etc., le 21 janvier, des mousquetaires vinrent à tous les présidents et conseillers apporter des lettres de cachet qui les exiloient l'un d'un côté, l'autre de l'autre, et leur déclaroient leurs charges confisquées. L'abbé de Malézieu, cousin de mon gendre, fut exilé à Ambleteuse, petite bicoque à trois lieues de Boulogne-sur-Mer et cinq de Saint-Quentin [1]; il partit avec la fièvre et accompagné de sa sœur; l'air de la mer lui fera bien tort. J'écrivis à notre évêque pour le prier de tâcher de faire changer son exil; il me répondit fort obligeamment qu'il feroit son possible.

Cet exil du Parlement fit, comme on juge bien, une grande sensation. Le chancelier de Maupeou, qui, dit-on, étoit à la tête de tout ce tripotage, par vengeance contre le Parlement voulut, avec tous les conseillers d'État et les maîtres des Requêtes, former un nouveau siège pour rendre la justice, en attendant la création d'un nouveau Parlement; mais les avocats et procureurs ne voulurent point agir. Toutes ces affaires occasionnèrent des vers, chansons, bons mots, placards, etc., etc..

Mon petit-fils de Malézieu vient d'avoir, dans ce courant de janvier, la rougeole en nourrice, mais cela s'est bien passé.

Ces dissensions des cours durèrent fort longtemps, occasionnèrent la suppression de la cour des Aides et l'exil d'une partie de ses membres, etc.. Je n'en dis pas davantage, car les nouvelles publiques en instruiront assez la postérité, à qui l'histoire des événements de cette année, qui sont sans exemple, donnera matière à raisonner. Ce qui me fâche le plus, c'est l'opposition déclarée des princes du sang (excepté le comte de la Marche [2]) aux volontés du Roi, laquelle les a mis dans sa disgrâce et pourroit avoir des suites très fâcheuses pour eux. Le mariage du comte de Provence, qui s'est fait au commencement de mai, n'a été rien moins que gai; aucun des princes brouillés, comme bannis de la cour, n'y a été invité, mais

[1] Ce Saint-Quentin n'est qu'un petit village du Pas-de-Calais; on peut s'étonner que Junquières le signale après Boulogne; peut-être le connaissait-il d'une façon spéciale.

[2] C'est le titre que portait le fils du prince de Conti du vivant de son père. Louis-François-Joseph de Bourbon, comte de la Marche, puis prince de Conti, mourut à Barcelonne en 1814.

seulement quelques princesses, qui s'y sont trouvées le jour et se sont excusées le lendemain sous prétexte de maladie [1].

Le 3 juin, je fus complimenter, à la tête de la Capitainerie, la duchesse de Bourbon à Chantilly, où elle étoit arrivée la veille; il y eut dans l'après-dîner quelques réjouissances, danses de bergers et bergères, et quelques couplets de la façon de M. de Laujon [2].

J'ai oublié de dire que, grâces à Dieu, je sortis de ma place de maire le dimanche 5 mai. Les trois nouveaux sujets pour en être nommé un, furent MM. Desmarets père, Leblanc fils et Gayant; je ne sais encore qui sera nommé par le Roi. [*En marge*] : ce fut M. Desmarets [3].

Dans la même assemblée, le chevalier de Popincour fut nommé échevin [4].

1772. — Le mercredi 29 avril 1772, Mme de Malézieu ma fille est accouchée à sept heures un quart et demi-quart du soir, après environ une demi-heure de travail très léger, d'une fort jolie fille, que je désirois fort. Elle vient au monde le même jour que sa mère y est venue en 1739. Elle fut ondoyée à la maison le lendemain matin par M. le curé, parce que M. Hélyot, oncle de mon gendre, qui devoit être le parrain, ne pouvoit pas venir de quelques jours. Elle est en nourrice à Chamant. — La petite fut portée à l'église, où l'on suppléa aux cérémonies du baptême, le lundi suivant 4 mai, et fut tenue par M. Hélyot,

---

[1] Il serait superflu d'expliquer par des notes ces événements qui appartiennent à l'histoire générale et qu'on trouve exposés dans tous les ouvrages consacrés au règne de Louis XV.

[2] Thérèse-Bathilde d'Orléans avait épousé le duc de Bourbon, fils du prince de Condé, le 24 avril 1770. Elle vint pour la première fois à Chantilly le 2 juin 1771. Pierre Laujon était secrétaire du duc de Bourbon; outre de nombreuses chansons, on a de lui plusieurs drames lyriques et des comédies. Né en 1727, membre de l'Institut en 1807, il mourut en 1811.

[3] Le tour de Leblanc fils vint plus tard; il était maire de Senlis au moment de la Révolution et embrassa avec ardeur les idées nouvelles; aussi fut-il nommé administrateur du département, tandis que M. Desmarest et M. Gayant, ex-avocat au baillage, furent incarcérés à Chantilly en 1793.

[4] Étienne-Alexandre Chastellain de Popincour, chevalier de Saint-Louis, frère de René-François-Charles.

auditeur des Comptes, oncle de son père, et par ma femme, et nommée Perrette-Catherine-Flore-Colombe.

Le dimanche 2 août, Madame la duchesse de Bourbon accoucha à Chantilly d'un prince à neuf heures et demie du soir. Le travail fut fort long et difficile à cause que l'enfant vint au monde avec le cordon ombilical entortillé autour du col, et comme il avoit beaucoup souffert au passage, on voulut le frotter avec des linges passés dans de l'eau-de-vie devant le feu ; mais le feu prit à l'eau-de-vie, et on n'eut que le temps de sauver l'enfant, qui heureusement n'eut aucun accident, et on fut quitte pour la peur. M. le comte de Maillé, premier gentilhomme du prince de Condé, partit sur-le-champ pour Compiègne pour annoncer cette nouvelle au Roi, qui en parut très charmé et nomma le nouveau né duc d'Enghien. Le dimanche suivant, 9 du mois, je fus mandé à Chantilly pour aller en corps assister au *Te Deum* que l'on chanta à la paroisse de Chantilly avec la musique du prince ; je fus avant dîner faire ma cour au prince de Condé ; le *Te Deum* fut chanté après complies, et ensuite je fus voir et saluer le petit duc d'Enghien, qui me parut fort joli.

Le dimanche 6 septembre, il y eut encore un *Te Deum* à Chantilly, où je fus, puis ensuite la comédie, où assista Madame la Duchesse, feu d'artifice, où l'artificier eut un pouce emporté, grande illumination partout, grand souper des princes à Sylvie, des mascarades, danses, parades, etc., etc. [1].

Le vendredi 18 septembre, ma petite-fille de Malézieu, que j'aimois tant et que je comptois être la consolation de mes vieux ans, est morte en nourrice à onze heures du soir, je crois d'un dépôt qui avoit commencé à couler par les oreilles et qui s'étoit arrêté depuis quelques jours ; elle avoit quatre mois et vingt jours.

Le vendredi 2 octobre, Mme de Malézieu la mère est morte à Corbeil après une maladie fort longue, ayant le sang absolument gâté et gangrené ; ma fille et son mari y étoient depuis trois mois et avoient eu infiniment de peines et d'embarras à la soigner. J'avois tenu avec elle sur les fonts mon petit-fils Malézieu. Elle touchoit à 70 ans.

---

1 Le lieutenant des chasses Jacques Toudouze a inséré une relation fort détaillée de ces fêtes dans son *Journal* manuscrit conservé au Musée Condé.

La nuit du 29 au 30 décembre, le feu prit à l'Hôtel-Dieu de Paris par la cave où on fond les graisses ; l'incendie fit un progrès rapide ; il y eut trois ou quatre salles brûlées, beaucoup de malades, de pompiers de la ville, de religieux accourus pour secourir ; la salle des vieilles femmes fut abîmée et aucune ne réchappa. Il est presque impossible de savoir le détail au vrai, mais cet accident a eu des suites épouvantables.

1773. — Le mardi 27 avril 1773, mourut à Saint-Gervais René-François-Charles Chastellain, écuyer, sieur de Popincour, cousin-germain de ma femme, à l'âge de près de 65 ans, après avoir beaucoup langui [1].

1774. — Le lundi 10 janvier 1774, Mme de Malézieu ma fille, étant dans sa maison à Senlis, est accouchée très heureusement, à midi un quart, d'un gros garçon très bien portant et qui a été mis en nourrice à Aumont. Son mari étant à Paris depuis le 3 janvier et les parrain et marraine ne pouvant être avertis assez tôt, je le fis ondoyer chez elle par l'abbé Leau, vicaire de Saint-Aignan, sa paroisse, le curé étant trop malade pour le faire. Le vendredi 25 février ensuivant, il a été suppléé aux cérémonies du baptême dudit enfant à Saint-Aignan par ledit s^r^ Leau à midi, et il a été tenu sur les fonts par mon fils aîné, son oncle, et Mme la marquise de Rostaing, tante de mon gendre ; on l'a nommé Jean-Baptiste-Charles-René.

La nuit du 27 au 28 février 1774, un voleur s'est introduit dans notre maison à Senlis, et a pris dans un tiroir non fermant à clef d'une table qui étoit dans mon arrière-cabinet, dont la clef étoit à la porte, mes boucles à souliers et à jarretières d'argent, mon porte-col aussi d'argent et le col qui y tenoit, et dans une armoire à habits dans le même lieu, à laquelle la clef étoit aussi, une veste d'écarlate galonnée d'un large galon d'or et une paire de bas de soie noire, et, sur une tablette à côté de la dite armoire, mon couteau de chasse garni d'argent

[1] De son mariage avec Philippine-Adélaïde-Sophie-Auguste Prevôt (11 décembre 1748), il eut deux enfants : 1° René, que nous retrouverons plus loin ; 2° Henriette-Sophie, mariée à Senlis, en l'église Saint-Rieul, le 10 novembre 1778, à Vincent-Louis de Cornu d'Orme de Chevreuse.

avec le ceinturon qui y tenoit, et, dans la chambre de mon fils aîné, où il étoit couché, sa montre d'or guilloché, accrochée à sa cheminée. Dieu me pardonne les soupçons que je forme sur le ou les voleurs, mais il est plus que probable qu'ils connoissoient le local de la maison pour y avoir demeuré ou y être souvent venus, ainsi que l'endroit où étoient les effets qu'ils ont pris, surtout les miens, que des voleurs étrangers n'eussent sûrement pas été chercher où ils les ont dérobés.

Le 15 mars, ma femme s'est encore aperçue qu'il lui manquoit un gobelet d'argent qui étoit resté depuis quelques jours sur la cheminée de sa chambre; et moi je me suis aussi aperçu que l'on m'avoit encore dérobé dans mon armoire à habits un justaucorps, habit, veste et culotte, lequel étoit galonné d'un petit galon d'or, et boutons aussi d'or.

Le 10 mai, le roi Louis XV, qui étoit depuis neuf ou dix jours attaqué d'une petite vérole, etc., etc., mourut sur les trois heures un quart après midi. Aussitôt après sa mort, on l'ouvrit; on se servit de chaux, de camphre, d'alun, etc., pour le nettoyer intérieurement, car il étoit entièrement pourri. Le lendemain on le porta bien vite à Saint-Denis, où il fallut tout de suite le descendre dans le caveau et même le murer; ce convoi se fit sans la moindre cérémonie. Plusieurs de ceux qui avoient servi à le vider en moururent. Mesdames Adélaïde, Victoire et Sophie, ses filles, qui ne l'avoient pas quitté dans sa maladie, gagnèrent la petite vérole, dont elles se tirèrent heureusement. La favorite Du Barry, qui n'avoit, dit-on, pas quitté presque le Roi, aussitôt après sa mort fut arrêtée et conduite au couvent du Pont-aux-Dames, avec défense de communiquer d'aucune façon avec le dehors. Le Roi reçut ses sacrements avant sa mort.

1775. — Le lundi 21 février, je reçus à l'audience du château M. de Belleval, lieutenant de robe courte de la Capitainerie, en pied, car je l'avois déjà reçu deux fois par commission; mais cette fois-ci, comme on a eu la démission de M. de Sarrobert, tout est dit. Je reçus aussi ce jour là M. de Franclieu, gendre de Belleval, comme son adjoint et son survivancier dans ladite place [1].

[1] M. de Sarrobert fut nommé sous-gouverneur du petit duc d'Enghien.

Sur la fin d'avril, il s'est élevé plusieurs séditions et émeutes dans les marchés des villes et villages à l'occasion de la cherté du blé, cherté occasionnée je ne sais par quoi, car il s'en est trouvé des provisions immenses chez des laboureurs et autres, et même de si gardées que les dits blés étoient en partie gâtés. On ne sait pas non plus qui étoient les chefs de ces séditieux; mais ces bandits, qui rôdoient partout et tâchoient d'exciter le peuple à la révolte et au pillage du blé, avoient de l'argent et même de l'or. On pilla le marché de Paris et chez tous les boulangers, mais grâce aux troupes qu'on fit assembler, cela n'arriva que cette fois à Paris. Nous eûmes notre tour à Senlis le mardi 2 mai que ces brigands, avec plusieurs du peuple de la ville et même quelques moyens bourgeois, enlevèrent tout le blé du marché ainsi que des communautés, chapitre et chanoines. Beaucoup le payèrent sur le pied de 12 livres le setier au lieu de 33 et 34 livres, qui étoit le prix courant. On forma le lendemain une garde bourgeoise à toutes les portes de la ville de peur que cela ne recommençât ; on fit éclairer les rues de nuit; mais on ne tarda pas à nous envoyer des troupes, comme on en envoya par toutes les villes et gros bourgs. Il ne s'est rien passé depuis dans nos marchés, où tout est en règle. Deux ou trois de ces brigands ont été pendus à Paris. Le Roi a rendu une ordonnance qui pardonnoit à tous ceux qui restitueroient le surplus du prix des grains qu'ils avoient enlevés, au-dessus des 12 livres par eux fixées pour la valeur du setier; beaucoup l'ont fait. Je ne sais si cela aura des suites, mais il séjourne ici et dans toutes les autres villes des troupes qui resteront jusqu'après la moisson, à ce que l'on dit. Les curés ont reçu des lettres des évêques, en conséquence d'une du Roi aux évêques, pour exhorter à restituer, et ont prêché en conséquence. Le curé d'Auger-Saint-Vincent près Crépy, ex-jésuite, ayant prêché le contraire à ses paroissiens et leur disant n'être

Antoine de Belleval, seigneur d'Éraine, mourut le 14 juin 1785 ; son gendre le comte de Franclieu (Jean-François-Anselme de Pasquier), seigneur de La Chapelle-en-Serval, écuyer commandant l'équipage de Chantilly, lui succéda comme capitaine des chasses de Chantilly et lieutenant de la capitainerie royale d'Halatte. Il fut lui-même remplacé en 1789 par le chevalier Jean-Baptiste de Contye.

point obligés à restitution, a été enlevé par ordre du Roi et conduit à la Bastille. Nous avons un lieutenant-général (M. de Vaux) qui réside en cette ville et commande pour tout cela les troupes dans la moitié de l'Ile-de-France; et de même ailleurs.

Le roi Louis XVI est sacré aujourd'hui dimanche 11 juin à Reims. Il passa ici lundi 5 au soir pour aller coucher à Compiègne, et se rendre hier à Reims. La dépense de ce sacre est, dit-on, immense ; le carrosse entre autres qui doit mener le Roi à la cathédrale de Reims pour la cérémonie coûte seul 500.000 livres, et tout le reste à proportion.

1776. — La nuit du 10 au 11 janvier, le feu prit au Palais à Paris du côté de la Conciergerie ; l'incendie fut très considérable ; toute cette partie, le Greffe et partie de la cour des Aides, les Eaux et forêts ou Table de marbre, la Connétablie, la galerie des Marchands, etc., etc., tout cela fut entièrement consumé ; le feu fut à deux toises de la chambre des Comptes ; il a duré cinq à six jours ; on estime la perte à cinq millions.

La neige, qui est tombée très violemment les premiers jours de janvier, a duré quatre semaines à un pied d'épaisseur. Il est survenu une gelée si forte par dessus et le froid a été si violent que les thermomètres ont descendu plus bas qu'en 1709 de deux degrés. Toutes les rivières ont été gelées à porter ; la Meuse a gelé à 21 pouces d'épaisseur ; le Tibre a gelé, ce dont on n'avoit pas mémoire d'homme. La durée de la neige a fait périr presque tous les lièvres dans l'étendue de la Capitainerie (on estime la perte à plus de vingt mille) et beaucoup de perdrix aussi, sans compter que les gibiers, mourant de faim, ont rongé partout l'écorce des arbres.

Le 10 mars, est mort d'une goutte remontée Élie-Catherine Fréron dans la 59e année à peu près de son âge. C'étoit un élégant écrivain, mais caustique, satirique, qui n'épargnoit pas ceux qu'il n'aimoit point dans ses feuilles périodiques de l'*Année littéraire*, dont il avoit le privilège. Il aimoit la bonne chère et n'avoit pas trop de conduite ; il a laissé des dettes, et il est mort comme on alloit tout saisir chez lui ; du reste très aimable dans la société. Je le connoissois fort, et il a passé plusieurs jours ici chez moi à différents voyages.

Le mardi 21 mai sur les midi, s'est marié Chastellain de Popincour, âgé de 27 ans, fils de feu Popincour de Saint-Gervais, cousin-germain de ma femme, avec d[elle] de la Bernarderie, âgée de 20 ans, fille unique de M. de la Bernarderie, ayant le contrôle dans cette ville [1].

Dans le courant de juillet, ma femme a fait tirer mon portrait en miniature et l'a fait monter en bracelet; j'ai aussi fait tirer le sien.

1777. — Dans le courant du mois de mars, mon fils le chevalier a eu la petite vérole très forte à sa garnison à Douai, dont il s'est fort bien tiré ; il s'est fait raser et a pris la perruque.

Le 1er juin, S. A. S. Mademoiselle la princesse de Condé a été conduite pour la première fois à Chantilly, et je l'ai été complimenter dans son appartement à la tête de la Capitainerie ; son entrée et toutes les fêtes qui s'en sont ensuivies ont été très brillantes et très multipliées [2].

Le lundi 11 août à dix heures et demie du matin, est mort à 53 ans, à la suite d'une longue maladie nommée sarcocèle qui l'a beaucoup fait souffrir, Étienne-Alexandre Chastellain de Popincour, chevalier de Saint-Louis, qui avoit épousé en

---

[1] C'est en l'église Notre-Dame que le chanoine Jacques Bréda de Trossy, avec la permission du curé Morisset, bénit le mariage de René Chastellain, seigneur de Popincour et de Montorgueil, avec Marie-Calixte-Geneviève Quillet de la Bernarderie, fille mineure de Louis-Michel Quillet de la Bernarderie et de Geneviève Foubert. Sur le registre de la paroisse ont signé : « Chastellain de Popincour » (le marié); « Quillet de la Bernarderie » (la mariée) ; « Quillet de la Bernarderie, Foubert de la Bernarderie » (père et mère de la mariée) ; « le chevalier de Popincour » (Étienne-Alexandre Chastellain, oncle du marié) et sa femme, « Desfossés de Popincour » ; « Junquières » père et sa femme, « Ramilly de Junquières » ; « Junquières » fils ; « Popincour de Garges » (Mme de Garges) ; « Chastellain de Popincour » (sœur du marié) ; « le comte de Franclieu, Marie-Antoinette Foubert, Delafosse, Regnard, Fabre, chanoine, Blesbois de la Garenne, Bréda de Trossy, chanoine, Tocquiny, Germain, Morisset, curé ». (Communication de M. Cultru). — René Chastellain perdit sa femme de bonne heure et n'en eut pas d'enfant.

[2] M. le marquis de Ségur, de l'Académie française, en a publié la relation, d'après le *Journal* de Toudouze, dans le beau livre qu'il a consacré à la princesse Louise sous ce titre : *La dernière des Condé*.

premières noces ma nièce. Il n'a point eu d'enfant de ses deux femmes. C'étoit un homme bien estimable, et sa mort est bien fâcheuse pour sa famille de ses neveu et nièce, qui perdent beaucoup en lui ; il étoit cousin-germain de ma femme [1].

Le 2 août, mon fils le chevalier, en garnison à Douai, me manda que la veille, 1er août, son régiment avoit reçu une lettre du Roi qui ordonna au second bataillon d'artillerie, dans lequel il est lieutenant, de se tenir prêt pour partir et être rendu le 14 septembre à Saint-Malo, pour s'embarquer au premier vent favorable et se rendre à la Martinique. Comme il lui falloit de la finance pour ce voyage, je lui envoyai sur le champ une lettre de change de 2000 livres. Ils sont partis de Douai le 20 août pour se rendre à Saint-Malo par Arras, Amiens, Rouen, etc.. Leurs ordres portent bien pour la Martinique, mais ils doutent bien que, quand ils seront en pleine mer, on ne leur signifie l'ordre cacheté qu'ils iront à Boston guerroyer pour les Insurgens contre les Anglois [2]. Quoi qu'il en soit, voilà bien au moins pour quatre ans devant que nous le revoyions ; c'est bien affligeant, mais c'est son état.

Le 22 août, je me suis fait peser fort exactement, et il s'est trouvé que je pesois juste cent trente et une livres.

Le jeudi 25 septembre, ma fille est accouchée à Paris d'une fille fort heureusement ; elle a été baptisée tout de suite à la paroisse de Saint-Gervais et tenue sur les fonts par M. Hélyot, oncle de mon gendre, comme représentant mon fils le chevalier absent, et Mlle d'Esclainvilliers [3] ; elle a été nommée Angélique-Madeleine-Amable ; elle est en nourrice ici à Villevert.

Mon fils le chevalier s'est embarqué à Saint-Malo le 6 octobre sur le *Précigny*, vaisseau marchand ; l'escadre dans laquelle ils se sont embarqués étoit composée de quatre vaisseaux mar-

---

[1] Il avait épousé Mlle de Junquières le 26 février 1759, et Mlle Desfossés le 8 mars 1763. « Ses neveu et nièce » étaient René et Henriette-Sophie Chastellain de Popincour.

[2] On appelait *Insurgens* les Américains des États-Unis révoltés contre l'Angleterre.

[3] Françoise-Madeleine Moreau d'Esclainvilliers, cousine-germaine de la mère de M. de Junquières, morte à Paris le 11 mai 1780. (Voir plus haut, p. 34).

chands, savoir le *Huron*, le *Lusignan*, la *Valeur* et le *Précigny*, escortés d'une frégate dite la *Dédaigneuse*. Ils vont à Saint-Domingue, du moins à ce qu'ils content, à moins d'un autre ordre qu'on ne leur notifiera qu'en pleine mer. Il me marque qu'en voilà au moins pour cinq ans; ainsi cinq ans de plus (pour moi) me font bien douter que je le revoie.

Ma petite-fille, dont ma fille étoit accouchée le 25 septembre dernier, est morte en nourrice de la coqueluche et humeurs la nuit du 24 au 25 novembre à minuit.

Le 22 décembre, ma chère fille a été attaquée à Paris de la petite-vérole, et comme son lait n'étoit pas encore passé tout-à-fait, il s'y est mêlé, et cette bien-aimée fille est morte le 28 dans son septième jour à 7 heures et demie du matin; mon fils, qui y étoit, nous l'apprit par le prudent M. Hamelin [1] par ménagement. Cette nouvelle a mis la mort dans nos cœurs; nous ne l'oublierons jamais cette chère fille, car jamais on n'a aimé son enfant comme nous l'aimions; elle avoit aussi la plus grande tendresse pour nous, beaucoup de sagesse, de douceur et de religion; elle avoit gagné l'amitié de tous ceux et celles qui la connoissoient. Il y a tout à espérer que Dieu lui a fait miséricorde et qu'elle prie pour nous. Ah! grand Dieu, que je la regrette!

1778. — Le 1er janvier, mon fils a gagné aussi la petite vérole à Paris, sans doute de sa sœur; mais il paroît qu'elle prend une bonne tournure, et les bulletins que nous en recevons tous les jours jusqu'à ce jourd'hui 3 janvier nous donnent tout lieu d'espérer.

Ah! Ciel! Peut-il y avoir une affliction pareille à la nôtre! Le Seigneur nous envoie, à ma femme et à moi, une terrible

---

[1] Antoine-Joseph Hamelin, ancien officier au régiment de Limousin, marié à Angélique-Marie-Philippe Grison de Corbigny, mort à Senlis le 26 septembre 1791. Sa femme lui survécut et fut incarcérée à Chantilly sous la Terreur, ainsi qu'Antoine-Marie-Pierre Hamelin, ancien capitaine de dragons, chevalier de Saint-Louis, que nous retrouverons plus loin, Grégoire-François Hamelin, etc. — On trouve, à la date du 22 septembre 1807, le mariage, à Senlis, d'Antoinette-Angélique Hamelin avec Augustin-Joseph Turquet.

croix ; qu'il daigne nous donner la grâce et la force de la supporter ! Nous apprenons ce jourd'hui 7 janvier que notre cher fils est passé la nuit du 5 au 6, à la fin du septième de la petite vérole. Peut-on rien de plus malheureux ! En sept jours de temps perdre une fille toute établie, ayant deux enfants vivants, et un fils établi dans une belle charge, qui se seroit marié incessamment ! Le Bon Dieu ne nous laisse plus que le chevalier, qui, hélas ! est en Amérique et reviendra Dieu sait quand. Tout ce qu'on peut assurer, c'est qu'ils étoient bien aimés dans cette ville, car le regret qu'on en a est général et inconsolable.

J'ai reçu, le 2 avril, une lettre de mon fils le chevalier du Port-au-Prince, île Saint-Domingue, en date du 19 janvier, dans laquelle il me fait le détail de toute sa traversée. Il doit avoir reçu ou recevoir incessamment ma lettre où je lui marquois la mort de son frère et de sa sœur, car je lui ai écrit à peu près à la même date que la sienne.

Ce 7 avril, ne voilà-t-il pas encore une autre affliction terrible que le Seigneur nous envoye ! Ma femme depuis quelques mois souffroit des yeux ; elle avoit été consulter M. Grandjean, oculiste du Roi, qui lui avoit dit que c'étoit une paralysie qui s'étoit formée sur un œil et qui, suivant l'apparence, vouloit attaquer l'autre ; il lui prescrivit un régime et mille drogues, des mouches cantharides, un cautère, etc. ; elle a tout exécuté et beaucoup souffert. Comme sa vue empiroit toujours et qu'enfin elle ne voyoit presque plus, elle vient d'aller encore le consulter ; ils se sont assemblés plusieurs et ont donné une grande consultation ; ils ne décident pas qu'elle ne guérira absolument pas, mais que c'est presque un miracle. Peu avant cette consultation et depuis, elle ne voit plus, malgré tous les remèdes. Que vais-je devenir ? Mon Dieu, ayez pitié de moi ! Elle est actuellement entre les mains d'un homme, jardinier de M. de Montiers [1] à Saint-Firmin, qui, avec le simple jus de certaines plantes à lui connues, a guéri une quantité prodigieuse d'aveugles, avec

---

[1] Alexandre-Joseph Tarteron, comte de Montiers, ancien capitaine des vaisseaux du Roi, et Antoinette de Lafons de la Plesnoye, sa femme, étaient propriétaires de la maison dite aujourd'hui de la Nonette, qui appartient au Domaine de Chantilly et qui est occupée par M. le comte Henri de Clinchamp.

ce simple jus qu'il met dans les yeux et dont l'application fait des douleurs affreuses ; cela lui fait jeter beaucoup d'humeurs et de peaux blanches, et il ne doute pas qu'il la guérira à la fin. Ainsi soit-il !

Le 17 juillet, mon fils nous a agréablement surpris par son arrivée ici de l'Amérique, avec sa démission donnée avec des expressions très honorables pour lui, comme étant indispensable, vu notre état. Il a été assez malade là bas, et a mis 48 jours de traversée du Port-au-Prince jusqu'à Nantes [1].

1780. — Hélas ! tout est dit pour moi. Rien ne m'intéresse plus dans ce bas monde, et, grâces à Dieu, je n'y tiens plus. Dieu, par sa sainte volonté, pour mettre le comble aux afflictions qu'il lui a plu de m'envoyer depuis plusieurs années, vient de m'enlever, ce jourd'hui 28 mars 1780, qui est le mardi de Pâques, ma chère et bien aimée épouse à 5 heures du soir, munie de tous ses sacrements, à la suite d'une maladie de deux mois que les médecins appeloient fièvre catarrheuse. Elle a passé très tranquillement. Je n'ai pas la force d'en écrire davantage ; et tout est dit pour moi. Elle avoit soixante et deux ans.

Le jeudi 11 mai, est morte à Paris, à trois heures du soir, après une maladie ordinaire à son âge, Françoise-Madeleine Moreau d'Esclainvilliers, fille âgée de quatre-vingt-six ans passés, cousine-germaine de feu ma mère. Je suis son seul héritier de son côté maternel.

Ici s'arrête le Mémorial de Jean-Baptiste Junquières ; il vécut encore six années et mourut à Senlis le 23 août 1786. Son fils Amable-Louis reprit alors le livre de famille et y écrivit à son tour ses souvenirs.

---

[1] Accablé par ses chagrins, Junquières ne mentionne plus aucun fait, pas même le mariage de sa cousine Henriette-Sophie Chastellain de Popincour (10 novembre 1778) ; et rien du tout en 1779.

SOUVENIRS

DE

AMABLE-LOUIS DE JUNQUIÈRES

(NÉ EN 1747, MORT EN 1821)

Rédigés de 1786 à 1791 et en 1810-1811

A MON TOUR, A MON TOUR

AVERTISSEMENT

Qui d'entre vous est sans défauts
me jette la première pierre.

C'est *moi*, mes amis, Amable-Louis de Junquières, votre père, âgé de 39 ans. Ce *moi* devroit m'arrêter tout court si j'étois bien sensé, et je ferois, je pense, beaucoup mieux de m'en tenir tout simplement au peu que mon père a dit de ce *moi* dans ses mémoires; mais comme il pourroit prendre à quelqu'un de vous autres la fantaisie de les continuer et de m'y faire figurer meilleur ou pire que je ne suis en effet, pour lui éviter ces deux écueils j'ai imaginé de les encourir moi-même. Je ne suis pas au reste le premier auquel une pareille idée soit venue; la démangeaison de parler de soi est si forte ! D'ailleurs, comme je n'ai et que je n'aurai probablement jamais l'honneur d'être imprimé, et que l'idée de finir tout entier me fait peine, je veux que du moins mes souvenirs me fassent revivre dans les vôtres. Je vais donc me montrer à vous, mes enfants, tel que la nature, l'éducation et surtout les circonstances (qui influent plus qu'on ne pense sur notre frêle individu) m'ont fait rouler dans ce monde. Comme je n'ai ni de grands vices ni de grandes vertus à vous étaler (la Providence m'ayant heureusement placé au moral et au physique dans l'état mitoyen de toutes choses), je ne vous surprendrai pas non plus par de grands événements et de violentes secousses; mais tout en causant avec vous, je ne laisserai pas que de vous faire faire gaiement du chemin. Comme il faut composer toujours un peu avec son amour-propre, j'ai attendu, comme vous voyez, pour décrire mes faits et gestes, que le temps en eût ôté toute l'importance que j'y attachois alors, et qu'ils fussent assez loin de moi pour pouvoir en parler à mon aise, comme des sottises d'autrui. C'est ainsi que j'ai vu bien des femmes raconter avec complaisance, sur leur retour, les tendres faiblesses dont elles auroient rougi seulement qu'on les soupçonnât dans leur printemps.

I. — MA NAISSANCE ; AVENTURE DE LA CULOTTE, ET DE LA QUEUE DU BON PÈRE SIMON.

Je suis né (car de père en fils nous avons tous l'habitude de commencer par là), je suis né, dis-je, à Villemétrie, faubourg de Senlis, le 13 août 1747. Bon jour, bon an. Je passe à pieds joints sur les premières années de ma végétation. Mon premier souvenir ne date que de l'âge de sept ans et de la culotte de mon frère le chevalier. J'ai dû être jusqu'à l'âge de puberté un assez joli joufflu ; la preuve en est que j'ai souvent entendu dire, avec un air de complaisance, à ma très chère mère, que de tous ses enfants j'étois le seul qui eût l'honneur de lui ressembler ; on ne m'appeloit alors que le gentil camuson ; mais la petite vérole, le soleil brûlant de l'Amérique et les années m'ont un peu déformé depuis ce temps-là, comme dit Figaro ; il ne m'en reste plus qu'une taille de cinq pieds tout juste, assez leste et pas trop mal tournée, un rire ouvert et visant presque à la finesse, du reste un visage marbré et guilloché de main de maître, et me voilà.

Je disois donc qu'à l'âge de sept ans, mon frère (ce pauvre chevalier tué auprès de Cassel) me poursuivant à coups de culotte, un des arguillons dont elle étoit armée m'entra un peu avant dans la tête ; le sang coule, grande rumeur ; on m'interroge (avant de me secourir, selon l'usage), et je réponds tout de suite qu'en courant je m'étois heurté la tête contre un loquet de porte. On en crut et vous en croirez vous-mêmes ce que vous voudrez, mais ce petit trait de générosité me fait encore plaisir à me rappeler. On fit venir le vénérable Simon, chirurgien de l'Hôtel-Dieu, qui mit ses lunettes, me fit une tonsure, et plaça tout juste à côté du trou une emplâtre large et ronde comme une pièce de 24 sols. Je dormis par là-dessus, et il n'y auroit point paru; mais comme il est d'usage de lever le premier appareil, il vint le lendemain et les jours suivants; or, vous saurez qu'à chaque pansement il me faisoit éprouver des sensations douloureuses. Un jour donc que je sentois tâtonner ses gros doigts autour de l'emplâtre pour tâcher de la lever par quelque coin : « Et que ne faites-vous une queue à votre machin, père (lui criai-je en pleurant) ! Vous auriez de la prise. — *Quos ego* (se mit-il à dire comme Virgile); quel trait de lumière ! »; et il en profita; et depuis ce moment ce bon père Simon fit toujours usage d'une queue dans ses pansements.

II. — GRAND COMBAT SINGULIER. ENTRÉE AU COLLÈGE.

A quelque temps de là, jouant encore avec ce mien frère le chevalier, nous prîmes querelle ensemble comme deux jeunes chiens un peu hargneux; lui, qui avoit l'humeur un tantinet ferrailleuse, prit son épée et me contraignit (faute d'arme semblable) à me saisir de la petite broche destinée à faire rôtir le menu gibier; nous nous battîmes dans une des allées du jardin; j'en fus quitte pour une goutte de sang à la main; mon frère m'embrassa, et ma bonne fut bien grondée d'avoir laissé des ciseaux à ma portée.

A huit ans environ, on me mit au collège royal de Saint-Vincent de Senlis, où je polissonnai tout mon bien-aise durant huit ans que j'y demeurai; hélas ! des simples jeux de l'enfance heureux qui se souvient longtemps, et je me rappelle que je m'y fis la réputation du plus habile coureur et sauteur de la banlieue; ce fut en cette qualité que j'eus l'honneur de jouer aux barres avec Louis XVI et MM. ses frères, qu'on avoit amenés dîner là, je ne sais à quelle occasion; tout ce dont je me souviens fort bien, c'est qu'on leur servit, au lieu de vin, une liqueur jaune que je ne manquai pas de prendre pour de l'or potable, n'imaginant pas que des hôtes de cette trempe pussent boire autre chose [1].

On nous faisoit perdre notre temps dans ce collège à jouer des pièces de théâtre accompagnées de chants et de danses; or c'étoit moi qui avois toujours l'honneur d'être le Vestris de la troupe; falloit-il que Momus ou l'Amour intervinssent sur la scène, c'étoit encore moi; un gros bonnet de l'ordre, un visiteur par exemple, arrivoit-il, falloit-il complimenter sa Révérence, c'étoit toujours moi. En cinquième, on fit (le chapitre assemblé) une promotion d'enfants de chœur [2]; or, attendu ma gentillesse et celle de ma voix, on élut par acclamation le fils de ma mère; j'exerçai ce noble emploi jusqu'en seconde que ma voix, devenue plus mâle, discordoit un peu avec celles des anges.

III. — MES PREMIERS CHAGRINS.

J'éprouvai vers ce temps un chagrin bien sensible. J'avois pour camarade et émule un nommé Du Hamel [3] de Senlis; ses parents, décidés à le faire entrer de bonne heure au service,

---

[1] On lit dans le *Mercure de France* de septembre 1765, ce communiqué envoyé de Compiègne le 27 juillet : « Monseigneur le Duc de Berry, Monseigneur le Comte de Provence et Monseigneur le Comte d'Artois, en venant de Versailles ici (le 3 juillet), se sont arrêtés et ont dîné à l'abbaye de Saint-Vincent de Senlis. L'abbé de Mostueges, titulaire de l'abbaye et sous-précepteur de ces princes, a eu l'honneur de les haranguer à la tête de ses chanoines réguliers. Ils ont été ensuite complimentés, au nom de tous les pensionnaires du collège attaché à l'abbaye sous la direction desdits chanoines, par le sieur de Noyel, l'un de ces pensionnaires ». C'est évidemment ce jour-là qu'Amable-Louis de Junquières eut l'honneur de jouer aux barres avec les jeunes princes; il terminait sa dernière année d'études à Saint-Vincent.

[2] Amable-Louis fit sa première communion à Saint-Vincent le 16 mai 1762; il avait quatorze ans et neuf mois. Il avait reçu la confirmation le 10 mai 1756.

[3] Benoît-Pierre-Charles Mussino, comte du Hamel.

vinrent le retirer du collège. Quelques jours après sa sortie, il vint me voir, un surtout bleu sur le corps, le chapeau sur l'oreille et l'épée au menton. Je sentis vivement la distance que cela mettoit entre nous ; je suppliai en conséquence mes parents de me permettre de suivre mon frère d'armes; mais Mme de Ramilly, ma grand'mère, avoit décrété qu'elle ne mourroit pas contente qu'elle n'eût assisté à ma première messe ; on referma donc la porte du collège impitoyablement sur moi. Je finis enfin mes études ou plutôt mon temps, et je sortis de là ne sachant ni le françois, ni l'orthographe, et encore moins de latin, mais avec un prix de sagesse et un brevet d'associé libre à une confrérie qui me donnoit de droit un service après ma mort. Mais, hélas! je n'aurai même pas cette consolation. O fragilité des établissements humains! J'ai vu de mes deux yeux ce collège, mon cher berceau, détruit [1].

Revenu chez mes parents, je crus que je n'avois plus qu'à m'habiller de bleu et me divertir; mais qui compte sans son hôte s'expose à compter deux fois. Tout juste au bout de la huitaine, je vois arriver par le carrosse un gros paquet à mon adresse ; je l'ouvre, c'étoient les quatre volumes des Mathématiques de Camus [2]. « Il faut, mon cher Camuson, me dit ma mère avec un certain air que je vois encore, fourrer cela dans ta jeune tête ». J'étois docile et glorieux ; je sortis, et après m'être soulagé par quelques larmes, je revins affronter l'ennemi. Je pesai en gémissant ces énormes masses et les emportai dans une petite chambre sans feu à côté du cabinet de mon père, par lequel il falloit passer pour y entrer, et malheureusement aussi pour en sortir. Là, mon temps fut réglé de façon à me faire regretter ma condition d'écolier; force me fut de faire de nécessité vertu ; je commençai donc, comme de raison, par

[1] Cette phrase, écrite après la Révolution, prouve que si M. de Junquières commença la rédaction de ses souvenirs à l'âge de trente-neuf ans, comme il le dit, c'est-à-dire en 1786, la mise au net que nous présente son manuscrit est de plusieurs années postérieure. En recopiant sa première rédaction, il a bien pu la modifier ou la compléter.

[2] Camus (Charles-Étienne-Louis), né en 1699, membre de l'Académie des Sciences en 1727, mort en 1768. L'ouvrage ici mentionné est le *Cours des mathématiques à l'usage des écoles du génie et de l'artillerie* (Paris, 1749 et 1766), en quatre volumes in-8 avec figures.

visiter toutes les planches et les vignettes renfermées dans les volumes, puis compter le nombre des pages ; cela fait, mon père, qui s'étoit vanté de m'inculquer les mathématiques dans la tête, commença ses premières leçons. S'il avoit consulté mon goût, il s'en seroit tenu pour le tout à la soustraction ; mais comme il avoit de la méthode, il me fit commencer par les éléments sans vouloir me faire grâce d'une virgule, et de branche en branche il comptoit me faire gagner la cîme. Mais avec toute son habileté (car il étoit réellement un des plus forts algébristes de son temps), il étoit un fort mauvais précepteur ; il manquoit de cette patience nécessaire pour instruire ; son savoir étoit trop roide pour se plier à ma jeune ignorance. Finalement, après bien des impatiences et des vivacités d'une part, de l'autre bien de l'ennui, du découragement et des larmes, ma mère pensa qu'il valoit mieux me mettre dans une pension où l'émulation me pousseroit ; on choisit de préférence celle du sieur Berthaud, faubourg Saint-Honoré, n° 47, attendu qu'elle étoit sous la protection immédiate du grand Camus, examinateur et grand inquisiteur des élèves de l'artillerie.

IV. — MES PREMIERS PAS DANS LE MONDE.

Je m'emballai donc avec mon frère aîné dans le coche de Paris ; nous arrivâmes de nuit au grand village, et le lendemain de grand matin je fus installé dans mon nouveau domicile [1]. Cela ne s'appelle-t-il pas voir Paris par le trou d'une bouteille ? Je restai un an chez le sieur Berthaud à apprendre les mathémathiques ; on m'obtint des lettres d'aspirant, et je revins chez mes parents (tout aussi neuf que j'en étois sorti) en attendant l'examen, qui devoit se faire à Bapaume.

Le temps venu, je vis arriver dans la cour un grand diable de locatis ; on mit sur sa maigre échine un énorme portemanteau contenant toute ma garde-robe ; puis, ma route tracée

---

[1] 2 octobre 1765.

sur l'as de pique, six louis en poche, on me guinda sur ma bête ; mon père, se ressouvenant à propos qu'il avoit fait son équitation chez le fameux La Guérinière, prit ma rosse par la bride, lui fit faire deux ou trois tours de cour, puis, me dirigeant vers l'Artois, me dit en m'embrassant : « Chevalier, je te livre à ta bonne foi ; crains Dieu et la v..... ; bon voyage ! » (7 mai 1767).

Le respect que je ressentois pour mon camarade de route, joint à la peur de perdre l'équilibre, firent que la première lieue je n'osai contrarier son allure le moins du monde ; peu à peu la familiarité vint, et je l'exhortai poliment à doubler le pas ; il le voulut bien, de façon que nous arrivâmes à Gournay sans aucun malencontre. Mais c'étoit là que le diable m'attendoit ; mon camarade ne reconnut pas plus tôt sa porte que, sans me demander mon avis, il courut se précipiter dedans ; mais le porte-manteau, fortement attaché à la selle et qui débordoit d'un grand pied de chaque côté, s'arrêta au passage ; la secousse fut si violente qu'elle fit péter la sangle, et voilà votre serviteur par terre ; on rit un peu aux dépens de monsieur l'aspirant ; mais ce n'étoit là qu'un prélude.

Après avoir rafraîchi, je demande un cheval pour Roye. On me donna un petit bucéphale blanc, déferré d'un œil, et me voilà parti. Au bout d'un quart de lieue, mon malin borgne, se ressouvenant apparemment qu'il n'avoit pas dîné, tourne brusquement de la tête à la queue, et d'un temps me ramène à Gournay, où je fus reçu au bruit des huées des garçons d'écurie, stylés à cette manœuvre. Tout novice que j'étois pour lors, je compris fort bien que j'avois oublié en partant le pourboire ; une pièce de douze sols me procura un autre cheval qui me mena lestement à Roye.

V. — VISITE.

A un quart de lieue de Roye, s'engraissoit dans un joli prieuré un mien parrain nommé M. Dieuxivoye[1] ; commençant à trouver

[1] M. Dieuxivoye était chanoine régulier de l'abbaye de la Victoire quand il fut parrain d'Amable-Louis de Junquières en 1747.

déjà le monde un peu bien grand, je résolus d'aller chez lui me délasser de mes grandes fatigues. Du plus loin que l'on m'aperçut, une grasse gouvernante vint à moi, prit mon cheval par la bride et lui fit faire trois fois le tour de la cuisine comme prise de possession. Le lendemain, c'étoit justement le patron du village; mon parrain me fit donner à l'église le haut bout, l'encens, l'eau bénite, etc.. Un trait suffira pour vous faire connoître l'original de parrain que j'avois là. Quand il vint prendre possession de son prieuré, il ne trouva dans son église que les quatre murailles; cette nudité lui déplut; en conséquence, il s'avisa de tirer de son garde-meuble une demi-douzaine de portraits de sa famille, puis il fit écrire en cachette au bas d'un chacun le nom respectable d'un de nos apôtres et mettre de quoi supporter un siège. Comme il aimoit aussi la musique, il fit amplette d'une vieille orgue de Barbarie de hasard, que le vacher du village faisoit crier aux grandes solennités. Mais si mon parrain avoit le goût des beaux arts, il aimoit bien autant pour le moins la bonne chère; de sorte que je passai chez lui une huitaine, bien fêté, bien régalé. Mais, comme dit le bon roi Dagobert à ses chiens, il n'est si bonne compagnie qu'il ne faille quitter à la fin; je me remis donc en route pour Péronne la pucelle. J'allai descendre en arrivant chez un M. Pieffort, ancienne connoissance de ma famille, homme fort riche, mais encore plus ladre, comme vous allez le voir. Je lui présentai ma lettre de recommandation, qu'il lut à l'aide d'un bout de chandelle; puis il me dit : « Mon petit ami, à quelle heure comptez-vous partir demain? — De grand matin, lui répondis-je, piqué de cette réception, et pour cet effet je m'en vais souper à mon auberge ». Et je partis.

VI. — LES ÉPREUVES.

Le lendemain à portes ouvrantes je me remis en route, et j'arrivai heureusement à Bapaume entre huit et neuf. Après m'être un peu débarbouillé, j'allai, muni de mes lettres, me présenter aux commandants, de là au café faire connoissance avec mes nouveaux camarades. Je fus d'abord un peu étourdi du bacchanal d'une soixantaine d'écervelés réunis ensemble ; on examine le nouveau venu, puis j'entends crier : *au porte-manteau, au porte-manteau.* Je me fis expliquer ce que cela signifioit, et je promis en conséquence pour le lendemain un bon déjeuner. Le reste de la matinée se passa (selon le jargon de l'école) à bien me tâter. Je commençois à trouver déjà les épreuves un peu longues, quand par bonheur pour moi il survint un nouveau débarqué, ce qui fit lâcher prise à ces messieurs et tourner toute leur attention sur ce nouvel objet, dont l'air bourru et niais promettoit un excellent sujet à berner. — « Entrez, camarade, lui dit l'un d'eux; eh bien! quelles nouvelles? Vous arrivez donc de Champagne? Parbleu, je veux avoir l'honneur de vous embrasser le premier. — Non, ce sera moi, si vous daignez le permettre, dit un second. — Non pas, s'il vous plaît, dit un troisième, c'est mon pays ». Bref, chacun se le renvoyoit l'un à l'autre comme un ballon. Mon Champenois à la fin fit mine de se vouloir fâcher; aussitôt l'empoigner, le mettre dans une couverture, le faire sauter vingt pieds en l'air et le laisser tomber autant de fois rudement par terre, tout cela fut plus tôt fait que je ne le dis.

Le lendemain à mon réveil, le premier objet que j'aperçus fut le bienheureux porte-manteau pendu en forme d'enseigne à ma fenêtre. A ce signal, je fais dresser une longue table, puis mettre dessus force langues, cervelas, etc., et surtout du vin. On arrive, on mange, on boit; on n'auroit pas entendu Dieu tonner. Comme il falloit que je fisse raison à tout ce monde, moi qui jusqu'alors n'avoit bu que de l'abondance, la tête me tourna bientôt; pour m'achever, ils eurent la malice de verser du vin blanc dans mon verre au lieu de l'eau dont ils s'aperçurent que je baptisois mon vin. Le déjeuner fini, la table renversée, les verres et assiettes par la fenêtre selon l'usage, nous sortîmes tous [en nous tenant] par la main en signe de farandole; le grand air m'ayant saisi pour lors, les fumées du vin frelaté que j'avois bu me portèrent si bien à la tête que je devins furieux; je mis flamberge au vent et m'escrimai d'estoc et de taille. Pour lors on jugea que l'on avoit donné la dose un peu trop forte; on se jeta sur moi, on me désarma, et on me ramena à quatre à mon auberge. Mon hôtesse, bonne femme, ne me vit pas plus tôt en cet état qu'elle me fit avaler une forte tasse de café au sel au lieu de sucre; cet émétique me fit rendre gorge bien vite; je dormis quatre bonnes heures, et allai rejoindre mes camarades, qui me reçurent à bras ouverts, se disant les uns aux autres que j'étois un bon luron et que j'avois bien fait les choses.

VII. — INITIATION.

Dans toutes choses, tout dépend du début; s'est-on mal présenté d'abord, on feroit des prodiges ensuite

que tout seroit de glace à vous justifier.

La manière dont je m'étois démené, ma complaisance et mes prévenances m'ayant gagné le cœur d'un chacun, je fus ce qui s'appeloit alors initié; il faut, mes amis, vous expliquer ce que cela signifioit.

Maître Camus, dans ses examens, suivoit constamment une vieille routine; c'étoient toujours les mêmes questions, les mêmes propositions et problèmes qu'il demandoit, et, pourvu qu'on lui répondît sur cela exactement mot à mot comme dans son livre, on étoit sûr d'être reçu élève. Les professeurs, qui s'en étoient aperçus, en avertissoient leurs bons amis et les fortifioient sur ces propositions favorites sans leur charger la mémoire du reste; cela étoit fort commode, comme vous voyez. Je fus donc instruit et averti à temps, et, maître Camus arrivant, je lui répétai comme un perroquet ce que l'on m'avoit appris, et je reçus en conséquence une belle lettre du ministre par laquelle il me mandoit que Sa Majesté, très satisfaite de l'examen que je venois de subir, m'accordoit une place d'élève dans son corps royal de l'Artillerie. Me voilà donc déjà un pied à l'étrier.

J'ai oublié de vous dire, mes amis, que mes parents, persuadés que la faveur du sieur Camus ne gâteroit rien à mon affaire, avoient pris connoissance avec lui par l'entremise d'une Mme Perrin, notre parente et son amie de tous temps ; de sorte que m'ayant permis de venir passer auprès d'eux le temps qui devoit s'écouler jusqu'à l'ouverture des écoles, je revins triomphant à Senlis dans la chaise de poste et entre les jambes du grand Camus. Je payai, il est vrai, cet honneur un peu cher : en partant de Bapaume, j'avois confié à son domestique, qui couroit devant nous (attendu que j'occupois sa place), ma redingote uniforme toute neuve ; mais je tombai malheureusement dans le même oubli qu'à Gournay, c'est-à-dire que j'oubliai son pourboire ; aussi, en arrivant, j'ignore comment cela se fit, mais ma chère redingote ne se trouva plus ; ce drôle s'en sera sûrement payé par ses mains ; en tous cas, je la lui mets sur les épaules ; Dieu veuille qu'elle lui tienne bien chaud dans l'autre monde.

VIII. — MON DÉBUT DRAMATIQUE, DISGRACES.

Dans ce temps-là, comme père, mère, frère, sœur et toute la maisonnée se mêloit de poésie et de littérature, à force d'entendre parler vers et pièces de théâtre, etc., cela échauffa ma jeune cervelle ; il me prit envie de composer à moi tout seul une tragédie tout entière. Ah ! c'étoit réellement une œuvre bien tragique, car avant la fin du second acte j'avois déjà expédié tous mes héros, et il ne me restoit plus pour le dénouement que le souffleur et le moucheur de chandelles. On eut la cruauté ou plutôt la sottise de me forcer à la lire en plein consistoire, et, au lieu de m'encourager, on humilia tellement mon amour-propre par les éclats de rire que l'on prodigua à mon chef-d'œuvre, que de dépit j'envoyai Melpomène et ses sœurs à tous les diables, et jurai par le Styx qu'on ne m'y prendroit plus. Et voilà pourquoi, mes amis, le grand Voltaire est resté sans successeur.

Je partis à quelque temps de là pour retourner à Bapaume [1] ;

---

[1] 22 juin 1767.

chemin faisant, je ne manquai pas d'aller chez mon digne parrain boire le vin de l'étrier, et j'en fus reçu non comme un poète disgracié, mais en ancienne connoissance. Le temps de l'examen arrivé, le grand, le redoutable Camus arriva, suivi ou précédé de son fidèle Frontin, mais sans ma redingote. Je m'étois préparé comme la première fois, c'est-à-dire médiocrement appliqué. Cependant une nouvelle perruque que nous lui remarquâmes fut comme une comète de mauvais augure ; elle me fit craindre qu'il n'eût de même changé sa vieille et commode routine ; et ce que je craignois justement arriva ; le traître, sans nous en prévenir, s'avisa de changer d'attaques ; ce déplacement de batterie me dérouta ; je ne fis rien qui vaille, et force me fut de me passer pour cette fois de la gracieuse satisfaction de Sa Majesté et de rester six mois de plus au triste et ennuyeux Bapaume.

IX. — SAIGNÉE.

Je me mis pour lors tout de bon à étudier ; je pris goût au dessin. Tout alloit bien jusque là, quand un nommé Faure de Fayolle[1], que j'avois pour voisin de chambrée, grand pilier de salle d'armes et l'un des plus terribles ferrailleurs de la soixantaine, prit querelle un jour avec un autre brettailleur de son espèce au sujet d'une botte que l'un prétendoit devoir parer en tierce, l'autre au contraire en quarte ; finalement ils se battirent, et ce fut l'homme à la quarte qui remboursa un bon coup d'épée dans la cuisse. Comme son voisin, j'allai voir le blessé. Du plus loin qu'il m'aperçut, il s'écria : « Eh bien, mon ami, que penses-tu de ce maladroit qui, au lieu de me parer en quarte, m'a enferré d'une tierce ? — Moi, je pense que vous vous êtes là battus à propos de bottes. — Mais encore, que dis-tu de ce maladroit ? — Mais qu'appelles-tu maladroit ? lui répondis-je

[1] Sans doute un fils ou petit-fils de Joseph Faure de Fayolle, qui était en 1715 lieutenant provincial de l'artillerie de France dans la Haute-Alsace et avait pour femme Élisabeth d'Andlau.

à la fin ; il me semble à ta cuisse que ce n'est pas lui que l'on doit appeler ainsi. — Hé ! de qui entends-tu donc parler ? — Hé, parbleu, cela s'entend sans qu'on l'explique. — Cela suffit, Monsieur ». Nous causâmes ensuite d'autre chose, et je croyois qu'il n'y pensoit plus, quand, au bout de la quinzaine, je vis entrer chez moi mon homme, le chapeau en mauvais garçon. « Vous devez vous rappeler, me dit-il sans autre préambule, ce qui s'est passé entre nous il y a quinze jours. — Moi, non. — Ne m'avez-vous pas appelé maladroit ? — Bon, tu plaisantes apparemment ? — Non, Monsieur, et vous m'en ferez raison. — Comme tu voudras ; mais je n'imaginois pas que cette plaisanterie dût te fâcher. — Je ne plaisante pas. A demain, derrière la redoute. — A la bonne heure. »

Sitôt qu'il eut tourné les talons, je me mis à faire bien des réflexions, toutes moins amusantes les unes que les autres. Je ne pouvois me dissimuler qu'ignare, comme je l'étois en fait d'armes, n'ayant pas même encore touché un fleuret, je ne courois rien moins que de me voir embroché comme un poulet par ce pilier de salle ; puis mes principes de religion, que j'avois encore tout frais, le chagrin que j'allois causer à ma famille, etc..... ; d'un autre côté, refuser de me battre, c'étoit me déshonorer à jamais ; tout cela, je vous l'avoue, mes enfants, me tint éveillé et me fit passer une bien mauvaise nuit. Enfin, le matin venu, je pris mon cœur à deux mains, et, m'étourdissant sur toutes les suites, je me rendis sur le pré ; mon homme y étoit déjà, puis, pourpoint bas, nous voilà en garde. Il se mit tout d'abord à vouloir finasser ; mais moi, sans chercher à m'amuser à parer toutes ses feintes, je lui tendis tout uniment ma pointe droit à la gorge, roide comme un piquet ; cette manière de se battre, qui n'étoit pas dans ses principes d'escrime, le désorienta un peu ; finalement il m'atteignit au dessous du teton ; mais comme je le tenois toujours ferme à la gorge sans désemparer, il ne pouvoit pousser sans s'enferrer lui-même ; il se contint donc, et nos épées n'entrèrent que de quatre à cinq lignes ; alors, rengaînant aussitôt, il me dit qu'il étoit satisfait, et moi, qui l'étois pour le moins autant que lui, j'en fis autant en lui disant : « Autant que tu voudras ; ce n'est pas moi qui t'ai amené ici ». Nous nous rhabillâmes, puis, bras dessus bras dessous, nous revînmes au quartier nous panser réciproquement avec de l'eau et du sel. Cette querelle fut sue de nos camarades, qui ne m'en firent pas pour cela plus mauvais visage, au contraire. Voilà, mes enfants, comme les malheurs et les chagrins qui nous arrivent, et que nous mettons sur le compte de la Providence, proviennent presque toujours de l'intempérance de la langue.

X. — ESPIÈGLERIES, FOLIE AMOUREUSE, ETC.

Jusqu'ici, mes amis, je me suis traîné sur la trace de mes souvenirs ; mais en furetant dans les papiers de mon père (qui par parenthèse étoit le plus grand paperassier et chiffonnier de France), je viens de retrouver une trentaine de mes lettres ; elles datent justement du temps le moins présent à ma mémoire, celui de mes premières barbes. Vous demanderez peut-être pourquoi ce temps, plus près de moi, est celui dont je me ressouviens le moins ; à cela je vous répondrai que je n'en sais rien, à moins que l'on ne dise que le premier âge, comme une cire molle, reçoit et conserve plus longtemps les impressions que l'adolescence, dont les sensations, quoique très vives, se conservent moins longtemps par la raison qu'elles se succèdent avec trop de rapidité ; si ce n'est pas cela, prenez que je n'ai rien dit. Mais où en étois-je ? Ah ! chez nos bons Artésiens. Ces chers Artésiens, donc, avoient quelquefois un peu à souffrir de nos malices ; un jour entre autres, l'un d'eux s'avisa de vouloir faire bâtir une petite maison, sur un terrain à lui il est vrai, mais que nous nous étions approprié pour nos ébats ; or, quelque chose de singulier, c'est qu'en dépit de quatre vigoureux maçons qui y travailloient d'arrache-pied du matin au soir, les murs restoient toujours à même hauteur ; on crut d'abord que cette manœuvre venoit d'un esprit malin qui vouloit des prières ; à la fin on le guetta si bien qu'on le surprit sur le fait, en habit bleu, démolissant la nuit la besogne du jour et jetant les matériaux dans la rivière ; on condamna les élèves au paiement des dommages et intérêts; cette conjuration faite, la maison s'acheva sans difficulté.

Ce fut vers ce temps que je tombai amoureux, mais amoureux à en perdre le boire et le manger; ce fut une Angloise qui eut la gloire de me subjuguer. C'étoit une jeune femme jolie, douce, aimable, spirituelle, tout fraîchement débarquée à Bapaume. J'eus le bonheur de lui plaire, et de mon côté je l'aimai avec toute la franchise d'un jeune cœur qui se donne pour la première fois; elle s'en aperçut avant même que je m'expliquasse, tant il est vrai qu'une femme se persuade beaucoup mieux qu'elle est aimée par ce qu'elle devine que par ce qu'on peut lui dire. Elle s'offrit à m'apprendre l'anglois; moi, par représailles, je m'offris à la perfectionner dans le françois; mais à peine en étions-nous aux premiers éléments que son peste de mari vint à son tour lui apprendre son devoir et la contraignit de repasser avec lui en Angleterre. Je pleurai ma chère milady de bon cœur et j'en eus la fièvre plusieurs jours. Vous conviendrez, mes amis, que mes débuts dans ma carrière dramatique et amoureuse n'ont pas été fort heureux.

Pendant ces jolis passe-temps, l'examen approchoit; nous apprîmes que le grand algébriste Camus s'étoit soustrait de ce bas monde et que nous aurions en son lieu et place le sieur Bezout [1], autre académicien. Ce changement désorienta plusieurs de nos élèves qui comptoient toujours sur l'ancienne méthode; pour moi, qui y avois été attrapé une fois, je m'étois mis dans le cas de ne pas l'être une seconde. Ledit Bezout vint donc, me trouva instruit, et je revins à Senlis attendre mon sort. Enfin la gracieuse lettre arriva, accompagnée d'un brevet d'officier au régiment de Metz, du corps royal de l'Artillerie, et un ordre formel de me rendre incessamment à Auxonne [2]. Me voilà pour le coup un personnage. Mon trousseau réparé (lequel en avoit grand besoin), vingt-cinq louis dans ma poche, et, toujours sur ma bonne foi, j'allai arrêter à Paris une place au coche qui devoit me conduire au pays du bon vin.

---

[1] Étienne Bezout, mathématicien, né en 1730, membre de l'Académie des Sciences en 1758, mort en 1783. Le Musée Condé possède le portrait de son père, dessiné par Carmontelle en 1758.

[2] 3 décembre 1768.

En montant en voiture, je ne vis pour toute compagnie qu'une vieille femme et trois chiens galeux; heureusement, sur le point de partir, arriva le camarade Pelletier, qui avoit même destination que moi. A la dînée : « Que voulez-vous, Messieurs? » Nous répondîmes en jeunes gens : « Ce que vous avez de meilleur ». — « Bon, et vous, Madame? — Moi, je ne prends jamais rien à dîner. — Vous en souperez mieux ». A la couchée, même question, même réponse de nos parts et de celle de la dame. A la fin, cette sobriété de sa part nous devint suspecte; nous l'épiâmes, et la vîmes, retirée dans un coin, tirer de sa poche quelque chose de long et de noir, et ses trois petits roquets japper après; c'étoit une langue fourrée, dont elle mangea avec économie, elle et ses trois galeux, non sans force injures des garçons de l'auberge; car vous avez souventes fois, mes amis, entendu répéter que pauvreté n'étoit pas vice, mais, las! c'est bien pis vis-à-vis de certaines gens. Mais pourquoi, m'allez-vous dire, ayant à peine de quoi se sustenter, se chargeoit-elle encore de la nourriture de trois chiens? Ah! pourquoi? — Eh! Messieurs, répondit un mendiant à une semblable question, eh! Messieurs, mon chien est mon seul, mon unique ami dans ce monde, et qui voudroit m'aimer, si ce n'est lui? — Quoi qu'il en soit, ce spectacle nous toucha; la jeunesse est compatissante. Cependant nous ne lui dîmes rien ce soir-là, car, mes enfants, ce n'est pas assez de faire le bien, il faut encore savoir le faire; l'âme d'un honnête malheureux est si sensible, et à tel point susceptible, qu'il faut user de grands ménagements si vous ne voulez pas le mortifier, même en l'obligeant, et il y a des gens qui donnent de si mauvaise grâce qu'ils déchargent même ceux qu'ils soulagent de la reconnoissance. Mais je m'étonne, mes enfants, comme au sujet d'une langue j'ai exercé la mienne; il est temps d'arrêter ce débordement de morale, car je sais fort bien que le secret véritable d'ennuyer est celui de tout dire. Le lendemain, nous lui fîmes de si fortes instances pour l'engager à mêler ses repas, c'est-à-dire sa langue, avec les nôtres, qu'elle y consentit à la fin. Nous vîmes alors une tout autre femme; avant cela, elle se rencognoit dans un coin, ne parlant uniquement qu'à ses chiens; mais dès qu'elle s'aperçut avec quelles gens elle avoit affaire, elle nous dédommagea amplement de son silence par la tournure agréable de son esprit, dont elle étoit bien mieux munie que d'argent et dont elle paya son écot jusqu'à Auxonne qu'elle nous quitta. Voilà, mes amis, comme il ne faut jamais mépriser personne, et tel à qui nous ne daignons pas faire attention mérite souvent toute notre estime.

XI. — C'EST BIEN FAIT.

Je ne vous dirai rien d'Auxonne, si ce n'est que je m'y ennuyai beaucoup, par la raison qu'on s'ennuye et se déplaît partout quand on ne veut et on ne sait pas s'occuper, et que de plus j'y remboursai dans l'estomac un merveilleux coup de fer à repasser lancé par une main femelle, et voici comment. Dans ce temps là vivoit à Auxonne une jeune créature jolie et blanchisseuse de son métier; comme elle avoit du jargon, c'étoit le rendez-vous de tous nos désœuvrés; son principal tenant étoit un nommé Monfort, et elle disoit fort plaisamment que Monfort étoit son foible. Un jour donc qu'elle étoit en tendre conversation avec lui, j'arrivai, apparemment mal à propos, car du plus loin qu'elle m'aperçut elle se mit à crier : « Ah! voici encore un de nos roquets. — Cela n'est pas étonnant, lui repartis-je sur le champ; partout où il y a une chienne chaude, on voit les roquets après ». Ces mots à peine lâchés, paf! je me sentis atteint d'un *mea culpa* le mieux conditionné.

D'Auxonne, nous fûmes à La Fère; comme c'est un endroit de peu de chose par lui-même, la crainte de m'y ennuyer et de m'y faire *repasser* comme à Auxonne fit que je m'y traçai un plan d'occupations; la musique, le dessin, l'anglois, quelques méchants vers de quatorze pieds et de la prose à perte de vue, puis mon métier et la société des femmes honnêtes, ou plutôt des honnêtes femmes, tout cela fit couler bien rapidement six années que j'y demeurai. Pour n'être plus tenté, je fréquentois rarement les cafés, malgré les railleries de nos étourdis, qui, pour leur propre justification, tentèrent de mille manières de m'entraîner dans le même précipice qu'eux. Je résistai à tout; je me rappelois, pour me fortifier, la confiance que mes parents avoient en moi; aussi je puis dire que je ne leur ai jamais fait payer ce qui s'appelle la moindre sottise; je me piquai d'honneur, et je crois que je serois devenu fou de chagrin si j'avois reçu d'eux une lettre pareille à celle qu'un de mes camarades reçut dans ce temps de son père; elle me fit alors tant d'impression que je l'ai retenue; la voici. Celui à qui elle étoit adressée étoit un de ces joueurs incorrigibles, lequel, après avoir perdu tout le bien qui lui revenoit de sa mère et épuisé son père à force de lui soutirer de l'argent, en reçut à la fin cette foudroyante missive : « Monsieur, voici le reste de votre légitime, et après cela je n'ai plus que des coups de bâton et ma malédiction à vous envoyer ». Ce malheureux fut contraint, quelque temps après, de quitter le corps, et je ne sais ce qu'il est devenu. Cet exemple et mille autres que je pourrois vous citer m'affermirent dans mes bons principes, si bien que l'on ne m'appeloit plus que le petit philosophe.

XII. — MALICE, COUP DE LANGUE, RÉPARTIES.

Je m'étois formé une petite bibliothèque où nous nous rassemblions cinq ou six camarades qui avions les mêmes goûts; on plaisanta beaucoup d'abord sur notre naissante académie; à la fin on finit par s'y accoutumer, et même à avoir pour ses membres une sorte de considération; si bien qu'un jour notre colonel, brave homme d'ailleurs, mais tout rond, s'étant donné une indigestion qui ne lui permit pas de sortir, m'envoya prier de lui prêter quelques *drôleries* pour se désennuyer; j'eus la malice de lui envoyer les *Nuits* de Young[1]. J'allai le voir ensuite, et sitôt qu'il me vit : « Ah! bon! me dit-il; peste soit de vous; tenez, reprenez cela bien vite; je ne sais, mais ce diable de livre m'a fait penser ».

[1] Edward Young, poète anglais, mourut en 1765. Ses *Nuits*, éditées en 1742, furent connues en France par la traduction de Letourneur, publiée à Paris en 1769.

Il faut, mes amis, que je vous compte encore un de mes coups de langue qui manqua me faire rembourser encore un bon coup d'épée. Un jour à l'assemblée, une demoiselle assez ennuyée de l'être, laide et méchante par dessus le marché, et parente d'un de nos camarades, s'amusoit à essayer nos chapeaux uniformes pour voir celui qui lui siéroit le moins mal; j'avançai aussi le mien, mais apparemment que je lui déplaisois, et je ne sais pourquoi, car je ne lui avois jamais fait ni rien dit que d'honnête, si ce n'est que les raisons que l'on a de haïr quelqu'un sont d'autant plus fortes qu'elles sont injustes; quoi qu'il en soit, elle menaça de jeter mon chapeau par la fenêtre; piqué de cet affront, je lui dis : « Ah! Mademoiselle, vous devriez bien mieux ménager les chapeaux que cela, car enfin vous n'en avez pas à jeter par les fenêtres ». La colère naît de l'orgueil humilié; elle lança sur moi et sur son cousin un regard furieux; en sortant, ledit cousin m'accosta; mais comme on s'étoit douté de la suite de l'aventure, nos camarades nous séparèrent et tout fut dit.

Le comte d'Artois vint vers ce temps nous voir à La Fère; nous lui donnâmes le simulacre d'un siège où nous brûlâmes bien de la poudre; il étoit transporté; dans l'excès de sa joie, il nous dit : « Que vous êtes heureux, vous autres, de voir cela tous les jours! — On voit bien, Monseigneur, lui dis-je, qu'on ne vous fait pas lever tous les jours à quatre heures du matin pour vous donner ce plaisir ». Pour toute réponse, il me prit par la main en riant de tout son cœur.

Je fus envoyé ensuite recevoir la Dauphine à Soissons [1]; je la vis tout à mon aise à ses repas; elle promettoit alors ce qu'elle a tenu depuis, c'est-à-dire d'être une superbe femme. Je remarquai toutes les mines et grimaces qu'elle fit malicieusement pour dérouter un pauvre diable de peintre dont elle s'aperçut qu'elle étoit observée.

---

[1] 13-14 mai 1770.

XIII. — GUERRE DE FARINES.

Une nuit que j'étois enseveli dans les bras de Morphée, autrement que je dormois de tout mon cœur, je me sens réveillé en sursaut par des coups redoublés à ma porte, puis : « Debout, mon officier, aux armes, il faut partir. — Quoi ? comment ? où ? — On vous le dira ». Je saute à bas du lit, je m'arme à la hâte, et j'arrive sur la place d'armes ; là, j'apprends que, sans tarder d'une minute, la compagnie a ordre de se rendre à Chauny pour apaiser (sans coup férir autant que faire se pourra) une révolte considérable excitée par la disette du blé. Nous fîmes si grande diligence que nous arrivâmes à la petite pointe du jour. Cependant le marché étoit déjà assiégé de plus de quatre mille mutins, tant hommes que femmes, bateliers et autres gens de sac et de corde ; aussitôt nous chargeons nos armes en grand appareil, puis nous entourons toute cette multitude, en observant le plus profond silence. Cette manœuvre leur en imposa d'abord ; mais la pelote grossissant à vue d'œil, elle devenoit de plus en plus insolente, quand une femme, tout en tricotant son bas, arrive aussi. « Eh ! parle donc, ma commère, que viens-tu faire ici ? » lui dit sa voisine. — « Eh ! parguenne ! ne le vois-tu pas ben ? J'nous révoltons itou, j'nous révoltons ». Ces mots, l'air, le ton et le costume de celle qui les proféroit, nous parurent si plaisants que nous voilà partis tous d'un grand éclat de rire ; ce rire se communiqua tellement de proche en proche qu'il devint bientôt général. Nous profitâmes de ce moment de belle humeur pour les engager à rentrer tranquillement chez soi, ce qu'ils firent, de façon qu'il ne resta bientôt plus que nous sur la place. Voilà comme souvent un mot, un seul geste (dû souvent au hasard), apaise et calme les flots d'une multitude furieuse ; comme aussi il ne faut très souvent qu'un rien pour la soulever. Nous restâmes près d'un mois à Chauny, mangeant du pain détestable à la vérité, mais du reste assez tranquillement [1].

---

[1] Mai 1775.

XIV. — DE MAL EN PIS.

Quelque temps après cette guerre de farines, le régiment quitta La Fère...... Mais je m'admire, mes amis, de vous supposer le courage et la patience de lire toutes ces balivernes ; au surplus, si je me suis amusé à les écrire, cela ne vous impose pas la nécessité de les lire; non, à votre aise; cela ne m'empêchera pas d'aller toujours mon train.

Douai est une grande villace, puante, de 30 000 âmes au plus, et de taille à en comporter 80.000; la quantité de clochers, de collèges, de monastères contribue vraisemblablement à son peu de population, de façon que l'herbe croît dans certains quartiers comme en plein champ. On n'y brûle que de la houille ou charbon de terre. Comme le vin est très cher, on n'y boit que de la vilaine bière épaisse, hors les bourgeois aisés toutefois, qui font exception par tous pays.

Vers la fin de ma seconde année dans cette charmante ville, un beau jour que je m'amusois à faire une projection d'ombre et de perspective sur le papier, je sentis ma tête tout-à-coup s'appesantir et tomber sur mon ouvrage; n'y voyant presque plus, je m'enfermai à double tour et me couchai. Je passai toute la nuit entre le feu et la glace. Le lendemain matin, ma chambrière accoutumée vint frapper à ma porte ; je l'envoyai promener; à midi, elle revint; même réception. A la fin, mon bon ami Béatrix, inquiet de ne pas me voir, se présenta, et sur mon refus de lui ouvrir la porte, fut bientôt en dedans. Il me vit alors avec une fièvre de cheval, et couvert de boutons de la tête aux pieds. Aussitôt chirurgien, médecin, apothicaire me tâtent et m'environnent; finalement, au bout de vingt-quatre heures, je fus dûment atteint et convaincu d'une petite vérole maligne et confluente. Comme durant cette chienne de maladie je n'eus que quelques moments lucides, j'ignore absolument ce que l'on fit de moi. Tout ce dont je me souviens, c'est qu'une belle nuit il me prit un si grand désir d'aller embrasser mes parents que je sautai à bas du lit; j'avois déjà une botte de passée à cru, quand par bonheur un grand diable de canonnier de cinq pieds dix pouces, qui me gardoit, me prit à bras le corps et me garrotta si bien dans mon lit que force me fut d'y rester. Je fus ce qu'on appelle à deux doigts de la mort, et l'on m'a dit depuis qu'un bon sujet n'en seroit pas revenu; me voilà pourtant, mais avec une tête grosse comme un ballon, encroûtée d'un mastic de six lignes d'épaisseur, et le corps moucheté comme un thica-chat [1].

XV. — LES PETITS PRÉSENTS ENTRETIENNENT L'AMITIÉ.

Ah! mes bons amis, la vilaine maladie que la petite vérole! Je ne conçois pas comment on ne vous abandonne pas dans cet état comme le bouc dans le désert; mais l'argent! Oh! argent, mobile du monde, quel pouvoir n'as-tu pas sur les humains! J'ai éprouvé au reste que l'amitié a bien autant de puissance sur les bons cœurs, témoin ce fidèle Béatrix qui ne quitta point le chevet de mon lit et qu'en reconnoissance j'inoculai, mais d'une manière si bénigne qu'il vint m'en remercier que j'étois encore sur le lit de douleur.

Quand il fut question de m'enlever ce masque hideux que j'avois sur la figure, lorsque l'on en vint à l'entour du nez je sentis mes narines se détacher; je saisis prestement la main de mon opérateur, et tout cela se recolla comme le nez de saint Georges.

Ma quarantaine n'étoit pas achevée, et je me soutenois encore avec peine sur mes jambes, quand Sa Majesté, convaincue que le grand air et l'exercice hâteroient ma convalescence, eut la bonté de me faire proposer un petit voyage de deux mille lieues. Un paquet arrive de la cour, on s'assemble, on lit ce qui suit : « De par le Roi (chapeau bas). Attendu le bien de son service,

[1] Mars 1777.

Sa Majesté juge à propos, pour la sûreté de ses colonies d'Amérique, d'y envoyer le second bataillon de son régiment de Metz. En conséquence, il est enjoint au susdit bataillon d'être rendu le 17 septembre 1777 à Saint-Malo, et de là se mettre en mer au premier vent favorable. Dieu l'ait en sa sainte garde ».

Je n'eus rien de plus pressé que de faire part à mes parents [1] de cette singulière attention de Sa Majesté pour moi ; ils y furent si sensibles, que sur le champ ils m'envoyèrent une lettre de change de deux mille francs ; elle ne resta pas longtemps en mes mains ; j'avois si peur que le vent ne l'envolât que je l'échangeai sur le champ contre ces petites roulettes d'or qui font rouler tout le monde. C'étoit un spectacle curieux de voir tous nos bleuets trotter à leurs affaires ; les plus intimes se coudoyoient sans seulement s'apercevoir.

Je vous dirois bien en confidence, mes amis, qu'il n'auroit tenu qu'à moi de me dispenser du voyage, attendu l'état de langueur où je me trouvois alors ; mon colonel vint même un jour m'en faire la proposition ; un nommé De Rosint vint aussi me supplier à mains jointes de le laisser passer à ma place, afin, disoit-il, de donner un pied de nez à ses créanciers ; bref, on me conseilloit de tous côtés de toper à la proposition. Mais je tins ferme ; mon cœur me dit que ce n'étoit pas bien, et croyez, mes amis, qu'il ne vous trompera jamais quand vous l'interrogerez de bonne foi ; je n'aurois pas voulu passer pour un autre, mais un royaume ne m'auroit pas fait consentir non plus à ce qu'un autre s'exposât pour moi ; et bien je fis, car tel qui me conseilloit cette faiblesse auroit été le premier à m'en blâmer si j'y eusse succombé. Tel est l'homme, tel il a été, tel il sera jusqu'à la fin des siècles. Amen.

[1] 2 août 1777.

XVI. — DÉPART, MARCHE, CONTRE-MARCHE.

Me voilà, mes amis, trottant tantôt haut, tantôt bas, à pied, à cheval, au soleil, à la pluie, comme un vrai chevalier errant. Nous partîmes de Douai le 20 août 1777, par la fraîcheur de M. de Vendôme, qui étoit si excessive que cinq de nos canonniers tombèrent d'épuisement; c'étoit assez mal débuter, mais la première marche est toujours la plus pénible, et depuis nous n'eûmes pas un traînard. Arrivés à Arras, c'étoit à qui nous donneroit à dîner; après quoi, j'allai visiter la bibliothèque des Bénédictins, qui mérite l'attention d'un voyageur, tant par la beauté du vaisseau que par la belle collection de livres et de manuscrits qu'elle recèle. Le soir, il y eut redoute, composée de toutes les jolies femmes de la ville ou qui se croyoient telles, mais je me contentai du coup d'œil.

A Amiens, nous fûmes très bien régalés par messieurs les officiers des Gardes du corps. Cette ville renferme un peuple nombreux et actif; les manufactures, les églises, les promenades, la rendent recommandable; le sang est beau, chaque boutique vous offre un joli minois dont on n'a pas peu de peine à sauver son cœur et sa bourse. Là, j'obtins la permission de devancer le bataillon jusqu'à Rouen; je m'emballai donc, moi quatrième, dans un fiacre, qui nous cahota jusqu'à cette capitale de la Normandie.

Comme c'étoit là que nous étions décidés à faire nos emplettes, le lendemain de grand matin nous nous mîmes à courir toutes les boutiques, marchandant comme des gens ayant affaire à des Normands. Dégagés de ce soin, nous allâmes, les mains dans les poches, visiter les beautés de la ville. D'abord nous nous rendîmes à la place aux Veaux faire amende honorable à la statue de Jeanne la pucelle, qu'on y brûla si vilainement. De là, nous grimpâmes à la fameuse tour au Beurre, qui renferme cette énorme cloche dont Georges d'Amboise fit présent à son église, l'an 1501 du règne de Louis XII; on y lit tout autour :

Je suis nommée Georges d'Amboise,
Qui bien trente-six mille poise,
Et cil qui bien me poisera
Quarante mille y trouvera.

Nous admirâmes le tombeau de ce fameux cardinal, qui tient son cœur dans sa main, et qui dépensa si sottement son argent.

La ville est fort mal bâtie ; les maisons sont presque toutes en bois, les rues très étroites, mais très riches et très commerçantes. Le port renfermoit alors environ deux cents voiles ; nous montâmes à bord d'un hollandois ; l'odeur du goudron, la malpropreté, me donnèrent un avant-goût de ce qui m'attendoit.

Je vis-là pour la première fois des Cauchoises. Ah ! les dangereuses créatures ! Leur habillement, leur coiffure, leur taille et leur petit jargon, tout cela les rend séduisantes au possible.

Ah ! mes amis, Dieu vous garde de Bourg-Achard ! C'est bien le plus vilain endroit, le plus vilain peuple que le soleil éclaire. Votre père y fut logé sous le chaume, dans un galetas exposé aux quatre vents ; je me jetai tout habillé sur un méchant grabat où je fus dévoré tout vif par les puces, les punaises, etc.. Dieu vous garde de Bourg-Achard ! A dîner : « Qu'avez-vous ? — Tout et rien ». Enfin on apporta six poulets tout en vie ; aussitôt, sans les plumer, crac... une cuisse, crac... une aile ; bref, notre cruelle hôtesse vous les écartela tout vifs ; ces malheureux faisoient des cris si lamentables à chaque membre qu'elle leur enlevoit que nous nous enfuyâmes bravement, laissant ce bourreau femelle consommer toute seule son sanglant sacrifice. Et le vin ! ah ! quel vin ! Encore une fois, mes amis, Dieu vous garde de Bourg-Achard ! [1].

XVII. — LE DIABLE N'EST PAS TOUJOURS A MA PORTE.

Nous cheminâmes ensuite dans un pays montagneux jusqu'à

[1] Bourg-Achard (Eure), à 23 kilom. de Pont-Audemer.

Pont-Audemer, à trois lieues de l'océan. Cette ville est peu de chose, mais sa position est charmante ; elle est située dans un bassin entouré de hautes et vertes collines, des points de vue admirables, des sources d'eau vive à chaque pas, des ombrages frais et délicieux ; je me crus être avec l'ami Saint-Preux et sa douce Julie sur les rochers de Meillerie. Je fus logé chez un honnête marchand, qui voulut à toute force me faire accepter son dîner ; il me présenta sa femme, qui n'étoit pas encore tant déchirée ; elle étoit escortée de deux grands brins de filles bien bâties ; j'embrassai tout cela sans cérémonie. La plus jeune me donna son lit et alla, bien malgré moi, partager celui de sa sœur. Le lendemain, deux petites mains blanches me présentèrent le vin de l'étrier, que j'acceptai pour ne pas chagriner ce bon homme de père, qui pleuroit presque de ce que je le refusois toujours.

Eh ! patati, patata, je me voilà à Lisieux, en pleine et haute Normandie, chez de bonnes gens qui ont toutes les attentions imaginables pour « monsieur l'officier ».

Mon intention étoit bien de suivre jusqu'à Saint-Malo la marche lente du bataillon, mais une occasion peu chère s'étant présentée, je la saisis et m'épargnai par là bien des mauvais gîtes; enfermé, moi quatrième, dans une bonne voiture, je quittai Lisieux à cinq heures du matin, et à deux heures précises nous fîmes notre entrée triomphale dans la belle ville de Caen, grande, bien bâtie, et peuplée d'une nombreuse noblesse ; nous y fûmes très bien régalés et à juste prix.

Le lendemain, nous eûmes une marche passablement cahotante pour gagner la Bretagne. A cinq lieues d'Avranches, nous nous perdîmes tout-à-fait ; il étoit nuit, point de lune ; jusque là notre cocher avoit suivi les traces fraîches d'une voiture de poste venant de Saint-Malo ; finalement, après bien des questions et des détours, nous arrivâmes à Avranches, petite ville superbement située. Le lendemain, du haut de la tour de l'évêché, nous découvrîmes avec respect le mont Saint-Michel, planté majestueusement au milieu de la mer. Je ne pouvois me rassasier de ce spectacle. Quelle immensité d'eau ! L'œil ne sait sur quoi se reposer. L'océan étoit calme et tranquille ; le soleil se levoit majestueusement et coloroit de ses rayons les nuages réfléchis dans les flots. Quelle magnificence ! Quoi de plus grand ! Je me sentois transporté ; la terre sembloit fuir sous mes pieds. Mes idées s'élèvent, s'agrandissent, et se portent vers l'auteur de toutes ces merveilles. Nous aperçûmes au bord d'un horizon immense des petits points noirs, qu'on nous assura être de très gros vaisseaux ; que l'homme est hardi et ingénieux !

Mais revenons sur la terre. Nous traversâmes ensuite bien des petits endroits que l'on décore du nom de ville ; de ce nombre est Villedieu [1]. Il fallut, pour y arriver, descendre un bon demi-quart de lieue dans une gorge creuse et bordée de précipices ; c'est à coup sûr une des entrées du sombre Averne ; à mesure que nous avancions, nous entendions un tintamarre épouvantable ; une atmosphère sulfureuse et de cuivre enveloppe ce triste séjour ; l'air en est infecté. Nous ne vîmes là que des figures hâves et livides, et partout l'image de la plus affreuse misère. Au fait, c'est le rendez-vous de tous les chaudronniers du royaume ; on y fait un gros commerce en ustensiles de cuivre ; mais les habitants n'en sont pas plus riches ; ce ne sont que des bras que font mouvoir, pour un gain modique, cinq à six têtes qui s'engraissent des sueurs de ces malheureux. Il faut croire qu'il ne passe pas souvent d'honnêtes gens par là, car à notre arrivée tous les marteaux furent suspendus, et tous ces cyclopes nous saluoient d'une manière si humble et si rampante que cela fait honte à l'humanité. Nous quittâmes au plus vite cet enfer anticipé, et nous ne prîmes bien notre respiration qu'à Dol, toujours crachant le cuivre à pleine bouche.

Dol est encore une petite ville ; l'évêché y est à proportion ; mais du moins on y respire librement ; au milieu de la place est plantée toute l'année une potence et son échelle pour la commodité des amateurs. Me voilà enfin côtoyant le vaste élément, respirant un air frais et sentant l'huître ; je voyois sur la grève des monceaux de coquillages ; j'aurois voulu descendre en remplir mes poches et la voiture avec, mais mes camarades avoient hâte de se coucher de bonne heure. Bonne nuit donc aussi, mes amis ; à demain.

---

[1] Villedieu-les-Poëles (Manche), à 20 kilom. d'Avranches. Il y a encore aujourd'hui des fabriques de chaudronnerie.

XVIII. — REPOS. EMBARQUEMENT.

Figurez-vous, mes amis, un vaisseau à l'ancre, et vous aurez à peu près une idée de la grandeur et de la figure de Saint-Malo. Cette ville est bâtie sur une langue de terre fort avant dans la mer; le port est vaste, mais de très difficile accès par la quantité de roches à fleur d'eau dont il est parsemé. Elle fut bombardée cinq à six fois par les Anglois dans les dernières guerres, et ce fut pour la ruiner entièrement qu'ils y amenèrent cette fameuse machine dite infernale qui lui fit heureusement plus de peur que de mal. Les Malouins passoient jadis pour les plus fameux pirates de l'océan, mais le commerce y est bien déchu à présent; à peine voit-on dans le port 30 à 40 voiles, quelques-unes destinées à la traite des nègres. Cette ville est entourée de hautes murailles bastionnées, en pierres de taille et fondées sur le roc vif, et élevées aux frais des habitants. L'intérieur de la ville ne consiste qu'en des maisons de bois et de plâtre; les rues y sont tellement étroites qu'on se donne la main d'une fenêtre à l'autre; ils n'ont que de l'eau de citerne. Au total, Saint-Malo est un triste séjour; aussi la plupart de ses habitants aisés ont-ils, dans un faubourg nommé Saint-Servan, des maisons de campagne pour aller respirer l'air qu'on se dispute à la ville. Le Roi entretient un lieutenant dans la citadelle, bâtie par je ne sais quelle duchesse de Bretagne; elle est composée de quatre tours, deux grandes et deux basses, avec une espèce de flèche en avant, ce qui lui donne assez la figure d'une voiture munie de ses quatre roues et de son timon. N'ayant rien à faire, j'allai visiter un fort à deux lieues en mer afin de tâter un peu d'elle, et j'en revins avec un appétit à manger des pierres.

Les vaisseaux qui devoient nous emporter au diable au vert [1] furent retenus quinze jours à Paimbeuf par des vents contraires.

---

[1] Corruption de « diable-vauvert ».

Le Rôi peut bien à volonté faire mouvoir 800 marionnettes bleues, mais sa puissance échoue contre les vents; il auroit beau vouloir leur commander : vents, soufflez nord-est, il n'en sera que ce qu'il plaira à la Providence; petite réflexion qui a quelque chose de consolant pour des subalternes. Enfin le *Huron*, la *Valeur*, le *Lusignan*, le *Monsieur* et le *Précigny*, escortés par la frégate dite la *Dédaigneuse*, arrivent dans ce port. Le sort me rencogna dans le *Précigny*. Avez-vous jamais vu, mes enfants, dans des cabinets d'histoire naturelle, un grand bêta de crocodile pendu au plafond ? Eh bien, me voilà précisément; un hamac suspendu par les deux bouts à un pied des solives me servit de couche.

En allant porter mes effets à bord, dans une chaloupe grande comme la main, il survint tout-à-coup un gros grain et un coup de vent si violent qu'il ne s'en fallut pas de l'épaisseur d'une ligne que nous ne fissions capot; le matelot qui nous conduisoit devint pâle comme la mort; sans perdre tête, je me décidai sur le champ à lui sauter au corps; comme ces gens-là nagent comme des poissons, il m'auroit sûrement tiré d'affaire. Nous en fûmes quittes heureusement pour la peur, et la peine de vider avec nos chapeaux l'eau qui étoit entrée dans la barque et qui nous submergeoit. Et où en seriez-vous, mes amis, si j'avois été mangé par les poissons ?

XIX. — TRAVERSÉE.

Ah ! mes enfants, que le monde est grand, et qu'un vaisseau est petit ! Il faut avoir fait, comme moi, une traversée de soixante et huit jours pour avoir une idée de ces deux extrêmes. Je vais vous présenter un tableau bien vaste; jetez les yeux dessus, et, sans vous fatiguer beaucoup, à l'aide d'une carte, sans danger, sans maux de cœur, il vous sera facile de me suivre sur le vaste océan. Vous vous attendez sans doute à la description de quelque merveilleuse et poétique tempête; vous me tendez déjà la planche secourable; rien de tout cela.

Mais en revanche je vous offre de la franchise et de la bonne foi, chose bien plus rare qu'une tempête dans un journal d'outre-mer. Pourtant est-il vrai de dire que c'est une belle chose que les voyages quand on est revenu.

Ce fut le 7 octobre 1777, à cinq heures du soir, que l'embarquement se fit; arrivés sur la plage, on nous fit défiler un à un comme des moutons, et, bien dûment comptés, chacun s'embarqua à son rang. Plusieurs femmes de la société, curieuses de voir la mine de gens qui s'embarquent, bordoient le rivage; je causois avec elles en attendant mon tour; au milieu d'une période, je m'entends nommer; adieu la France, adieu les amours; je m'élance dans le vaisseau, et déjà je ne tiens plus à la terre.

A présent, mes amis, figurez-vous un espace de 72 pieds de long sur 30 pieds de large, embarrassé de cordages, de mâts, cages à poulets, barriques, de voiles, à l'infini; placez dans cet intervalle 350 hommes, et jugez s'ils doivent être bien à leur aise. Je me glissai comme je pus, non sans bosses à la tête, dans mon engin branlant; la fatigue du jour, le roulis du vaisseau, excitèrent si bien le sommeil que je n'eus pas le temps de faire de longues réflexions. Mais au milieu d'un rêve agréable, ne voilà-t-il pas qu'un violent tangage détache du plafond mon hamac du côté de la tête, et patratas, me voilà culbuté sur la table à manger, qui heureusement se trouvoit dessous..... Eh oui! il y a bien de quoi rire . .. Je me démenai de mon mieux à travers les plats et les assiettes, et j'allai achever mon somme sur une cage à poulets, enveloppé dans mon manteau.

Nous avions pour capitaine de bord un Malouin rustaud; cet homme avoit passé toute sa jeunesse sur le banc de Terre-Neuve; c'étoit un de ces caractères indécrottables qui semblent avoir étudié l'art de contredire, et qui vous réduisent à la nécessité de leur céder toujours ou de les assommer; c'étoit un vrai Jack Rosbif; quelle délicatesse de procédés pouvions-nous attendre d'un pareil être? Cet animal, enfin, s'appeloit Jean Coquelet. Il nous traita si mal que nous fûmes obligés de nous en plaindre au capitaine de la frégate, qui le punit comme il le méritoit.

Le 9 à dix heures du matin, il vint de la partie d'est un joli vent frais ; aussitôt la frégate tira un coup de canon, hissa flamme blanche à la vergue du grand mât ; à ce signal, nous appareillâmes avec célérité ; déjà les voiles s'enflent, les cordages se tendent, et, les ancres désaffourchées, la flotte se met en marche dans l'ordre suivant : la frégate en tête, commandée par le chevalier de Keroulas ; derrière elle, la *Valeur*, le *Huron* à même hauteur, puis le *Précigny*, le *Lusignan*, et le *Monsieur* fermoit la marche. Il faut ici faire route avec baucoup de précaution, sans quoi on courroit le risque de se briser à chaque instant sur des roches à fleur d'eau qui forment ce qui s'appelle le raz de Saint-Malo ; chemin faisant, nous rasâmes d'assez près le mât d'un navire échoué depuis peu (avis aux passagers). Le vent tint toujours bon frais, et nous filions six nœuds, c'est-à-dire que nous faisions deux lieues à l'heure.

La mer est grosse et très orageuse dans la Manche, et c'est là aussi que l'on commence à se douloir. La puanteur du vaisseau, l'odeur du goudron, le ballottement du navire, le frais de la mer, tout cela fit sur les passagers un effet presque général. Ce mal commence par un violent mal de tête, puis une pesanteur d'estomac, le cœur s'affadit, on fait de violents efforts, et l'on finit par donner à manger aux poissons : cela s'appelle renarder ; il y en a qui renardent jusqu'au sang. De vingt-six officiers que nous étions, il n'y eut qu'un porte-drapeau et moi qui ne se ressentirent pas de la contagion générale ; la petite vérole m'avoit fait un corps tout neuf ; je n'eus pas le plus léger étourdissement ; j'avois l'air enfin d'un marin consommé ; je me promenois gravement à travers ces tas de mourants, tenant la tête à l'un, présentant un flacon à l'autre, etc.. Ce mal dure huit, quinze jours, suivant le tempérament, et il y en eut qui n'eurent pas un instant de relâche toute la traversée.

XX. — RENCONTRE.

Nous employâmes plusieurs jours à démancher [1] ; le jour,

[1] *Démancher*, terme de marine. Sortir de la Manche ou d'un bras de mer quelconque (Littré).

forçant de voiles; la nuit, crainte de surprise, la frégate faisoit le signal du ralliement et nous rassembloit autour d'elle ; nous rangeâmes ainsi successivement les côtes de Bretagne et d'Espagne. A peu près à cette hauteur, on aperçut un bâtiment vers le coucher du soleil; la frégate fait aussitôt force voiles dessus et l'atteint en moins de rien, quoique ce navire fît tous ses efforts pour lui échapper. A portée de la voix, on lui cria : « Qui êtes-vous ? d'où venez-vous ? où allez-vous? — English, of Madera, for London. — Bon voyage; allez ». Et il ne se le fit pas dire deux fois; il mouroit de peur que nous ne fussions des Insurgens.

Les 18 et 19, nous étions à hauteur du Portugal, les Açores à tribord. Le 20, un coup de canon tiré à bord du *Huron*, et une flamme rouge à la vergue d'artimon, indiquèrent ou que ce navire étoit en détresse, ou qu'il étoit mort quelqu'un à son bord; on le héla; il nous apprit que c'étoit son cuisinier qu'il venoit de jeter à la mer. Ce fut le seul homme que nous perdîmes pendant toute la traversée. Nous chantâmes un *de profundis* à sa mémoire; car il est bon que vous sachiez, mes enfants, que l'on ne navigue pas comme des païens; tous les dimanches et fêtes, la frégate tiroit un coup de canon et mettoit flamme rouge à la grande vergue; aussitôt, tête nue, on dirigeoit ses yeux et son intention sur elle, où l'on disoit la messe; outre cela, sur chaque bâtiment, nous avions, soir et matin, la prière chantée en faux-bourdon par un maître canonnier, avec un *Vive le Roi* et nous autres à la fin.

J'ai oublié de vous dire qu'à la hauteur des Sept-Iles nous essuyâmes un calme plat qui nous retint vingt-quatre heures en panne; la frégate en profita pour nous donner ses ordres; elle tira un coup de canon et arbora une flamme blanche; chaque navire envoya à son bord, et reçut une lettre de la commandante [1] à ouvrir dans le cas d'une séparation absolue.

Le 23, le vent redoubla avec violence; nous filâmes ce jour-là constamment huit nœuds, c'est-à-dire que nous fîmes soixante et quatre lieues. Le 24, au soleil couchant, nous essuyâmes un violent coup de vent; nous fûmes obligés de larguer toutes les

---

[1] Ce mot vise la fonction, et non la personne. Les Allemands ont conservé l'équivalence de ce mot : *Kommandantur.*

voiles, d'enrayer la roue du gouvernail, et de nous abandonner à la Providence. Le 25, le temps devint plus calme, la mer moins houleuse, et nous vîmes des milliers de poissons volants.

XXI. — L'ILE DE MADÈRE.

Je commençois déjà à m'ennuyer beaucoup de ne voir que le ciel et l'eau; enfin, le 26 au lever de l'aurore, un mousse de sentinelle à la grande hune cria : terre, terre... Je courus bien vite à ma lunette, et j'aperçus au bord de l'horizon comme un espèce de nuage; enfin, à midi, nous découvrîmes distinctement Porto-Santo; le soir, nous eûmes connoissance de l'île de Madère. Le 27 au soir, une partie du convoi donna dans le détroit; le 28 au matin, le *Précigny* tint la même route, et la *Valeur* resta au nord-ouest.

La nuit du 28 au 29, nous eûmes calme plat devant Funchal; les courants nous y portèrent à la distance d'une demi-lieue, et le *Huron*, qui eut la malhonnêteté de nous passer au-dessus du vent, manqua de donner du nez en terre. Funchal, capitale de l'île de Madère, est située dans un superbe bassin et paroît bien bâtie; nous distinguâmes dans ce port plusieurs voiles de différentes nations; deux bons forts défendent l'entrée de la rade.

Le 29, le vent souffla nord-ouest; on tint le vent toute la journée pour donner à la *Valeur* la faculté de nous rejoindre, mais inutilement, ce qui nous causa beaucoup d'inquiétudes.

La nuit du 31 au 1er novembre, nous rencontrâmes les vents alisés. La chaleur commençoit à se faire sentir; nous approchions du Tropique. Enfin, le 12, nous nous trouvâmes dessous; on nous régénéra avec pompe : il est inutile de vous ennuyer dû récit de cette farce dégoûtante. Le 22, nous eûmes connoissance des îles Barbades, Sainte-Lucie; enfin, le 23 au matin, nous vîmes une quantité prodigieuse d'oiseaux, et bientôt après la Martinique. Après avoir couru plusieurs bordées, nous mouillâmes enfin dans la rade du Fort Royal. Aussitôt un tas de pirogues remplies d'hommes noirs nous entourèrent ; ils nous apportoient des oranges, des patates, des bananes, avocates, goyaves et autres fruits du pays ; je goûtai avidemment de tous, mais je leur trouvai à tous un goût sucré médicinal qui me déplut.

XXII. — A TERRE, A TERRE.

A deux heures, on nous permit de descendre à terre ; jugez, mes amis, quel délice, quelle joie ce devoit être ! Imaginez ce que c'est que d'avoir été près de deux mois enfermés comme des chapons dans une épinette, et de se voir, de se sentir tout-à-coup libres et au large. Nous faisions des bonds sur l'herbe, nous courions çà et là comme des gens ivres ; il faisoit une chaleur épouvantable, l'eau nous dégouttoit de toutes parts, mais nous ne sentions rien. Quant à moi, tout en partageant l'ivresse de mes camarades, j'ouvrois de grands yeux stupides, je saisissois avidement fleurs, fruits, herbes ; on m'en fit même jeter qui étoient du poison ; enfin j'aurois voulu engloutir toute l'île. Nous étions entourés de gens de toutes les couleurs, que nous divertissions à nos dépens. Comme on cherche naturellement quelque rapport entre les choses que l'on voit pour la première fois et celles qui vous sont familières, je donnois des noms à tout ce que je voyois, et, pour peu que j'y visse quelque ressemblance soit pour le goût, la forme ou la couleur, je vous le baptisois sur le champ à la françoise.

Le Fort Royal n'est pas très étendu ; les maisons ressemblent assez à des cafés ; elles sont entremêlées de citronniers, de figuiers et autres arbres ; le tout présente au premier aspect le boulevard du Temple. Nous nous rendîmes chez le commandant, que nous trouvâmes à table ; il nous reçut avec toute la morgue et la gravité d'un vice-roi. La visite faite, nous nous dispersâmes, courant partout, interrogeant tout le monde, blancs, noirs, couleur de cuivre, etc.. Nous mourions de soif ; nous entrâmes dans une maison qui avoit l'air d'un café ; une figure noire et toute nue nous demanda : « Qué té vouloir? — A boire ». Cette diablesse disparut aussitôt; mais un blanc, chevalier de Saint-Louis, se présenta et nous fit la même question, mais en meilleurs termes; nous nous excusâmes de notre mieux; il nous dit que sa maison valoit bien un café et qu'il étoit enchanté de notre méprise; puis il nous fit asseoir vis-à-vis d'une grande table de bois d'acajou, fit un signal; aussitôt deux jeunes nymphes du plus beau noir d'ébène apportèrent de la limonade; nous bûmes à la santé de notre hôte. Ce qui m'enchantoit, c'étoit la propreté des vases; comment, disois-je à part moi, ces pattes noires ne laissent-elles pas une teinte de leur couleur à tout ce qu'elles touchent? Quand nous fûmes bien rafraîchis, bien reposés, nous remerciâmes notre hôte, et comme il étoit déjà tard, nous retournâmes coucher à bord.

Le lendemain au lever de l'aurore, j'étois déjà sur pieds, mais il fallut attendre jusqu'à midi dans la maudite cage; enfin le canot nous descendit une seconde fois à terre. Ce ne fut plus les transports de la veille. La première chose que nous aperçûmes en descendant à terre fut une demi-douzaine de nègres enchaînés deux à deux par le cou et par un pied, attelés à un tombereau; un homme couleur de cuivre conduisoit cet attelage inhumain et faisoit pleuvoir sur ces malheureux une grêle de coups de fouet; je détournai bien vite les yeux de ce spectacle. Bon Dieu! comme l'humanité est avilie dans le Nouveau Monde!

Nous nous rendîmes à la case d'un officier de la garnison chez qui nous étions invités; un instant avant que de se mettre à table, une esclave (qu'on nous dit être fille de roi) vint avec une serviette sur l'épaule et une aiguière d'argent nous offrir à nous laver les mains; cette cérémonie achevée, on nous dit : « Messieurs, mettez-vous à votre aise », c'est-à-dire, mettez-vous en chemise si vous voulez. Enfin nous voilà à table; le repas fut tout à l'européenne, mêmes mets, même façon, même accommodage; nous avions chacun derrière nous un noir, et au moindre signe on étoit servi avec la plus prompte exactitude. Le second service enlevé, on mit le dessert; de tous les fruits qui y furent prodigués, je ne trouvai que l'ananas de bon ; il réunit en différentes doses le goût de la pêche et de l'abricot; tout ce que l'on touche après en avoir mangé est imprégné de son parfum, qui est réellement agréable. On fit une ample libation de liqueurs de Madame Amphoux, puis le café. J'enrageois, je faisois des signes qui ne furent pas écoutés, finalement qu'à peine sortis de table il fallut se rembarquer; c'étoit bien la peine de venir de si loin. Nous laissâmes dans l'île deux compagnies et demie et vingt mineurs.

XXIII. — DÉPART.

Le 25, à trois heures après-midi, on leva l'ancre, et nous mîmes à la voile sous l'escorte de l'*Inconstante*, frégate commandée par le chevalier de Cuverville. Tout ce jour et les suivants, nous prîmes force poissons; nous débutâmes par une bonite qui pesoit vingt livres : c'est un excellent manger. Ensuite un requin vint nager à babord; aussitôt on prit un cordage au bout duquel étoit un crampon de fer recourbé et couvert d'un morceau de lard; jamais je n'ai vu d'animal plus vorace; à peine donna-t-il le temps de lui jeter l'appât, il l'engloutit tout d'un coup; on le hala à bord avec bien de la peine; il ne fut pas plus tôt sur le pont qu'il se mit à se débattre et à donner des coups de queue en tous sens capables de renverser l'homme le plus ferme; un matelot expert prit une forte hache, et d'un revers lui trancha cette redoutable queue. Ce poisson, ou plutôt ce monstre, a deux rangées de dents assez tranchantes pour couper un homme en deux, et il n'y manque pas quand il en tombe quelqu'un à la mer ; il suit les vaisseaux pour engloutir tout ce qu'on en jette; tout lui est bon. Nous trouvâmes dans sa panse un bonnet de canonnier et les débris de plusieurs poules. Sa chair est fade et coriace.

Le 4 décembre vers la brume, le *Duguay-Trouin*, qui faisoit route avec nous depuis la Martinique, étant beaucoup sur l'avant, rencontra une frégate angloise de 26 pièces de canon. L'Anglois ne l'eut pas plus tôt aperçu qu'il courut dessus et l'eut bientôt joint ; il lui enjoignit aussitôt de mettre en panne afin de le fouiller, et d'envoyer un canot à bord (car en mer la loi du plus fort s'observe à la rigueur). Mais le *Duguay-Trouin*, qui se sentoit appuyé de la frégate, lui répondit : « Tout à l'heure je vais vous envoyer un canot de 28 pièces de canon » ; et tout de suite virant de bord, il cria à notre frégate la demande et la réponse. Sur le champ l'*Inconstante* part comme un trait et poursuit l'Anglois, qui, sur la réponse du *Duguay-Trouin*, faisoit force voiles pour échapper ; enfin, après une heure de chasse qui nous divertit beaucoup, elle l'atteignit, elle le héla, lui ordonna de mettre vent dessous et vent dedans ; ensuite elle lui demanda pourquoi il s'avisoit de venir croiser dans nos parages ; il répondit humblement qu'il faisoit route et qu'il avoit pris le *Duguay-Trouin* pour un Insurgent. — A la bonne heure. — La frégate, pendant tout ce pourparler, lui tenoit toujours le vent, et donna le temps à son convoi de passer à la barbe de l'Anglois. Après quoi, la frégate angloise envoya son canot à bord de l'*Inconstante* s'informer de la santé du chevalier de Cuverville ; celui-ci en fit autant, et les matelots anglois régalèrent les nôtres de vin de Madère. Quand nous fûmes tous dépassés, notre frégate permit à l'Anglois de continuer sa route. Et voilà comme un bon officier sait faire respecter son pavillon.

Le 5, nous prîmes à la fouine une dorade ; nous lui trouvâmes dans le jabot six poissons volants ; ce poisson est morceau de roi, sa robe est superbe, sur un fond d'or et azur, toute parsemée de petites étoiles d'argent qui font le plus bel effet. Un instant après, nous fouinâmes un dauphin ; ce poisson est aussi délicat et aussi richement habillé que la dorade, et a de plus une belle crête bleu-de-ciel, qui lui prend depuis la naissance de la queue jusqu'au dessus des yeux ; sa tête est plate et large ; il n'a rien de saillant dans sa figure.

Depuis la Martinique nous ne quittâmes plus la terre de vue ; nous reconnûmes successivement la Désirade, la Guadeloupe, la Dominique, Porto-Rico, la Mone, la Monique, et enfin Saint-Domingue. Le 6 décembre à trois heures après midi, nous nous trouvâmes vis-à-vis du Cap François ; nous tirâmes un coup de canon pour appeler un pilote côtier à bord ; il en vint un, qui nous fit grand plaisir en nous apprenant que la *Valeur*, dont nous étions fort en peine, nous avoit devancés de neuf jours ; en effet, en descendant à terre nous retrouvâmes nos camarades, que nous embrassâmes comme des gens que nous avions crus perdus.

XXIV. — CAP SAINT-DOMINGUE.

Le Cap est grand, assez bien bâti ; les maisons y sont en pierre et la plupart à un seul étage, les rues étroites, etc.. Après les visites indispensables, on nous mena à la Comédie ; la salle n'est pas du tout mal, les acteurs médiocres ; on nous donna *le Maréchal* et *les Deux Amis*. Toutes les loges étoient garnies de créoles emplumées ; j'en distinguai plusieurs qui auroient très bien figuré à Paris.

La mode, le luxe et tous les vices de nos capitales se sont ici naturalisés. On ne connoît que deux états : le pauvre et le riche, le blanc et le noir. En général, ce n'est pas le centre des mœurs ni de la religion, de la bonne foi ni de l'honneur ; l'or et le libertinage y sont les dieux dont on encense le plus les autels. Le luxe règne même dans la classe mercenaire ; en voici un trait : j'avois demandé à mon arrivée un perruquier pour retrousser mes quatre poils et me faire la barbe ; après un quart d'heure d'impatience, je vois arriver sur la pointe des pieds un blanc couvert d'un parasol et suivi de trois noirs ; l'un portoit une bouillotte pleine d'eau chaude, le second un plat à barbe et la savonnette, et le troisième enfin le sac à poudre et la pommade. — « Mais, Monsieur, lui criai-je, pour qui tout cela, s'il vous plaît ? Voilà plus de monde que je n'ai de poils ». — On sourit dédaigneusement de ma simplesse, et j'entendis des babouines noires marmotter : « Ça, c'est mouton blanc, mouton France ». Le maître répondit que c'étoient ses esclaves, et qu'un blanc n'étoit pas fait pour porter ces sortes de choses. Le faquin ! Il me prenoit des envies de lui savonner la tête à lui-même ; mais bien m'en prit de m'être contenu, car j'aurois été obligé de lui prêter collet[1], comme fut contraint de le faire un officier de la garnison qui fut moins patient que moi; car un blanc, sitôt qu'il a passé ici, est un personnage, puisque, quel qu'il soit, il commande aux deux tiers de la colonie; au reste, de tous les métiers, celui de militaire est le plus mauvais dans ce Nouveau Monde, car il ne peut que s'y ruiner, au lieu qu'un faquin venu nu-pieds de l'Europe peut fort bien en peu de temps éclabousser monsieur le défenseur de la patrie.

Je croyois, mes enfants, être arrivé au terme de ma vie vagabonde, et je me félicitois déjà d'être échappé de la dent des requins; mais sans me donner le temps de respirer, nous reçûmes l'ordre de nous embarquer pour le Port-au-Prince... Allons, pauvre boule, roule..... Nous fîmes nos adieux, et nous voilà cent trente hommes entassés dans une goëlette grande comme la main, et vogue la galère; elle étoit commandée par un franc flibustier nommé Debergue.

XXV. — L'ILE DE LA TORTUE.

Le 19 décembre, nous quittâmes le Cap. A la hauteur de l'île de la Tortue, nous essuyâmes un si mauvais temps qu'on fut contraint d'y relâcher; on permit aux officiers de descendre à terre, et il ne fut pas nécessaire de me le dire deux fois. C'est ici que je donne un démenti formel à tous messieurs nos coureurs du Nouveau Monde; ils vous disent presque tous que la Tortue est inhabitable par le manque d'eau; ne croyez pas cela, mes amis; mensonge pur; la première chose qui nous frappa les yeux en débarquant fut un ruisseau d'eau douce très claire et très limpide. Nous grimpâmes à une habitation appartenant à M. Labadie, fermier de l'île; son gérant nous reçut à merveille; il nous régala d'un jambon de cochon marron; non, il n'est pas possible de rien manger de meilleur. Et des choux palmistes!

---

[1] *Prêter le collet à quelqu'un*, se battre contre lui (Littré).

vous ne sauriez vous former une idée de leur bonté ; vous savez tous que ce chou croît à la cîme d'un grand arbre, et que pour l'avoir (du moins dans les endroits où ils sont communs) on coupe tout uniment l'arbre par le pied ; il ne faut d'échelle pour cela. Au reste, si nous fîmes bonne chère, nous la rendîmes bien aux moustiques ; ah ! la vilaine engeance ; ah ! la vilaine famille ; nous en fûmes dévorés.

La Tortue est toute couverte de bois. Il y a aussi dans cette île une indigoterie ; mais le temps et les moustiques ne nous permirent pas de l'aller visiter. Le lendemain à la pointe du jour, un coup de canon nous ramena à bord.

Le 11 au soir, nous vîmes un requin qui paroissoit avoir 18 à 20 pieds de longueur ; il étoit précédé par trois petits poissons bariolés ; ce monstre, m'a-t-on dit, marche rarement sans cette escorte, et c'est pour cela qu'on les appelle ses pilotes ; il ne les mange jamais, lui qui mangeroit son père ; au contraire, il les défend contre leurs ennemis ; en reconnoissance, ils vont toujours au devant de lui, sondant pour ainsi dire le terrain et l'avertissant du danger ; pour moi, je pense qu'ils ne l'accompagnent que pour vivre des restes de sa table et de ses excréments. Celui-ci, soit qu'il fût jeûne pour lui ce jour là, soit que ses pilotes fussent mieux instruits, jamais il ne voulut mordre à notre appât ; peut-être avoit-il aussi déjà englouti le cuisinier du *Huron*.

Le 13, on s'aperçut à bord que nous manquions de vivres ; il étoit bien temps ! Nous ne vîmes d'autre ressource que de relâcher au Port-de-Paix ; le commandant nous reçut bien et nous régala à merveille. Remarquez en passant, mes amis, que je ne néglige jamais de vous parler d'un bon repas ; ce n'est pas pourtant que je sois beaucoup sur ma bouche, mais j'imite en cela le bon Horace, et c'est un bon guide.

Nous ne restâmes en cet endroit que le temps nécessaire pour nous ravitailler. Je vis là pour la première fois des mouches luisantes ; un particulier en avoit dans un bocal ; c'est une grosse mouche brune, avec quatre yeux ; les deux à côté des ailes forment un phosphore naturel comme nos vers luisants, mais d'une bien plus considérable clarté ; on m'a dit que l'on s'en servoit pour lire et se conduire dans l'obscurité.

Le 16, un coup de vent cassa le haut de notre grand mât; l'eau entroit à chaque roulis dans la goëlette; nous en avions jusqu'à mi-jambe. Si vous saviez, mes amis, comme on est ballotté dans ces petites gondoles, comme on y pue, comme on y court de risques, vous trembleriez de m'y voir. Le lendemain, nous déposâmes au môle Saint-Nicolas une compagnie entière; nous quittâmes aussi notre barge, et nous montâmes à bord de *la Bonne-Mère*, gros bâtiment nantois. Enfin, le 18 au matin, nous terminâmes nos courses dans la rade du Port-au-Prince.

XXVI. — LE PORT-AU-PRINCE.

Nous n'eûmes pas plus tôt posé le pied sur le plancher des vaches que nous allâmes nous présenter au gouverneur et à l'intendant; c'étoient alors MM. d'Argout et de Vevres; ils nous reçurent fort humainement et nous firent distribuer des logements. Je m'établis assez commodément dans l'antichambre d'une salle d'armes; je louai pour me servir de maître Jacques un joli nègre de la Côte d'Or nommé Azor, qui s'affectionna beaucoup à moi; il couroit tous les jours les bois et m'apportoit tous les fruits, oiseaux, etc., qu'il pouvoit attraper; mais, comme dans tous les pays, donner, pour un pauvre c'est demander; je ne fus pas en reste avec lui.

Ma *maison montée*, je visitai la ville, si l'on peut appeler de ce nom une longue suite de cabanes de bois, séparées les unes des autres par des vergers, à l'exception de la rade, où elles se touchent. Elles sont toutes composées d'un simple rez-de-chaussée, distribué en plusieurs pièces, des châssis de canevas ou des persiennes pour toutes fenêtres, avec des galeries couvertes régnant tout autour et qui sont d'une grande ressource contre les brûlantes ardeurs du soleil. Le Gouvernement, l'Intendance, quoique plus vastes et plus ornés, sont également construits en bois et à un étage; le clocher même de la paroisse est sur ses pieds comme une quille. Ce n'est pas la pauvreté, mais la prudence qui sert d'architecte au Port-au-Prince ; c'est qu'on s'y souvient encore du terrible tremblement de terre arrivé en 1666, qui n'y laissa pas pierre et fit périr un bon nombre d'habitants. Ces maisons qui ont si peu d'apparence en dehors, sont fort commodes et très propres en dedans ; mais on a bien de la peine à en interdire l'entrée aux bigailles, moustiques, ravets, maringouins et autres insectes ennemis jurés des humains ; je ne trouvai d'autre expédient pour m'empêcher d'en être dévoré que de m'enfumer comme un renard en tenant nuit et jour un bout de mèche allumé au milieu de ma case.

A l'exception de l'intendant, des officiers et de M. et Mme Bonnet, il n'y avoit personne à voir quand nous arrivâmes au Port-au-Prince ; c'est dans la plaine, autrement l'intérieur de l'île, que se tiennent les colons riches et les gens à sucre et à indigo ; c'est là qu'ils étalent, et surtout leurs femmes, le luxe le plus recherché ; ils ne viennent à la ville uniquement que pour leurs affaires, la comédie, ou aux fêtes que le gouverneur donne quelquefois ; j'y ai vu là souvent plus de quatre-vingts femmes réunies, se disputant d'élégance et de parures, et au niveau de nos élégantes de Paris ; mais toutes ces houris, comme des ombres légères, disparoissoient au lever du soleil.

XXVII. — MALHEURS.

Jusqu'ici, mes enfants, je n'ai eu guère à me plaindre particulièrement de la fortune ; je n'ai éprouvé de sa part que quelques contrariétés que je vous ai décrites aussi légèrement que je les ai senties ; mais nous voici aux époques douloureuses ; nous allons broyer bien du noir, et si vous me voyez rire encore quelque peu, ce ne sera que du bout des lèvres.

Six mois de séjour au Port-au-Prince m'avoient rendu foible et languissant ; je me sentois triste, sombre, découragé, sans bien savoir pourquoi ; il y a comme cela des moments dans la vie où l'âme paroît usée et où l'existence semble nous échapper.

J'étois précisément dans cet état d'apathie quand deux lettres (lettres de mort), l'une de mon père, l'autre du ministre, vinrent me retirer de cette triste position pour me faire revivre à la douleur. La lettre de mon père commençoit ainsi : « Mon cher et unique fils, la cruelle maladie dont tu as manqué d'être la victime vient de m'enlever dans la même semaine ton frère et ta sœur ; ta mère aveugle, etc... ». Vous concevez, mes enfants, l'effet que dut naturellement produire sur mon individu déjà affaibli ces déchirantes nouvelles ; une fièvre violente me prit, et je manquai d'y succomber. Enfin échappé du danger, je me mis à réfléchir sur la lettre de mon père, remplie d'expressions douloureuses par lesquelles il redemandoit au ciel et à la terre le peu de son sang qui lui restoit encore. Après la perte des miens, unique rejeton d'une famille autrefois nombreuse et unie, à deux mille lieues de mon pays, quel parti prendre ? Ma famille désolée me redemande ; je ne suis plus à moi ; j'aurois cru manquer à la nature, au devoir filial, si j'avois résisté. Je quitte donc tout, j'abandonne douze années de services dans un corps où j'avois eu le bonheur de me faire aimer ; ce sacrifice me coûta bien des larmes, mais elles n'étoient point amères ; on sent toujours une satisfaction secrète à faire son devoir. Enfin, me traînant à bord du premier bâtiment frêté pour la France, j'arrive à Nantes au bout d'une traversée de quarante-huit jours ; je n'y restai que le temps nécessaire pour arranger mon départ ; j'étois affamé de voir, d'embrasser mes malheureux parents, de pleurer avec eux ; je cours jour et nuit, et en cinquante heures j'arrive à Senlis le 17 juillet 1778.

Il me seroit impossible, mes enfants, de vous rendre compte des sensations diverses qui m'agitèrent alors ; elles se succédèrent avec tant de rapidité que, quoique vivement senties, je ne saurois en bien saisir toute la suite. D'abord je crus entrer dans un désert ; le profond et douloureux silence qui régnoit dans la maison paternelle, la vue de ce pavillon où logeoit le plus chéri et le plus aimable des frères, tout cela me donna un serrement de cœur inexprimable. Le plaisir que je ressentis à la vue de mon père fut vif, mais de courte durée ; j'aperçus ma mère (pauvre et vraie mère de douleur), j'étois dans ses bras, et elle me demandoit encore ; quel devoit être son supplice ! elle n'avoit pas même la consolation de voir le seul enfant qui lui restoit.....

Le 16 juin 1779, j'obtins facilement, sur les attestations de mes services que je produisis avec un certificat de noblesse, l'agrément d'une charge de lieutenant de MM. les maréchaux de France.

Le 28 mars 1780, ma mère, à la suite d'une maladie de deux mois pendant laquelle je ne quittai pas le chevet de son lit, finit entre mes bras sa douloureuse carrière.

XXVIII. — MON MARIAGE.

Resté seul avec mon père (devenu très infirme de corps et d'esprit et, par dessus cela, d'une surdité à l'épreuve du canon), je sentis pour tous deux la nécessité de rompre notre tête-à-tête. J'écrivis en conséquence à M. de Malézieu, mon beau-frère, de me chercher une compagne douce, bien élevée, qui ne fît point peur à présenter, d'une fortune assortissante à la mienne, et enfin qui fût assez raisonnable pour tout quitter pour un mari de province.

Au bout d'un mois, il me répondit qu'il avoit trouvé mon affaire, qu'en conséquence il n'étoit plus question que d'arriver et d'épouser. Je lui ripostai que cela alloit le mieux du monde, mais qu'encore falloit-il savoir si l'on se conviendroit; j'insistai pour qu'il m'apprît du moins de quelle couleur étoient les yeux de ma future ; la seule grâce qu'il me fit fut de m'accorder huit jours, tant il étoit sûr de son fait.

J'arrivai donc à Paris et, le soir même, j'allai chez le marquis de Rostaing, l'ami des deux familles et notre entremetteur. A peine assis, les deux battants s'ouvrent, et je vois entrer une dame d'assez bon air, suivie d'une petite personne assez revenante. Le grand chapitre de la pluie et du beau temps épuisé, on proposa un tré-sept; je n'y avois joué de ma vie, mais les amoureux doivent tout savoir. A la fin de la partie, je trouvai et je crus m'apercevoir à certains signes que j'avois joué à qui perd gagne, car pour un petit écu qu'il m'en coûta, je gagnai un trésor, oui, mes amis, un trésor, car c'en est un, et bien rare encore, qu'une bonne et raisonnable compagne. Finalement,

Le lendemain j'allai voir mon Hélène,
Et dès le lendemain je brûlai pour ma reine;
Le lendemain j'osai lui tracer un billet,
Le lendemain réponse à mon tendre poulet;
Le lendemain notaire et curé s'en mêlèrent,
Le lendemain enfin.............!

La veille de ce grand jour, j'eus une alerte qu'il ne faut pas oublier. Je logeois chez M. de Malézieu, rue des Juifs. A onze heures du soir que j'avois déjà un pied dans le lit, je reçois un message de ma future belle-mère, par lequel elle me prie de passer chez elle. Un tel ordre, à une heure aussi indue, me fit trembler; ma première idée fut que tout étoit rompu (on a mille envieux le jour qu'on se marie); je me rhabille à la hâte, et j'arrive entre la crainte et l'espérance. Je me fais annoncer, et je trouve ma future en jupon court, en blanc corset, et sa maman en déshabillé de nuit, qui, ouvrant de grands yeux de surprise, me demande ce que je désire. Je lui notifiai l'ordre que j'avois reçu d'elle à l'heure même; on fait monter le domestique, qui répondit qu'il étoit bien certain que Madame lui avoit ordonné d'aller avertir Monsieur pour onze heures. — « Eh! animal, c'étoit pour le lendemain que cet ordre étoit donné ». Revenu de ma frayeur, il fallut encore tirer de mon estoc un petit compliment à propos du quiproquo; je souhaitai le bonsoir à tout le monde, et je m'en revins coucher.

On avoit agité ce jour-là, les familles rassemblées, la grande et importante question de savoir dans quel costume on devoit aller à l'église; on étoit alors en grand deuil de cour; après bien des débats, on conclut que tout le monde iroit en noir, à l'exception du marié et de la mariée. J'endossai en conséquence le grand uniforme brodé de lieutenant des maréchaux de France; puis, escorté de M. et Mme de Malézieu, je me rendis à l'heure dite chez ma future; nous trouvâmes toute la famille et amis qui nous attendoient en grand cercle. Sitôt que je parus, ma belle m'apporta une paire de gants blancs et un nœud d'épée, puis elle en distribua, ainsi que des éventails, à tous les assistants et assistantes. Elle étoit parée d'une robe toute blanche, et coiffée d'une manière si extraordinaire que j'eus peine à la reconnoître; elle étoit cent fois mieux la veille en simple cornette de nuit, et voilà comme l'art gâte souvent la nature.

Cela fait, on monte en voiture et on arrive en grand cortège à Saint-Paul. En descendant de voiture, la lame de mon épée se prit dans la portière et se cassa, de sorte qu'elle alloit toute ballante, ce que bien des superstitieux auroient pris en mauvais augure; de son côté, ma future cassa aussi son éventail; en dépit de tous ces présages, nous nous rendîmes à la chapelle de la communion, où M. le curé nous attendoit avec tout son clergé. La messe dite, on nous conjoint; quand il fallut prononcer le oui, ma future se retourna vers sa mère, qui lui fit un signe de consentement, ensuite vers le curé, à qui elle répondit à toutes ses questions insidieuses par une profonde révérence et un remuement de lèvres que l'on voulut bien prendre pour un oui; du moins il me fut impossible d'en rien entendre. Pour moi, je prononçai les mots sacramentaux hauts et clairs. Le curé nous fit un fort beau discours, où il rappela à telle fin que de raison mes hauts faits militaires, après quoi chacun s'en fut dans le même ordre qu'il étoit venu.

Comme on étoit convenu de ne se mettre à table qu'à six heures, chacun défila l'un après l'autre, et nous restâmes seuls jusqu'à l'heure susdite que les conviés revinrent. Durant le repas, je fis l'impossible pour faire avaler quelque chose à ma voisine, mais les morceaux s'arrêtoient au passage; nous avions justement en face de nous Mme de Manneville, ma belle-sœur, qui nous lançoit des regards malins et chuchotoit continuellement avec son mari, ce qui déconcertoit un peu ma petite amie. A la fin, la cérémonie faite, chacun s'en fut coucher. Restés seuls, ma belle-mère nous prit par les mains et nous conduisit, escortés de flambeaux, à notre appartement. Quand nous fûmes entrés, je crus que pour le coup elle alloit nous souhaiter une bonne nuit; point du tout; elle me demanda la permission de m'aider à passer ma robe de chambre; religieux observateur de l'étiquette, je me laissai faire tout bonnement ce qu'on voulut. Pendant cette cérémonie, la mariée étoit entre les mains de ses femmes, qui l'habilloient aussi de nuit. Enfin, enfin..... Eh! c'est toi, mon petit Isidore; allons, allons, rentrez, petit garçon; il n'est pas encore temps de paroître; laissez, laissez passer devant votre mère.

Anne-Isidore, votre digne et tendre mère, est seconde fille de Gabriel-Simon de Manneville, chevalier, ancien conseiller au Grand Conseil, etc., et de dame Catherine-Isidore Pintrelle[1]; elle a pour frère et sœur uniques Gabriel-François de Manneville, officier major des Gardes Françoises, et dame Élisabeth-Isidore, marquise de Gaillon. Votre maman est de taille moyenne, mais svelte et bien prise, les épaules effacées, et la poitrine bien placée; un peu plus d'embonpoint à mon avis ne lui messiéroit pas; le tour du visage bien dessiné, le front ouvert, le nez un peu long; la bouche bien, et seroit même agréable sans une maudite habitude qu'on lui a laissé contracter dans ses jeunes ans, qui lui a placé le ratelier supérieur derrière l'inférieur, ce qui lui a rétréci un peu la distance du nez à la bouche suivant les règles des belles proportions; avec cela, deux grands yeux noirs, et tels qu'on est peu accoutumé d'en voir de semblables en province. Voilà, mes amis, tout ce qu'il m'est permis de vous peindre de son physique; le reste me regarde, et il doit vous suffire de savoir que j'en suis très content. Quant à son moral, elle a de l'esprit naturel, mais un peu paresseux, de l'élévation dans l'âme, joint à une timidité et à une méfiance d'elle-même qui lui font perdre un peu de ce qu'elle paroîtroit sans cela; un caractère extrêmement sensible et aimant, et on peut dire d'elle avec vérité que tout ce qui part du cœur a des droits sur le sien; elle est un tantinet vive, presque même autant que moi (ce qui n'est pas peu dire); du reste exempte de toutes les foiblesses et petitesses de son sexe. Enfin, mes amis, pour tout le mal que je vous veux, je vous en souhaite à tous deux chacun une toute semblable.

Notre union jusqu'à ce jour a été douce, tranquille et confiante; quelques légers nuages par ci par là; mais si le printemps régnoit toujours, aimeroit-on autant les roses? Et ces petites bouderies n'ont jusqu'ici que resserré les nœuds de notre amitié. Satisfaits de notre intérieur, et intimement convaincus que

---

[1] Des tableaux généalogiques annexés au manuscrit donnent une autre orthographe de ce nom : Pinterel.

rien au dehors ne peut nous en dédommager, nous mettons chacun du nôtre pour le rendre agréable ; nous nous livrons à la société, mais nous nous retrouvons toujours avec plaisir. Et pourquoi tant de mauvais ménages ? Ils proviennent pour la plupart de négligence, du défaut de complaisance et de confiance réciproque, et de ce qu'on aime moins à se sentir heureux qu'à le paroître. Joignez à cela cet esprit de domination inné en nous et qui fait que l'un veut toujours dominer sur l'autre, tandis que ce devroit être à la raison seule à régler un ménage. Mais c'est assez moraliser, et mon petit Isidore s'impatiente.

XXIX. — MON PREMIER NÉ

Nous fûmes donc unis, comme je vous l'ai dit ci-dessus, le 30 janvier 1781. Le lendemain de ce grand jour, ma femme reçut à sa toilette la visite de sa maligne et curieuse petite belle-sœur ; après un quart d'heure de chuchoteries auxquelles on ne voulut point m'admettre, elle vint d'un air suppliant me demander la permission de mettre du rouge à la mariée ; je répondis que je n'avois rien à refuser à celle qui m'avoit tout accordé. Cette réponse colora si bien les joues de ma petite bonne amie qu'en vérité c'étoit un meurtre que de vouloir lui imprimer encore un rouge factice ; mais ce fut précisément ce qui hâta l'opération ; elle fut en conséquence enluminée à la belle manière.

Nous restâmes une quinzaine de jours auprès du papa et de la maman parisienne ; après quoi ils consentirent à venir installer eux-mêmes leur fille dans son ménage. Nous arrivâmes à Senlis un peu tard au gré des commères du quartier, qui nous attendoient avec des violons sous la porte, où l'on avoit construit une belle et verte colonnade ; elles nous accablèrent de bouquets, de mauvais biscuits et de plats compliments que je payai grassement. Mon père nous reçut autant bien que son état le comportoit. Ma belle-mère resta une huitaine de jours avec nous, que nous employâmes à la fêter de notre mieux et à présenter à la société ma nouvelle conquête ; je remarquai qu'elle fut généralement goûtée, ce qui me fit un sensible plaisir ; car bien qu'intimement persuadé d'avoir fait un bon choix, on n'est pas fâché de le voir encore justifié par monsieur le public.

Vers le 18 avril de cette année, nous allâmes rendre à la maman parisienne sa visite ; elle trouva sa fille engraissée d'une façon scandaleuse ; nous consultâmes sur son état le sieur Vermond, accoucheur de la Reine, qui nous assura qu'au bout de neuf mois il n'y paroîtroit plus ; nous lui promîmes de nous conduire par ses conseils, et que nous viendrions nous remettre entre ses mains au temps de la maternité. Nous regagnâmes ensuite nos dieux pénates, et vers la mi-septembre nous les quittâmes encore pour aller à Vaux, jolie terre dans le Vexin françois appartenant à mon beau-père. Nous nous emballâmes donc, ma femme, moi et son petit paquet, dans un cabriolet tout neuf et heureusement très solide, sur lequel je fis mettre des chevaux de poste. Nous prîmes, pour abréger, la route de Beauvais. Arrivés à Clermont, le postillon, au lieu de nous mener à Bresles, nous conduisit à Saint-Just ; il est vrai que nous avions oublié de lui dire où nous voulions aller. — « Eh ! animal, imbécile, que ne nous le demandois-tu » ! — Nous fûmes obligés, pour nous remettre dans la bonne voie, de faire quatre mortelles lieues dans un chemin maudit, taillé à vif dans le roc et à demi-côte ; les trois chevaux, le postillon et l'impériale labouroient de la tête à chaque pas ; ce malheureux se trouva mal au milieu de cette traînée, nous le fîmes revenir à force de ratafia. Pour nous, nous n'étions guère en meilleur état que lui ; j'étois dans un tourment indicible ; je tremblois à chaque pas pour la mère et notre chère espérance ; mais ma bonne amie montra dans cette occasion périlleuse un courage et une fermeté qui me fit grand plaisir. Enfin nous nous trouvâmes en plat pays ; nous aperçûmes quelques chasseurs, des buissons ; cette vue nous réjouit et nous redonna courage. Bref, nous arrivâmes à neuf heures du soir à Vaux, où la bonne et agréable réception que nous reçûmes des seigneurs châtelains nous fit promptement oublier nos fatigues et nos frayeurs.

L'homme propose, la femme dispose, et la Providence par dessus tout. Nous comptions partir incessamment pour aller pondre à Paris; enfin, le lendemain de la Toussaint, nos équipages cheminoient déjà vers le grand village, quand votre mère jugea à propos de leur faire rebrousser chemin. Nous allions les suivre, lorsqu'elle se sentit un accablement extrême, des douleurs de reins, des pesanteurs, etc.. On tint conseil, et le résultat fut que c'étoient des avant-coureurs, que le mouvement de la voiture pourroit occasionner une délivrance précipitée; il en falloit beaucoup moins pour décider ma belle-mère à rester. Nous fîmes venir l'accoucheur de Gisors, qui jouissoit d'une assez bonne réputation; il nous assura que tout iroit bien si nous voulions le charger de la besogne, et, faute de mieux, il fallut bien en passer par là.

Vers ce temps mourut M. Pintrelle de Neufchâtel, oncle maternel de ma femme; il venoit de nous quitter plein de vie et de santé, à faire croire qu'il feroit l'épitaphe du genre humain; mais son aversion pour les médecins et son aveugle confiance en son chirurgien, qu'il appeloit son maréchal, fut ce qui le tua; cet ignorant lui donna une si forte dose d'émétique qu'elle lui fit rendre tout le velouté de l'estomac. M. de Neufchâtel étoit conseiller de Grand'Chambre au Parlement, homme d'une très belle figure, faufilé dans le très grand monde et menant à Paris le train d'un riche garçon, de l'esprit, de l'usage, et grand chasseur. Il lui vint un jour en guêtres, par le coche, un homme se disant son allié, le solliciter pour une affaire qu'il avoit au Parlement. — « Et qui êtes-vous, Monsieur? lui dit notre oncle. — Je suis élu. — Élu! s'écria-t-il, élu! Fi donc, Monsieur, est-ce qu'on se vante de cela? On ne connoît ces gens-là que dans l'autre monde ». — Il étoit depuis longtemps tourmenté d'un polype dans le nez, auquel il falloit appliquer de temps en temps les caustiques, ce qui contribua probablement à lui allumer le sang et lui donna l'inflammation dont il mourut. Quoi qu'il en soit, c'étoit un bon parent et un ami chaud et zélé; ma femme étoit sa nièce favorite, et elle en recevoit souvent de jolis cadeaux; et bien qu'il ne ménageât guère son bien, il laissa à ma belle-mère une succession de cent mille écus.

Votre tendre mère, mes enfants, eut une fin de grossesse extrêmement douloureuse, et ses souffrances furent probablement occasionnées par une saignée faite mal à propos, car à dater de ce moment elle n'eut pas un instant de relâche ; elle ne pouvoit poser le pied à terre sans éprouver les douleurs les plus vives, de façon que nous étions obligés de la porter à bras dans un fauteuil partout où elle désiroit aller. Enfin, le 20 novembre 1781, soutenant ta mère d'un bras, je te reçus de l'autre, mon cher Isidore. Tu avois en naissant l'air d'un pauvre petit chat écorché, maigre et paroissant n'avoir qu'un souffle de vie ; aussi n'eûmes-nous rien de plus pressé que de te conduire à Gisors pour te faire baptiser ; ta bonne maman de Manneville, ta marraine, et qui te tenoit sur ses genoux, regardoit à tout moment si tu respirois encore ; le chevalier de Manneville, cousin-germain de ta mère et représentant ton bon papa de Junquières, lui servit d'écuyer. Tu soutins à merveille la fatigue de cette sainte cérémonie ; elle sembla même te fortifier, car tu n'eus plus qu'un cri depuis ce moment ; au retour, tu pris avidement le sein de ta nourrice, petite brunette fort propre, appétissante et très soigneuse, et à qui, après ta mère, tu dois la vie ; ne l'oublie jamais. Tu fus nommé sur les fonts Jean-Baptiste-Isidore. Deux jours après, je fis équiper une petite carriole de toutes les provisions nécessaires pour ton voyage ; je suspendis au milieu ton berceau, comme un hamac, et après avoir reçu nos premiers baisers, tu partis pour Courteuil, village à une demi-lieue de Senlis, où ta nourrice avoit hâte et séchoit d'arriver, car ces gens-là sont comme le poisson hors de l'eau quand ils ont perdu leur clocher de vue.

XXX. — VIVE ALARME.

Je te conduisis environ une lieue, mon cher Isidore, après quoi je revins à ta mère la consoler de ton départ. Je m'aperçus en lui serrant la main qu'elle étoit brûlante ; ses yeux me semblèrent égarés, ses idées n'avoient plus de suite ; enfin sa mère assise au pied du lit et cherchant à me dérober ses larmes. La frayeur me saisit pour lors, je questionne, j'interroge tout le monde ; on ne me répond que par des pleurs et en levant les yeux au ciel. Grand Dieu! m'écriai-je, furieux et hors de moi, qu'est-ce que cela signifie ?... Dieu ! vous repentiriez-vous déjà du présent que vous m'aviez fait ? Reprenez-le et rendez-moi la mère. Pardonne, mon cher Isidore, toi qui m'as fait éprouver le premier le doux plaisir d'être père, pardonne; mais ta mère se mouroit, et qui ne préfère l'arbre à son fruit encore vert ? Puisses-tu, mon ami, n'éprouver jamais des angoisses pareilles à celles qui m'agitèrent la nuit du dimanche au lundi, cette nuit qui manqua être éternelle pour ta tendre mère ! Le cœur me bat encore de souvenir en écrivant ceci. Une fièvre violente accompagnée de délire et transport au cerveau, une suppression totale, enfin tous les symptômes les plus effrayants annonçoient une fin prochaine; ma belle-mère, encore plus éclairée que moi sur le danger que couroit sa fille, étoit dans une désolation qui ne peut s'exprimer. Lis ceci attentivement, mon cher Isidore, et considère combien tu dois aimer ta mère après les dangers et les souffrances que ta naissance lui a fait éprouver.

Enfin ma belle-mère se disposoit déjà au plus douloureux des sacrifices, quand il lui vint du Ciel une inspiration, car je ne puis donner un autre nom à l'idée qui lui vint que peut-être sa fille se mouroit d'inanition; mais voyant que tous les remèdes, bien loin d'opérer, ne faisoient qu'accroître le mal, et réfléchissant que depuis sa délivrance la chère malade n'avoit rien avalé que cinq à six cuillerées de bouillon, elle lui fit prendre de force une soupe légère. Il est incroyable le miraculeux effet que cela opéra; ce peu d'aliment donna du ressort à la machine, le délire cessa, et malgré la fièvre on lui réitéra de deux heures en deux heures alternativement une soupe ou un biscuit trempé dans du vin et de l'eau. Au bout des vingt-quatre heures, les forces revinrent à vue d'œil, la fièvre cessa, l'écoulement se rétablit, enfin elle me fut rendue. J'en rendis grâces à Dieu de bien bon cœur, et après lui à notre respectable maman, pour qui je me sentis dans ce moment redoubler d'affection, et il me sembla qu'elle me donnoit sa fille une seconde fois.

Depuis ce bien heureux moment, elle alla toujours de mieux en mieux; l'appétit, le sommeil revinrent, et il ne fut plus question que de rétablir les forces et surtout son estomac, qui se trouva bien délabré ; j'eus à cette occasion une petite maille à partir avec ma belle-mère, qui, à travers mille excellentes qualités, avait toutefois le caractère un peu vif et impérieux. Cette bonne maman donc imagina, pour fortifier l'estomac de sa fille, un bouillon composé simplement d'un quartier de poule et d'une livre de veau, le tout cuit à grande eau et sans sel dans un pot à contenir six livres de viande, ce qui composoit trois fortes pintes d'une boisson fade qu'elle lui faisoit avaler tous les jours, bon gré mal gré. Au commencement je n'osai contredire son ordonnance; mais enfin, considérant la répugnance et le mal que cela faisoit à notre chère malade, je pris la liberté de représenter à sa mère que cette lavasse qu'elle lui faisoit prendre, bien loin de lui fortifier l'estomac, ne servoit qu'à le délabrer encore davantage, et la preuve étoit qu'il lui prenoit de grands étouffements toutes les fois qu'elle lui faisoit subir cette question extraordinaire. Ma belle-mère, qui n'avoit jamais aimé à être contredite, me traita d'ignorant; en tout autre point, je me serois fait un devoir de lui céder; mais celui-ci étoit par trop intéressant; j'insistai donc, elle se fâcha, et me rudoya vertement; pour lors, sans plus m'échauffer, je pris des mains de la garde le fatal breuvage, objet de la contestation, et je le jetai tranquillement par la fenêtre. Ce coup d'autorité la surprit et l'interdit au point qu'elle se radoucit singulièrement.

J'ai souvent eu lieu de remarquer qu'avec les caractères un peu violents le seul et unique moyen de les réduire étoit de se montrer encore plus vif et entêté qu'eux ; accoutumés à ce que tout leur cède, ils ne veulent jamais plier ; mais toute leur force n'est fondée que sur notre foiblesse. Quoi qu'il en soit, ma fermeté me réussit complètement ; elle me dit que je fisse comme je l'entendrois, qu'elle ne s'en mêleroit plus, et c'est ce que nous demandions.

Ma femme se trouva bien mieux de mes ordonnances que de celles de sa mère : plus de question, elle ne buvoit qu'à sa soif ; je la fis manger peu et souvent, et que des choses saines et nourrissantes. Insensiblement son estomac reprit ses fonctions ; enfin, au bout d'une quinzaine de ce régime, elle fut rétablie ;

elle se sentoit déjà des forces suffisantes pour me battre ; j'en étois si joyeux qu'elle m'auroit assommé que je n'aurois dit mot ; et sa mère fut obligée de convenir qu'elle me savoit gré de ma résistance.

Pour comble de bien, nous reçûmes des nouvelles satisfaisantes de monseigneur de Courteuil, qui, grâce aux soins de sa nourrice, se portoit à ravir malgré sa délicatesse ; on nous assura qu'il buvoit joliment à même ses deux bouteilles. Enfin nous quittâmes la campagne beaucoup plus légèrement que nous n'y étions venus.

De retour à Paris, ma femme se sentit encore des malaises accompagnés de sueurs abondantes ; on décida que c'étoit un reste de lait qui n'avoit pas passé. Comme ceci n'étoit pas de ma compétence, on fit venir un médecin. Or cet Esculape, en qualité de médecin du lait, en voyoit partout ; il condamna ma femme à boire de certains bouillons composés de toutes les herbes de la Saint-Jean ; elle en prit pendant huit jours avec une répugnance extrême et sans aucun amendement. Durant ce temps, monsieur le docteur ne manquoit pas de venir deux fois par jour visiter la garde-robe pour voir si l'ennemi étoit sorti. A la fin, ennuyé de cette manœuvre, je pris la liberté de dire que ce monsieur le docteur étoit un fripon ou un ignorant, et peut-être l'un et l'autre, et pour le prouver j'imaginai un moyen bien simple. Un jour donc que je fus obligé de prendre médecine, j'en fis garder bien soigneusement le pot-aux-roses, et le fis voir audit sieur comme provenant du fait de ma femme ; il ne manqua pas, comme je l'avois prévu, d'y trouver une abondance de lait considérable. Et puis fiez-vous après cela à tous ces charlatans.

Revenus à Senlis, nous n'eûmes rien de plus pressé que d'aller rendre nos devoirs à monsieur de Courteuil ; il nous fit de grands yeux étonnés comme à des gens inconnus ; nous le trouvâmes toujours avec sa petite mine délicate, du reste bien portant, criant et bavant à faire plaisir.

Vers le mois d'août ensuivant, le père nourricier vint un jour me tirer à quartier pour me dire que « le petit monsieur » avoit la petite vérole ; je lui défendis sur les yeux de sa tête d'en rien dire à la mère, qui ne l'avoit pas eue ; je donnai ensuite à notre docteur rendez-vous chez la nourrice, et à l'heure convenue je ne manquai pas un seul jour de m'y rendre. L'enfant eut une petite vérole très abondante ; il s'en tira à merveille. Sur le chemin de Courteuil à Senlis, il y a un petit ruisseau ; comme je craignois d'apporter du mauvais air à la maman, j'avois grand soin de m'y baigner et de changer d'habit au retour. Quand il n'y eut plus rien à craindre, j'instruisis la mère, qui me sut bien bon gré de lui avoir épargné les alarmes qu'elle n'auroit pas manqué d'avoir sans mes précautions.

XXXI. — NAISSANCES ET MORT.

En l'année 1783, le 22 février, ma petite ménagère me gratifia d'un joli poupon qui eut pour noms Gabriel-Charles ; il eut pour nourrice une grosse et forte paysanne de Saint-Gervais-Pont-point. Oncques on ne vit un plus bel enfant ; il faisoit l'admiration de toutes les commères du canton ; on alloit le voir par curiosité. Mais la Providence ne fit que nous le montrer, et il mourut (je crois de trop d'embonpoint) le 8 novembre de la même année.

Pour distraire notre chagrin, nous fîmes plusieurs voyages à Paris, à Vaux, et à Gaillon chez mon beau-frère le marquis de Gaillon. Gaillon est une assez jolie terre à une demi-lieue de Meulan ; de la terrasse où est bâti le château, on découvre un assez joli horizon.

De tous ces divers pèlerinages, il résulta que notre petit ménage s'augmenta d'un gros garçon, né (le 30 janvier 1785) avec sa coiffe sur la figure, ce que les bonnes gens croient d'un heureux présage : Dieu veuille qu'il se vérifie ! Il fut nommé François-Isidore ; nous le mîmes en nourrice à Pontarmé. Au bout de huit mois, on vint nous avertir que sa nourrice étoit grosse ; sur le champ nous allâmes le retirer de ses mains pour le remettre entre celles d'une sevreuse. Nous ne sûmes d'abord que lui donner pour apaiser les cris que la faim et la soif lui faisoient pousser ; je m'avisai (de mon chef) de lui présenter un biscuit trempé dans de l'eau sucrée, que le petit compère saisit des deux mains et porta sur le champ à sa bouche; d'où je conclus qu'il n'étoit pas novice dans cet exercice et qu'il n'avoit au plus tété que cinq à six mois; et cependant son tempérament est beaucoup plus fort et bien plus robuste que son frère aîné, qui a tété dix-huit mois.

XXXII. — MORT DE MON PÈRE ET DE MA BELLE-MÈRE.

Le 23 août 1786, mon père mourut entre mes bras, sans connoissance aucune. Ses dernières années ne furent qu'une simple végétation; il ne lui restoit plus rien de cet esprit aimable et réfléchi dont j'ai conservé des bleuettes dans le recueil des portefeuilles de famille. Pourquoi ne peut-on laisser à ses héritiers son esprit et ses connoissances comme ses biens! Cette réflexion me revient toujours toutes les fois que je vois mourir un homme distingué dans quelque genre que ce soit. Quels progrès dans les sciences et dans les arts, si on partoit du point où ils les ont laissés, au lieu de se traîner péniblement sur les premiers éléments et finir souvent sans pouvoir les atteindre!

Je trouve beaucoup d'analogie entre Jean de La Fontaine et mon père; le premier né le 8 juillet 1621 à Château-Thierry en Brie, entré à l'âge de dix-neuf ans à l'Oratoire sans avoir consulté son goût et son caractère indépendant; le second y est entré au même âge sans plus de consultation; ils en sont sortis l'un et l'autre au bout de dix-huit mois. Il y a d'ailleurs entre eux un grand rapport d'esprit, d'humeur et de caractère, tous deux fabulistes et aimables conteurs (du plus au moins). Enfin, pour compléter le parallèle, La Fontaine mourut le 13 mars 1695, et mon père, né le 6 avril 1713, mourut le 23 août 1786, conséquemment âgés l'un et l'autre de soixante-treize ans. J'oubliois qu'ils s'appeloient tous deux Jean.

Les années 1786, 1787 et 1788 se passèrent en allées et venues continuelles de Senlis à Paris et de Paris à Senlis, à cause de la maladie et de la mort de Mme de Manneville, ma belle-mère, arrivée le 18 novembre 1786, et des affaires de sa succession. Mme de Manneville étoit de moyenne taille et avoit dû être très jolie dans son printemps; beaucoup d'esprit naturel et peu de connoissances, forte sur l'étiquette et sur le chapitre de la noblesse; je ne lui ai jamais vu entre les mains d'autre livre que le dictionnaire et le traité du blason. Elle étoit sujette à des attaques de nerfs si violentes qu'on étoit obligé de la garder à vue de crainte qu'elle ne se jetât par les fenêtres; on ne pouvoit la calmer qu'avec des pilules d'opium mitigées avec du vinaigre, imaginées par M. Malouet. Sur la fin de ses jours, elle s'étoit jetée dans la dévotion (refuge ordinaire des jolies femmes). Quinze jours avant sa mort, je lui avois fait présent d'un petit reliquaire renfermant soi-disant de la vraie croix; elle le plaça sur son cœur avec une grande confiance et dévotion; elle ordonna par son testament de me le rendre, avec un très gros diamant jaune que j'ai toujours porté depuis, aussi par *dévotion* et pour son souvenir.

XXXIII. — AURORE DES HORREURS DE LA RÉVOLUTION.

Nous voici, mes amis, arrivés à une époque bien funeste et qui laissera après elle de bien douloureux souvenirs. Mettant à part les calamités générales, je ne m'arrête qu'à celles dont j'ai été personnellement le témoin et la victime.

Au mois de juillet 1789, nous faisions notre séjour à Paris, comptant être moins en vue qu'à Senlis, quand un après-dîner arriva Mme de Manneville, ma belle-sœur, les yeux égarés, hors d'elle-même, qui, se jetant dans nos bras, nous supplia à mains jointes de venir sauver son mari et ses enfants, qui étoient à la place Royale. C'étoit le jour où toute la populace en fermentation se souleva, promena les bustes du duc d'Orléans et de M. Necker, fit fermer tous les spectacles, etc.. On l'avoit avertie sous main qu'on devoit les enlever la nuit même et mettre le feu à leur hôtel. Je fis mettre sur le champ les chevaux, nous allâmes prendre son mari et ses enfants et les déposer mystérieusement chez un ancien homme d'affaires de la famille, qui voulut bien les recéler sous les noms de M. et Mme Beauquet. Cette animosité contre eux provenoit de la détention, pour cause d'indiscipline, de quelques soldats du régiment des Gardes, dont mon beau-frère étoit officier-major.

Le jour que le peuple se porta sur Versailles, nous revenions à pied de chez la soi-disant Mme Beauquet, quand au détour de la rue des Tournelles nous nous vîmes en face d'une troupe nombreuse de cannibales portant sur des piques les têtes sanglantes des malheureux gardes-du-corps, entre autres celle du frère de Mme la marquise de Villette [1], dont je reconnus les traits, quoique défigurés par la mort. A cet horrible aspect, votre mère jette un cri perçant ; je lui serrai fortement le bras pour la soutenir, la faire taire, et la jetant de force dans l'allée d'une boutique, nous échappâmes à ces scélérats, qui n'auroient pas manqué de nous faire un crime de l'horreur qu'ils nous inspiroient. J'eus bien de la peine à ramener votre mère à l'hôtel, et cette scène d'horreur lui donna un tremblement qu'elle conserva assez longtemps.

Le 15 août 1790, nous perdîmes M. de Manneville, mon beau-père. C'étoit un digne et honnête magistrat, un de ces anciens Romains ; il avoit refusé d'entrer au parlement Maupeou ; bonne tête dans le conseil et dans sa compagnie, mais foible à la maison, où il étoit le très humble serviteur de Madame. Que cela ne vous étonne point, mes amis ; il y a bien des sortes de courage, mais celui de résister continuellement aux caprices et aux volontés d'une femme n'est pas le plus facile.

Le 18 juillet 1791, j'obtins et arborai la croix de Saint-Louis ; ce fut un nommé Du Hamel, mon ancien camarade d'artillerie, qui me reçut chevalier [2].

---

[1] Melle de Varicourt, femme de Charles-Michel, marquis de Villette, protégée et amie de Voltaire, surnommée *Belle et bonne* dans la correspondance du philosophe. C'est le 6 octobre 1789 vers 6 heures du matin que Des Huttes et Varicourt furent massacrés dans le château de Versailles.

[2] Benoît-Pierre-Charles Mussino, comte du Hamel, lieutenant-colonel du régiment provincial d'artillerie de La Fère, était lui-même chevalier de Saint-Louis depuis 1788.

Nous nous obstinions à demeurer toujours à Paris, persuadés (comme bien d'autres) que nous échapperions mieux dans la grande foule, et que le danger diminue en raison du grand nombre d'individus sur lequel il s'étend. A la fin pourtant, les scènes d'horreur se succédant coup sur coup dans cette grande Babylone, nous résolûmes de revenir à Senlis. Nous y éprouvâmes toutes les humiliations, toutes les vexations dont notre malheureuse classe étoit journellement abreuvée. Mme de Manneville et son mari vinrent y passer avec nous environ six semaines, au bout desquelles, commençant à devenir suspects et craignant qu'un plus long séjour ne nous nuisît réciproquement, il prirent le parti d'aller joindre nos frères d'armes.

XXXIV. — ÉMIGRATION.

Nous étions en correspondance avec une Melle d'Herly, fille du comte d'Herly[1], qui avoit quitté notre malheureuse patrie depuis plus de six mois ; elle nous sollicitoit dans toutes ses lettres de venir la joindre, exagérant tous les dangers que nous courions en restant en France. Ses remontrances firent une telle impression sur l'esprit de votre mère qu'elles lui troublèrent le sang et que je la voyois dépérir à vue d'œil (car la frayeur d'un danger fait presque autant de mal que sa réalité même). Ne pouvant plus supporter ce spectacle, et sentant d'ailleurs,

[1] Jacques-Nicolas Le Carlier, comte d'Herly, mourut à Senlis le 7 mars 1796, âgé de 87 ans ; il était veuf de Adélaïde-Olympe Berry-Desserteaux (communication de M. Cultru). On lit dans les Registres de l'hôtel-de-ville de Senlis, à la date de juillet de cette année : « Considérant que depuis plus de trois mois l'inventaire a été fait après le décès du C. Le Carlier d'Herlie, père d'émigré, sans que les héritiers aient proposé aucun arrangement, l'Administration arrête qu'il sera procédé à l'adjudication des meubles et effets provenant de la succession dudit défunt, dans la maison qu'il habitait rue de Meaux » (Margry, *Notes pour servir à l'histoire de Senlis*, 13e série, p. 196). Cette maison de la rue de Meaux est la seconde à gauche à partir de la rue des Vignes ; elle appartient aujourd'hui à la famille Dangicourt.

je vous l'avouerai, mes enfants, le désir de suivre l'exemple de mes pareils, je résolus, malgré mes pressentiments qui disoient que ce voyage nous seroit funeste, je résolus, dis-je, d'aller rejoindre nos amis.

Ce parti une fois pris, je me munis d'un passeport pour les eaux, que M. de Gaillon me fit avoir; je fis acheter sous main une forte et maussade diligence, jugeant ma berline trop embarrassante et trop éclatante; nous nous y embarquâmes tous, sans bonne ni laquais, uniquement mon cocher, à qui encore je laissai ignorer où il devoit nous conduire; je fis seulement courir le bruit que nous allions passer quelque temps à Péronne chez M. de Bussy, mon parent, et avec la précaution d'y faire adresser toutes lettres et paquets. Voyageant à très petites journées à cause de votre jeunesse et aussi pour ménager nos chevaux, notre première couchée fut à Gournay, le lendemain à Roye, enfin à Péronne, où nous fûmes très bien accueillis par le cousin. Nous séjournâmes deux jours chez lui, où nous vîmes toutes les beautés de la ville, ce qui pouvoit aisément se compter; le lieutenant-de-roi de la ville, ami de mon parent, vint me conjurer de vouloir bien me charger de remettre à son fils, émigré à Tournay, la somme de 1800 livres, ce à quoi j'octroyai volontiers.

Avant de quitter mon parent, il me consulta sur le parti qu'il devoit prendre dans les conjonctures présentes, où tous ceux de notre classe se faisoient un point d'honneur d'abandonner leurs foyers. Je lui dis que je ne pouvois lui donner là-dessus aucun conseil, et qu'on ne devoit le prendre que de soi-même; il insista, et me conjura par l'honneur et l'amitié de dire ce que je ferois à sa place. Finalement, je lui conseillai de rester chez lui, vu sa mauvaise santé, mais d'envoyer à sa place son fils, âgé de seize ans, faire ses premières armes avec nous; « ce parti, lui dis-je, dénotera hautement votre façon de penser, et vous sauverez peut-être par là un morceau de pain à vos enfants ». Car, je vous le répète, mes enfants, j'ai toujours eu le pressentiment que nous payerions les pots cassés de tout ceci. Il me crut et m'en remercia par la suite.

Nous arrivâmes à Douai au moment où la garde nationale, en bataille sur la place, recevoit des drapeaux. Votre mère, aux cris de *Vive la Nation, à bas les aristocrates, mort aux émigrés*, etc., saisie de frayeur, s'efforçoit de fermer les glaces ; je l'en empêchai heureusement, affectant au contraire de nous montrer au dehors, avec la mine et l'air satisfaits ; cette pantomine fut peut-être ce qui nous sauva, car on commençoit déjà à vouloir nous barrer le chemin et à interroger mon cocher, qui heureusement n'étoit pas dans ma confidence.

Arrivés à Lille, sur la grande place, nous descendîmes à la première auberge. L'hôte, un petit homme de quatre pieds au plus, nous dit : « Passez votre chemin, je ne loge point d'aristocrates, et vous en avez bien la mine ». Sa femme, haute de près de six pieds, le fait tourner comme un tonton par les épaules, et dit : « Entrez, mes amis, ne faites pas attention à ça », mais avec un air, un ton de mépris qui me rappelle le conte d'un très petit homme qui avoit une si grande femme qu'il étoit obligé de monter sur un tabouret pour l'atteindre au front; aussi en étoit-il traité en très petit garçon, et quand il vouloit s'en fâcher, « qui est-ce qui grogne là-bas ? » disoit-elle.

Enfin nous voilà à la frontière, obstruée par un corps de gardes nationales, et puis : « Qui êtes vous, où allez-vous » ? A ces questions insidieuses, je présente mon passeport à M. l'officier, qui, ne sachant pas lire, le donne au tambour, qui en fit le semblant, puis un écu que je glissai dans les mains pour boire à *la Nation* me fit passer sans difficulté.

Dieu soit loué ! nous voilà donc sur le territoire ami ! J'arbore aussitôt ma croix à la boutonnière ; votre mère nous embrasse tous en pleurant de joie. Hélas ! elle ne se doutoit pas, l'infortunée..... Oh ! mort, quel est ton aiguillon !.... Mes bons amis, ce n'est que d'aujourd'hui 1er août 1810 que je reprends la plume, que ce coup affreux me fit tomber des mains il y a plus de vingt ans !

XXXV. — A TOURNAY.

Au bout de quelques lieues de chemin, mon cocher, qui avoit toujours l'air un-peu sournois, se retourne tout-à-coup, et d'un ton un peu insolent me demande : « Où allons-nous donc? — En avant, marche », lui dis-je. Enfin nous voilà aux portes de Tournay; des fusiliers, à l'aspect de ma croix, vinrent poliment m'offrir de me conduire à l'hôtel-de-ville pour y faire inscrire mes noms, prénoms et qualités; cela fait, je priai l'un d'eux de me conduire au Marché-aux-Bêtes, où je comptois trouver un logement prêt à nous recevoir par les soins de Mlle d'Herly. Justement elle étoit partie la veille pour le port d'Ostende, de façon que nous eussions couché dans la rue sans de bonnes demoiselles qui, voyant notre embarras, employèrent une jeune personne (qu'elles avoient chez elles depuis longtemps) à nous trouver un logement. Elle nous mena chez un nommé Pezin, assez mauvais sujet, épicier de son métier, et qui n'usoit de sa baguette que sur les épaules d'une jeune et intéressante femme qu'il ne méritoit pas d'avoir. Faute de mieux, nous nous contentâmes d'une grande chambre toute nue, dont les petites croisées donnoient sur un ci-devant cimetière, une cuisine souterraine où il falloit se baisser jusqu'à terre pour y entrer, et une chambrette au-dessus. Autre embarras pour les chevaux, que nous logeâmes tel quel dans le voisinage. Je fis marché à tant par jour avec un traiteur, etc., etc..

Dégagé de ces soins domestiques, je me fis faire un habit bleu à boutons fleurdelisés; j'allai me présenter chez notre commandant, qui, sitôt qu'il sut qui j'étois, me dit : « Soyez le bienvenu, car nous n'en voyons guère de votre robe ici ». Je me montrai ensuite au café militaire, où je vis tous nos émigrés jouer un jeu d'enfer, comptant qu'ils auroient encore de l'argent de reste pour cinq à six mois que devoit durer encore la Révolution, après quoi ils devoient rentrer triomphants dans leurs foyers. Pour moi, qui m'apercevois que mon argent se dissipoit comme feu de paille et qui ne comptois réellement que sur ce que j'avois emporté de France, ne prévoyant pas le temps d'y rentrer, je commençai par faire réforme complète ; je vendis mes chevaux à un comte de Lannoy, heureusement ce qu'ils m'avoient coûté ; j'aurois bien désiré y joindre aussi le cocher, qui étoit bien l'être le plus lâche et le plus paresseux (j'ignorois alors que c'étoit aussi le plus traître) ; mais l'ayant amené en pays étranger sans son aveu, je ne pouvois en conscience l'abandonner. Je cherchai ensuite, pour tenir mon ménage et avoir soin de vous, mes enfants, un bon sujet, et le hasard voulut que la petite personne nommée Thérèse Midavoine, enfant orpheline du chirurgien-major de Saint-Amand, et qui nous avoit logés, vint s'offrir d'elle-même ; j'allai m'en informer aux trois sempiternelles demoiselles ; la plus jeune, qui avoit le surnom de « roi de Prusse », attendu qu'elle avoit à elle seule toute la tête et l'esprit de la famille, me la garantit pour un excellent sujet, qu'elle regrettoit beaucoup ainsi que ses sœurs, mais qu'elles ne pouvoient retenir malgré elle. Je m'en accommodai donc, et la suite de ces Souvenirs vous la fera connoître et appprécier.

Tournay est une grande ville d'environ 25 à 30.000 âmes ; ses remparts, les bords de l'Escaut, forment des promenades assez agréables ; les débris de sa citadelle, que Louis XV fit sauter en l'air, couvrent encore un vaste terrain ; il subsiste encore des morceaux entiers qui attestent quelles étoient son importance et sa solidité. « Le temps détruit lentement, la main de l'homme et son industrie sont plus expéditives ». Les champs de Fontenoy sont couverts de blé, et, comme dit Voltaire, je préfère

> A voir régner Cérès où triompha Bellone ;
> Campagne qu'engraissa le sang de nos guerriers,
> J'aime mieux vos moissons que celles des lauriers ;
> La vanité les cueille et le hasard les donne.

Melle d'Herly revint de sa tournée, et nous nous revîmes avec plaisir ; cette demoiselle étoit grande, un air noble, mais, avec de l'esprit, une tête exaltée ; elle se flattoit que la bonne cause triompheroit bientôt ; elle étoit en correspondance avec tous les gens marquants, vous entretenoit sans cesse de ses rêveries politiques et prétendoit nous les faire partager, au point qu'un jour elle vint nous réveiller de grand matin en criant : « Victoire, victoire ! Vite, venez voir la flotte de nos amis du Nord qui descend l'Escaut et vient à notre secours » ! Nous nous levâmes et la suivîmes par complaisance ; or c'étoit..... devinez..... : de petits vaisseaux et de grands bateaux chargés de houille et de charbon de terre, couverts de neige (attendu qu'il en étoit tombé toute la nuit), et qu'elle imaginoit venir en ligne directe de la Russie. Nous nous moquâmes un peu de sa vision, mais sans la corriger, et elle est morte six mois après dans son péché, se flattant jusqu'au dernier moment de sa rentrée triomphale.

Melle d'Herly nous menoit dans toutes ses sociétés. Un jour que nous étions rassemblés chez la comtesse de Boussu, arrive un voyageur en cheveux courts, bottes et culotte de peau ; c'étoit, devinez qui, ni plus ni moins que l'abbé Maury, ce fameux Démosthène royaliste, celui qui répondit au peuple qui le pressoit en criant *à la lanterne :* « Eh ! quand vous m'aurez mis à la lanterne, en verrez-vous plus clair » ? Vous devez juger, mes amis, de la sensation que la présence d'un homme si célèbre dut faire dans notre cercle royaliste ; Melle d'Herly surtout en perdoit la tête, et sans respect humain elle lui auroit, je crois, baisé ses bottes. Eh ! qui auroit dit alors que cet accoutrement cachoit un cardinal ? Oui, il l'est devenu, mais sa réputation, cette belle renommée est bien tombée, surtout depuis sa lettre imprimée [1] et qui fit dire dans le temps qu'il étoit comme les estampes, que les vrais connoisseurs ne prisent qu'avant la lettre.

XXXVI. — VIVES DOULEURS ET ÉTERNELS REGRETS.

Ç'en est donc fait ! Elle n'existe plus, cette femme sensible, cette tendre mère !.... Son cœur aimant ne répond plus aux

[1] Lettre du 22 août 1804, adressée à Napoléon et publiée dans tous les journaux en 1805.

battements des nôtres!.... Trop jeunes encore pour connoître toute l'étendue de votre perte, je la sentis doublement. Dès cet instant, je résolus de ne plus exister que pour vous, de remplacer celle que nous venions de perdre, et surtout de ne jamais souffrir que vous redonnassiez le doux, le vrai nom de mère à une autre.....; et je n'avois alors que quarante-quatre ans; si j'ai tenu parole, si j'ai rempli sans relâche auprès de vous les devoirs que je me suis imposés, ah! mes enfants, que votre tendresse soit ma récompense, et rendez les à présent à vos enfants, et je me croirai bien payé.

Je ne me sens pas la force, mes amis, de vous retracer ces scènes de douleur. Ce fut au retour d'un voyage de vingt-quatre heures qu'elle alla faire à Lille qu'elle se sentit frappée à mort; une dyssenterie cruelle (dont vous ne faisiez vous-mêmes que de relever), jointe à une fièvre maligne, et un flux de sang, nous l'enlevèrent le dix-septième jour de souffrances (22 novembre 1791). On ne me permit pas d'être témoin de ses derniers moments; par son ordre même je fus enlevé d'auprès d'elle; si vous désirez de plus amples détails, demandez les à cette bonne Melle Thérèse, dont les soins et la surveillance active sont inappréciables. Pour moi, je ne sais ce que je devins pendant vingt-quatre heures; je me retrouvai chez le curé de la paroisse, étendu sur un lit aux deux côtés duquel je reconnus ce digne pasteur et la bonne et sensible Melle d'Herly.

Resté votre unique appui sur une terre étrangère, mes ressources épuisées, qu'alliez-vous devenir? Je n'hésitai pas un instant; j'abandonnai tout pour vous, et remettant notre cause entre les mains de la Providence, j'écrivis à notre commandant la nécessité cruelle où je me trouvois, en lui demandant ses ordres pour l'intérieur dans le cas où je pourrois m'y trouver de quelque utilité. Ce devoir rempli, je fis des adieux précipités aux êtres sensibles que je laissois derrière moi, et nous partîmes, ou plutôt nous nous enfuîmes d'un lieu qui nous avoit été si funeste. M. de Manneville, mon beau-frère, venoit de me faire part de la perte de ses deux filles, et je lui répondis par celle de sa chère sœur. Qui de nous deux étoit le plus à plaindre?

XXXVII. — RETOUR.

La première poste nous fit arriver à Orchies, où je fus tiré de l'espèce de stupeur qui m'anéantissoit par une querelle que Melle Thérèse (qui déjà prenoit nos intérêts comme les siens propres) eut avec le postillon, qui demandoit plus qu'il ne lui étoit dû ; et j'entendis qu'il lui disoit : « Va, chienne, reviens-y si tu veux avoir le col tord »! Et notre lâche de cocher resta muet sur son siège.

A Douai, nous attendîmes quatre mortelles heures après des chevaux. Nous couchâmes à Roye. A Pont-Sainte-Maxence, nous nous trouvâmes encore tout au travers d'une revue générale de la garde nationale, tambours battants, enseignes déployées ; il fallut attendre que toute cette nation défilât devant nous ; durant ce temps, j'envoyai faire mes compliments à Mme de Belleval, ma parente, qui fit de vaines instances pour me retenir à dîner, mais qui par la suite, comme vous le verrez, vous fit un accueil bien différent.

Arrivés à Senlis, je m'aperçus aisément que la malveillance et la calomnie m'avoient devancé, par la coquinerie de mon cocher, qui, malgré mes défenses réitérées de ne rien écrire que sous mon enveloppe, n'avoit eu rien de plus pressé que de faire savoir où j'étois, ce que je faisois, ce qui m'étoit arrivé, etc. ; il couroit même, entre autres faussetés, qu'en passant la frontière nous avions été assaillis de pierres par les patriotes et que votre infortunée mère en étoit morte ; cette sottise fut relatée dans les motifs de mon arrestation.

J'appris en arrivant que la petite vérole étoit à ma porte, chez M. Vatin, mon notaire ; craignant pour vous le mauvais air, je m'enfuis au point du jour vers Paris avec vous et votre bonne ; j'y restai quatre mois, uniquement occupé de nos affaires. J'appris le lendemain qu'un fripon de procureur nommé Renard, en qui votre mère avoit (bien malgré moi) la plus grande confiance et chez qui nous avions placé en conséquence 55.000 livres en papier, mais de valeur alors, étoit sur le point d'aller à tous les diables ; je courus bien vite avec notre homme d'affaires chez le moribond pour tâcher d'en tirer quelques aveux, mais il n'étoit plus temps ; la paralysie lui ôtoit toute faculté de s'exprimer ; d'ailleurs il mourut insolvable [1].

Je revins à Senlis ronger mon frein pendant quelque temps, et, semblable à un malade qui ne trouve aucune bonne position, je retournai à Paris m'établir non dans notre hôtel, que j'avois loué, mais au bas de la même rue Culture, n° 11, dans le même appartement qu'avoit occupé le cardinal de Rohan en quittant l'hôtel Soubise. Mon logement, formant le derrière d'une maison fort triste par elle-même, n'étoit pas gai, ni fort commode ; ses vues donnoient d'un côté sur la cour, de l'autre sur une rue démagogique ; une femme portant du vert (couleur d'Artois) ne pouvoit la traverser sans être insultée ; on n'y voyoit qu'affiches incendiaires ; on n'y entendoit que des cris de *Vive la Nation, Pétion ou la mort,* et autres gentillesses, enfin jusqu'à un maudit perroquet instruit à répéter à toute heure : *à la lanterne les aristoucraches, l'abbé à la guilloutine.*

Mais que ne quittiez-vous ce logement ! Que voulez-vous ? l'embarras d'un logement, la crainte de trouver encore pis, et surtout un brave portier que je m'étois attaché par quelques cadeaux faits à propos .... Finalement je passai là environ six mois, uniquement occupé de votre éducation, vous montrant tout ce que je savois et même ne savois pas, moyennant de bons livres. Je me souviens à propos de cela que je te faisois composer, mon fils, de petites fables dont je te fournissois la morale, et tu ne manquois pas tous les jours de m'en demander une. Mon magasin fut bientôt épuisé ; heureusement je déterrai chez un bouquiniste un vieux Plutarque (non à mettre des rabats) [2], qui fut pour nous une mine inépuisable. Pour ton

[1] C'est alors que M. de Junquières vendit la maison de Villemétrie, celle des Reynard de Ramilly, à Melle Dunant pour 11.000 francs (acte du 28 décembre 1791). Voir R. de Maricourt, *Une maison de Villemétrie,* dans le *Bulletin* du Comité Archéologique de Senlis, année 189?, pp. 3-15. Cette maison appartient à la famille de Maricourt.

[2] On voit que M. de Junquières avait lu *les Femmes savantes* de Molière :

Vos livres éternels ne me contentent pas,
Et hors un gros Plutarque à mettre mes rabats,
Vous devriez brûler tout ce meuble inutile.....

petit frère, il n'avoit pas grand goût pour la morale et préféroit le jeu à tout. Je passois le reste du temps chez ma voisine, Mme Genet, brave femme logeant sur le devant avec l'abbé Baraton [1], que j'avois connu à Senlis, ou bien à rôder tristement autour des Tuileries.

XXXVIII. — DINER DU ROI.

Je me souviens qu'assistant un jour au dîner de nos infortunés maîtres, une dame d'un haut rang vint pour faire sa cour, en robe à queue de plusieurs aunes selon l'ancienne étiquette. En traversant les antichambres, je vis les gens de la garde nationale s'amuser à mettre le pied sur cette queue traînante, et je vis le moment qu'elle alloit tomber à la renverse. Je la retins, et, lui donnant le bras, je lui fis traverser la foule, qui s'écarta par respect pour ma croix, à laquelle on portoit encore quelque considération. Arrivés à sa voiture, elle prit ma main, qu'elle plaça sur son cœur en disant : « Monsieur le chevalier, que ne vous dois-je point! sans vous..... » ; puis levant ses yeux baignés de pleurs vers les fenêtres du château, elle ajouta : « Hélas ! peut-on se plaindre soi-même quand on envisage leur sort ? »

Nous essuyions souvent des visites domiciliaires, soit de jour, soit de nuit. Une fois, on vint me demander si je n'avois

---

Les ecclésiastiques se servaient d'un gros livre pour mettre leurs rabats en presse. Molière dut emprunter ce trait au *Roman bourgeois* de Furetière, où l'on voit Belastre demander au libraire Rocolet un livre, n'importe lequel, pourvu qu'il soit gros. « Dites-moi, demande le libraire, à quoi vous vous en voulez servir. — C'est à mettre en presse mes rabats ».

[1] Thomas-Gilbert Baraton, chanoine de Senlis, revint bientôt dans cette ville, comme M. de Junquières. Sous la Terreur, il fut incarcéré à Chantilly, puis à Saint-Paul-les-Beauvais. Quand l'ancien évêque de Senlis, Mgr de Roquelaure, fut nommé archevêque de Malines en 1803, il emmena l'abbé Baraton comme chanoine titulaire de sa nouvelle cathédrale, et lui confia les fonctions de sous-directeur et économe du séminaire. (Communication de M. le comte de Caix de Saint-Aymour).

pas d'armes cachées; je répondis ni oui, ni non, mais simplement : cherchez. Ils en firent le semblant, et ne s'áperçurent seulement pas d'une paire de pistolets accrochés à la cheminée.

Au 10 août, couvert d'une mauvaise redingote, un méchant chapeau sur les yeux et pistolets en poche, je rôdois autour des Tuileries sans pouvoir y pénétrer, quoique mêlé dans la foule de ces cannibales. Je fus signalé; apparemment que je n'avois pas la mine assez scélérate; je vis plusieurs piques se détacher et me suivre comme je m'en allois; cette vue me fit doubler le pas, comme bien vous pensez; dans ma course, j'aperçus de loin un malheureux à qui on hachoit le col sur un canon; près d'être atteint, je me jetai brusquement dans Saint-Germain-l'Auxerrois, et, ressortant par la porte latérale, je gagnai de petites rues qui me firent perdre de vue. Votre bonne Thérèse, qui avoit fait l'impossible pour m'empêcher de sortir, pensa se trouver mal au récit que je lui fis du danger que j'avois couru.

Dans le temps que l'on étoit à la chasse des ecclésiastiques, on vint pour enlever l'abbé Baraton; heureusement qu'il n'étoit pas à l'hôtel. Instruit que l'on avoit laissé une garde pour le pincer à son retour, je conjurai notre portier, au nom de l'humanité, de le sauver, ce qu'il fit en allant (comme en commission) jusqu'au bout de la rue, où, rencontrant l'abbé, il lui fit rebrousser chemin.

XXXIX. — MASSACRES. ABOMINATION.

Nous voici aux jours de septembre, Saint-Barthélemy nouvelle, où les maisons, les prisons, les rues dégorgèrent de sang. Un enragé septembriseur, mari de la cuisinière de Mme Genet, arrive à l'hôtel tout dégoûtant de sang, une poignée de cheveux ensanglantés à la main, voit sa femme à ses fourneaux et lui dit : « Tiens, fricasse cela, ce sont des cheveux de la Lamballe que je viens d'expédier à la Force ». Aux reproches de sa femme sur sa cruauté, il lui tomba sur le corps, et sans les assistants il l'envoyoit rejoindre sa noble victime.

Nous étions si près du lieu des massacres que les cris des victimes et de leurs bourreaux parvenoient jusqu'à nous. Le lendemain de celui de la Force, je vis (vous aurez peine à le croire), je vis, au détour de la maison de la Force et de la rue Saint-Antoine, sur les marches des ci-devant Jésuites, une multitude (tous bonnets blancs) applaudir de la voix et du geste, avec des hurlements de joie, deux énormes tombereaux combles et encombrés de cadavres, sur lesquels des monstres à face humaine se gorgeoient de boissons et d'aliments ensanglantés; on a dit même avoir vu des femmes leur disputer ces horribles mets, et joignant la lubricité à la cruauté, se jouer avec les membres..... la plume me tombe des mains.

XL. — RETOUR A SENLIS.

Enfin les massacres et les horreurs de toute espèce me rendirent le séjour de Paris si affreux, que je résolus de le quitter encore une fois, et après trois mois de peines et d'humiliantes démarches pour avoir un passeport, il me fut permis de revenir à Senlis, où j'espérois du moins respirer plus librement. La suite de ces Souvenirs vous apprendra, mes enfants, ce que le sort m'y réservoit.

J'appris en arrivant qu'on y avoit fait courir le bruit que j'avois été massacré au 10 août sous l'uniforme rouge des Suisses. Ce fut la première fois qu'on me tua, mais vous savez vous-mêmes que par la suite on vous régala presque tous les mois de cette belle nouvelle. Et que ne dit-on pas ! On alla, m'a-t-on dit, jusqu'à afficher à la porte de M. Turquet que j'avois une commission de chef d'une vendée dans la forêt de Compiègne, que je devois pour premier exploit mettre le feu à des meules de paille sur le cours, ensuite à ma propre maison. Mais n'anticipons pas sur les événements.

A peine y avoit-il six semaines que je végétois comme un ours dans sa tanière, que je reçois une lettre de l'abbé de Sers, ancien grand-vicaire de Senlis, contenant ces mots : « Mon bon ami, dans quatre jours il vous arrivera, tant maîtres que gens et enfants (moi compris), douze personnes à loger, arrangez-vous en conséquence ». Et, poste pour poste, je répondis : « Mon ami, vous connoissez le local, arrivez devant pour marquer à la craie ». Effectivement, au jour dit, arrivèrent Mme de Sers et ses enfants, Melle d'Advisard, sa sœur, des domestiques mâles et femelles, au total douze individus, et moyennant que je cédai mon appartement à Mme de Sers, nous nous trouvâmes tous logés passablement. Nous convînmes de faire dépense commune, et dès les premiers jours il sembloit que nous vivions ensemble depuis des siècles.

Mme de Sers, jolie femme d'environ vingt-deux ans, blanche, fraîche, la saillie, la vivacité gasconnes; vertueuse, maîtresse indulgente, bonne mère et chaude amie; un joli caquetage aiguisé par un petit accent gascon, charmant dans une bouche joliment meublée; toujours nouvelle, non de ces femmes qui, comme des énigmes, cessent de plaire sitôt qu'on les a devinées; — Melle d'Advisard, sa sœur, plus jeune de quelques années, sans un extérieur aussi séduisant, étoit bonne, gaie, cherchant à plaire, quelque peu musicienne; — l'abbé de Sers, leur frère, sachant allier aux devoirs de son état l'aisance et l'amabilité du grand monde, la figure et prestance d'un prélat; tous trois enfants du premier président du parlement de Toulouse [1] : tels étoient mes hôtes.

Avec les mêmes goûts, la même façon de penser, vous pouvez

---

[1] Tous trois enfants du..... : c'est une façon de parler ; car si l'abbé était bien le fils de M. de Sers, la jeune Mme de Sers n'était que sa belle-fille, et la sœur de celle-ci, Melle d'Advisard, ne lui était rien du tout. En outre la mémoire de M. de Junquières est ici en défaut : M. de Sers ne fut pas premier président du parlement de Toulouse ; son nom ne figure pas dans l'ouvrage de M. H. Amilhau intitulé *Nos Premiers Présidents ; revue historique, politique et judiciaire du Parlement de Toulouse* (1882). Honoré-Timoléon de Sers et Marie-Thérèse de Lordat (morte le 22 août 1760) eurent plusieurs enfants : Paul-Nicolas-Melchior, qui fut grand-vicaire de Senlis ; Paul-François-Honoré-Suzanne, qui épousa, le 31 mai 1785, Catherine-Marie-Joséphine d'Advisard ; et quatre filles, dont deux devinrent Mme de Fenols et Mme de la Bastide. (Communication de M. le comte de Caix de Saint-Aymour). — Voir dans le *Dictionnaire de la Noblesse* de La Chênaye-Desbois l'article consacré à « Sers, en Languedoc, au diocèse de Rieux... ».

vous imaginer, mes amis, quelle vie douce et délicieuse nous menions; la Révolution étoit à mille lieues de nous; la conversation, la musique, le caquetage des enfants, leurs jeux, leurs petites querelles, les échecs, des lectures, des folies, des espiègleries, etc., etc., tout cela dévoroit nos heures sans nous en apercevoir. Entre autres malices, je me souviens qu'un jour Mme de Sers (la grande ordonnatrice de nos repas) me fit dîner par cœur. Vous saurez que j'ai pour l'ail une aversion qui ne peut se comparer qu'à celle que j'ai pour la Révolution, et que Mme de Sers et sa suite, attendu sa qualité de gasconne, en faisoit ses délices; on faisoit l'impossible pour m'attraper en déguisant l'ennemi, mais je n'y étois jamais pris; cependant, un jour que j'avois annoncé que je dînerois dehors, elle commanda tout le dîner à l'ail; elle en fit même frotter les assiettes. Ma partie ayant manqué (je ne me souviens plus pourquoi), je vins pour prendre ma place à table; mais comme l'ogre en entrant dans sa tanière sentit la chair fraîche, de même à peine eus-je mis le pied dans la salle que je m'écriai : l'ennemi est ici, l'ennemi est ici. Jugez des rires.

Le lendemain, Mlle Thérèse vint me donner rabat-joie en m'annonçant que le petit (c'étoit toi, Isidore [1]) s'étoit tourmenté toute la nuit et qu'il lui poussoit des boutons sur le corps; notre Esculape, que j'envoyai chercher sur le champ, déclara le petit atteint et convaincu de la petite vérole. Comme les enfants de Mme de Sers ne l'avoient pas eue, je fis préparer le pavillon et nous y transportâmes dans ses couvertures le petit pestiféré, avec défense d'en approcher, si ce n'est le docteur, Melle Thérèse et moi, ce qui n'empêcha pas les bonnes de mener tous les enfants jouer avec lui; heureusement qu'aucun n'attrapa la petite vérole, qui d'ailleurs étoit très bénigne. Je ne me présentois jamais au petit, dans sa convalescence, que deux talmouses en mains; j'aurois été fort mal reçu sans cela; on mangeoit la première devant moi, mais j'exigeois que l'on gardât la seconde pour le goûter; le petit drôle observoit religieusement le premier article de mon ordonnance; pour le second, sitôt que j'avois le dos tourné, il grattoit le fond et

[1] Après la naissance du dernier fils, celui-ci garda le nom d'Isidore, et l'aîné, Jean-Baptiste-Isidore, eut pour prénom usuel Jean-Baptiste.

mangeoit l'intérieur du gâteau, si proprement qu'il n'y paroissoit pas à l'extérieur; malgré cela, le mal cessa promptement.

C'est ainsi, mes enfants, que six mois, j'ose dire des plus heureux de ma vie, se passèrent, au bout duquel temps Mme de Sers avec sa suite me quitta, emportant avec elle toute satisfaction et ne me laissant que des regrets.

La nuit du 20 au 21 janvier 1793, je fus saisi d'une agitation brûlante ; ne pouvant dormir ni rester au lit, je me jetai à bas ; après plusieurs tours, en parlant tout haut et apostrophant les scélérats, je m'asseois, prends une plume, et d'un seul jet je trace sur le papier une demi-douzaine de strophes ; je ne sais quel démon m'inspiroit, si ce n'est la fureur et l'indignation contre les régicides. J'ai voulu les corriger depuis, de sang-froid, mais en vain ; mes corrections ne valoient mon délire. Au temps des arrestations, je les cachai si bien qu'il m'a été impossible de les trouver depuis nulle part, non plus que dans ma mémoire ; j'en suis fâché, car je n'ai jamais rien écrit de meilleur.

XLI. — MON ARRESTATION.

Le 24 août 1793, occupés d'une règle d'arithmétique, nous deux mon aîné, nous entendons frapper à la grande porte et sonner de façon à arracher la cloche ; tu cours à la fenêtre, et puis : « Papa, venez voir toute la cour pleine de monde avec des fusils ». Comme j'avois été prévenu la veille, je n'en fus pas surpris, et, me rappelant le trait de la bombe, je lui dis : « Allons, viens, achevons. — Mais, papa, les fusiliers ? — Eh ! qu'ont-ils de commun avec notre calcul ? Achevons, te dis-je ». Aussitôt entrent dans la chambre une demi-douzaine de membres du Comité de sûreté, et, sans me déranger, je leur montre des sièges. Tout le monde assis, le chef prend la parole et dit : « Citoyen, en vertu du décret du Comité de surveillance et de sûreté, je vous déclare et vous déclarons en état d'arrestation comme suspect ; c'est avec regret que nous vous en intimons l'ordre. — Je le vois bien, Messieurs, répondis-je, et je m'y soumets de même ». Un moment de silence ; ensuite : « Citoyen, voyez parmi les citoyens fusiliers qui gardent la cour celui que vous préférez pour votre gardien. — Messieurs, comme qui choisit prend souvent le pis, et que cela m'arriveroit indubitablement, nommez vous-mêmes celui que vous voudrez ». Et le choix tomba sur un citoyen couvreur de son métier.

Parmi ces messieurs les visitants, il se trouvoit plusieurs individus je crois bien malgré eux ; un d'eux entre autres, après les avoir accompagnés dans toutes leurs courses et arrestations, parvint à sa rue ; le cortège, devant sa porte, se met en devoir d'y entrer ; lui, pensant que c'est par politesse et pour le remercier de les avoir accompagnés, s'y oppose, leur disant qu'il ne souffrira pas qu'ils se donnent cette peine. « Ce n'est pas cela, lui dit-on, entrons toujours, allez devant. — Citoyens, puisque vous le voulez absolument, soit, mais du moins je ne passerai pas le premier chez moi. — Si fait, si fait ; vous ne nous entendez pas ». Bref on entre, et ces messieurs, pour le remercier, lui intiment à son tour l'ordre de rester en arrêt chez lui, sans plus sortir. Tout cela, comme vous voyez, se passoit assez poliment, mais vous verrez qu'ils ne furent pas si honnêtes par la suite.

Comme on faisoit argent de tout, on vint me demander ma croix et le brevet d'icelle [1] ; je donnai l'une, et je dis que je ne savois ce que l'autre étoit devenu ; ils insistèrent fort peu sur mon parchemin, qui n'entroit pas dans leur spéculation. Vous le trouverez, ainsi que mes autres brevets, dans la cachette des papiers de famille, au dessus de mon cabinet de toilette.

A quelques jours de là, travaillant dans mon salon à de la tapisserie, tout en fredonnant un air à faux, je fus interrompu par le citoyen commandant de la garde nationale, le marquis d'Hérouville, le citoyen Ploy, major, ci-devant mon vitrier, enfin des citoyens maçons, serruriers et fusiliers. « Citoyen, me dit le susdit marquis, on a dénoncé au Comité de sûreté une

---

[1] En vertu du décret de la Convention du 23 août 1793, M. de Junquières remit sa croix le 26 août. Les croix recueillies à Senlis furent envoyées au député Porlier pour en faire hommage à la Convention au nom de la commune. (Voir Margry, *Senlis sous la Terreur*, dans le *Bulletin* du Comité Archéologique de Senlis, année 1906).

porte de derrière de votre jardin, violemment suspectée de pouvoir favoriser votre fuite, et je viens la faire condamner. — Faites ce qui vous est ordonné », lui dis-je en le regardant avec mépris et sans me déranger ; il me fit une inclinaison et alla faire mettre à ladite porte deux petits barreaux de fer qu'un enfant auroit forcés.

Voulez-vous connoître le chef de cette grande expédition, le marquis d'Hérouville ? Deux mots qu'il prononça au club et qui lui firent beaucoup d'honneur dans le temps, vont vous le peindre d'après nature. « Citoyens, dit-il, j'avoue que j'ai le malheur d'être né noble, mais j'ai le cœur sans-culotte ». Et j'ai vu encore nombre d'années cet être immoral et crapuleux traîner une vieillesse déshonorée, et finir comme un Capucin [1].

XLII. — PREMIER CONVOI A CHANTILLY.

Le bruit courut, et ne se réalisa que trop, qu'on alloit transférer tous les détenus de chez eux dans les différentes maisons

[1] Ses sentiments révolutionnaires survécurent à la Terreur, s'il faut en croire les registres municipaux de Senlis. Le 25 mars 1798, « se présentent les citoyens Dhérouville, père et fils, ex-nobles, lesquels déclarent que, en bons républicains, ils seront toujours prêts à répandre leur sang pour le maintien et la prospérité de la République, et demandent à prêter le serment civique, dont ils prononcent la formule et signent le présent acte ». (Margry, *Notes pour servir à l'histoire de Senlis*, 13me série, p. 221). — Le père, Anne-Mathieu de Ricouart d'Hérouville, d'abord appelé le chevalier d'Hérouville, puis marquis de Claye, né en 1724, était fils du lieutenant-général marquis d'Hérouville et de sa seconde femme, Jeanne Oursin, fille de Jean Oursin, seigneur de La Chapelle-en-Serval et d'Orry. Du chef de sa mère, il devint seigneur d'Orry, et réclama ses titres de propriété au district de Senlis le 7 novembre 1798. Colonel d'infanterie et chevalier de Saint-Louis, il épousa en 1766 Marguerite de Boissieu de Salvin, dont il était veuf lorsqu'il mourut à Senlis, dans sa maison de la place Notre-Dame, le 23 janvier 1807 (communication de M. Cultru). — Il appartenait à la troisième branche de la famille Ricouart, à laquelle La Chênaye-Desbois et Badier ont consacré un long article « dressé sur titres originaux communiqués » (*Dictionnaire de la Noblesse*, troisième édition, tome dix-septième ; Paris, 1872).

d'arrêt, et j'appris particulièrement que j'étois destiné pour le premier convoi qui devoit se faire à Chantilly le 5 septembre 1793, ce qui me fut confirmé par M. de Malézieu [1], votre oncle, exporté la veille de Crépy, qui nous fit faire en passant à Senlis ses compliments et nous donna rendez-vous pour le lendemain au château de Chantilly. En conséquence de l'avertissement, je fis mes dispositions, et vers les trois heures du matin dudit jour, des gendarmes vinrent m'enlever; un grand chariot à contenir vingt personnes étoit à ma porte, contenant Mme des Essarts (depuis Mme Boitel) [2], juchée toute seule sur des matelas et pleurant à faire pitié. Je fis placer les miens à côté des siens, ainsi qu'une petite mallette, et comme je me disposois à monter, vous vîntes, mes enfants, vous jeter dans mes bras; j'avois pourtant bien recommandé que l'on vous épargnât la douleur des adieux, mais réveillés par le bruit, rien ne put vous retenir; nous mêlâmes nos larmes, et après vous avoir recommandés à la Providence, et en sous-ordre à la bonne et excellente Melle Thérèse, nous nous donnâmes les derniers baisers, et je me plaçai à côté de ma désolée compagne, en employant toute mon éloquence à la tranquilliser.

En traversant le Marché, nous vîmes tout le monde aux portes et aux fenêtres, curieux de voir la mine que nous faisions. Je me rappelle que prenant là machinalement du tabac, un des curieux se mit à dire : « Quien, c'est drôle, il prend une prise ». A la place de Creil (à présent place d'Armes), nous restâmes en panne une grande heure à attendre

---

[1] Jean-Baptiste-Pierre de Malézieu, transporté de Crépy à Chantilly le 4 septembre, fut mis en liberté le 26 novembre 1793. — Voir Alexandre Sorel, *le Château de Chantilly pendant la Révolution*, où se trouve la liste de toutes les personnes incarcérées à Chantilly.

[2] Jeanne-Christine-Clémence de Saint-Massens de La Maillerie, femme de Louis-Charles-Emmanuel de La Fons des Essarts, capitaine de cavalerie. Celui-ci, qui était alors à Noyon, fut incarcéré à Chantilly à la fin d'octobre. Transféré ensuite à Paris, M. des Essarts fut guillotiné le 4 thermidor (22 juillet 1794), et sa veuve épousa ensuite M. Boitel (25 mai 1802). M. Margry a publié une partie des *Souvenirs* de M. Boitel dans ses *Notes pour servir à l'histoire de Senlis*. Greffier de la maîtrise des Eaux-et-Forêts du bailliage de Senlis, Élie Boitel fut, sous l'Empire, conseiller municipal et adjoint au maire de Senlis, puis sous-préfet de cette ville sous la Restauration.

Mme de Blachon et sa mère, qui n'étoient rien moins que pressées de partir avec nous. Tout cheminant, nous fûmes régalés des propos de ces messieurs qui nous escortoient : « Eh ! camarade, as-tu pris ton café au lait ce matin?... Ton chocolat n'étoit-il pas brûlé ?... As-tu bien baisé ta femme » ? etc.; puis des chansons obscènes, des jurements ignobles, une joie cruelle et bête, et qui auroit bien déplu à Fontenelle, qui vouloit que la gaîté du peuple même est de l'esprit.

A Saint-Firmin, la canaille entoura nos chariots en criant : à la guillotine ! J'eus pourtant là le plaisir de fermer le bec à une vieille qui hurloit plus près et plus haut que les autres, en lui criant encore plus haut : « Eh ! veux-tu bien te taire, vieille catachrèse » ! Elle fut tellement atterrée de cette figure de rhétorique qu'elle se tut et que toutes ses commères la huèrent.

Arrivés au château, j'aperçus M. de Malézieu et les Crépinois et Crépinettes montés sur les plombs et qui nous attendoient pour nous en faire les honneurs. On distribua les logements, et j'eus mon vingtième dans ce qui faisoit l'appartement de la Reine; je partageai avec M. de Trossy, doyen de Senlis [1], une garde-robe de six pieds carrés. A peine couchés que la fatigue nous endormit, mais je ne tardai pas à être réveillé par le ronflement de tonnerre de mon camarade de chambrée, qui me fit passer une nuit blanche; aussi, dès le lendemain, j'allai partager le bouge du cousin Chastellain [2].

On établit des tables de quinze à vingt couverts, formées par les mêmes langues, les mêmes liaisons, les mêmes habitudes. On mettoit en commun tout ce qu'on pouvoit tirer du dehors et soustraire à la rapacité des cerbères qui nous gardoient. Ce fut

---

[1] Le chanoine Bréda de Trossy (Jacques-François), né à Senlis en 1733, fut incarcéré à Chantilly avec d'autres membres de sa famille. La tourmente passée, il reprit la direction des services du culte avec le titre de vicaire-général du diocèse de Senlis, qu'il conserva après le Concordat comme délégué de l'évêque d'Amiens (l'évêché de Beauvais fut créé plus tard). Voici la fiche qui le concerne dans les notes de police rédigées en 1805 et conservées aux Archives de l'Oise : « Vicaire-général du diocèse d'Amiens exerçant à Senlis; exemplaire sous tous les rapports; il a beaucoup contribué à la paix du diocèse et du pays ». (Communication de M. l'abbé Amédée Beaudry, secrétaire du Comité archéologique de Clermont).

[2] René Chastellain de Popincour (voir plus haut, p. 115).

lors que j'eus lieu d'observer combien l'adversité rapproche les humains; tels qui dans le monde auroient dédaigné se parler, même s'apercevoir, se recherchoient alors; les préjugés, les prétentions dans tous les genres disparoissoient ou du moins se déguisoient de façon à ne pas blesser l'amour-propre d'autrui; enfin on se serroit les uns contre les autres pour résister mieux à la tempête; l'égoïsme même, le dur égoïsme se voyoit contraint de plier.

Il nous arrivoit journellement des camarades d'infortune de tous les lieux à la ronde, de Noyon, de Compiègne, Clermont, Beauvais, etc.; c'étoit généralement, dans les commencements, l'élite des cantons, et cela est bien aisé à concevoir, pour peu que l'on réfléchisse que c'étoient les scélérats qui faisoient le triage. Remarquez, mes amis, que je dis : dans les commencements; car dans la suite, au défaut de victimes pures, ils se déchirèrent entre eux comme des bêtes féroces; dès lors les haines, les vengeances particulières engorgèrent et infectèrent les maisons d'arrêt; par conséquent plus de sûreté, de confiance; je vis même des détenus, semblables à des forçats, se battre avec leurs chaînes[1]. Nous menions donc dans ces commencements une vie du moins supportable, et en mon particulier, si j'avois pu vous avoir avec moi, mes enfants, je ne me serois pas plaint de mon sort; mais la fortune m'en réservoit un bien fait pour m'accabler.

Dans ce temps mourut dans mes bras Mme de Blachon, de la suite du saisissement qu'elle éprouva dans un moment critique lors de son enlèvement; nous eûmes mille peines à lui faire administrer les secours qu'exigeoit son état. Sa mère, qui l'aimoit à l'adoration, se seroit jetée, sans moi, par les fenêtres. Je me souviens que les malheureux qui vinrent enlever le cercueil, pour s'épargner la peine de le descendre à bras, le roulèrent sur les degrés avec le pied. On le mit en dépôt vingt-quatre heures à l'entrée du parc; de là nous lui vîmes traverser la Pelouse et j'ignore quel fut son dernier gîte[2].

---

[1] Évidemment c'est là une image, car les détenus n'étaient pas enchaînés.

[2] Ce récit est confirmé par Mme de Bohm (née Girardin, *Les Prisons en 1793*, p. 21). C'est le 16 septembre 1793 que mourut Germaine-Charlotte Clozier, femme de M. de Blachon.

Enfin, le 30 septembre audit an, au moment qu'on s'y attendoit le moins, MM. Marchand et Clémence, exécuteurs des hautes œuvres révolutionnaires, parurent dans la cour entourés de gendarmes, et l'instant d'après on entend appeler : « Citoyens Junquières, Chastellain, Dufresnoy, Lenfumé, Boitel, Germain. — Eh bien, nous voilà. — Allons, suivez-nous. — Mais encore faut-il prendre quelque chose, son bonnet de nuit. — Bah ! ce n'est pas la peine ; allons, marchez ». Chacun de nous alla faire ses adieux, bien convaincu que ce seroient les derniers ; je vous recommande, mes enfants, à votre oncle, mets quelques provisions et effets dans un mouchoir, et vais rejoindre mes camarades. J'entends encore les cris de Mme Germain au départ de son mari [1].

XLIII. — A LUZARCHES.

Et pourquoi ce triage, cette préférence, cette prédilection ? Je vous répondrai à cela, mes amis, que je n'en sais encore rien, que je n'ai jamais voulu le savoir pour ne pas être obligé de haïr quelqu'un à la vie et à la mort. Tout ce que je puis conjecturer, c'est que nos Jacobins, pour se distinguer et faire un exemple frappant, vouèrent six victimes prises dans les différentes classes du clergé, de la noblesse et de la bourgeoisie, et que le hasard ou la haine nous fit tomber le billet noir. Notre enlèvement répandit la terreur et la désolation dans la maison ; on nous regrettoit, on nous plaignoit, en craignant pour soi le même sort, car la compassion pour autrui est toujours excitée par un peu de retour sur soi-même.

Enfin nous voilà en rase campagne ; pour lors Chastellain, s'adressant aux gendarmes, leur dit : « Camarades, chargez,

[1] C'est bien le 30 septembre 1793 que MM. de Junquières, Chastellain de Popincour, Boitel, Germain, ex-procureur de la maîtrise des Eaux-et-Forêts, le chanoine Dufresnoy et le père Lenfumé, ex-gardien des Cordeliers de Senlis et en dernier lieu membre du clergé constitutionnel de la cathédrale, furent transférés à Luzarches. Marchand et Clémence étaient les chefs du détachement de l'armée révolutionnaire envoyé dans le département de l'Oise.

chargez fort pour ne pas nous manquer et nous faire languir ». L'un d'eux, brave homme (car on en trouve quelquefois où l'on ne se l'imagineroit pas), répondit : « Qu'entendez-vous ? Si nous avons des armes, ce n'est que pour vous défendre ». Sans savoir où nous allions, nous suivions la queue des chevaux, chacun faisant à part soi ses réflexions, quand vis-à-vis, je crois, de La Morlaye, une troupe de polissons nous environne et nous accable d'injures ; notre brave gendarme nous tint parole en écartant à coups de plat de sabre toute cette canaille.

Enfin, après quelques heures d'une marche fatigante, nous arrivâmes à Luzarches; on nous fit grimper une rampe très rude qui nous conduisit à un vieux bâtiment, décoré du nom de château du temps des croisades. Nous aperçûmes tout au haut, au travers des barreaux, des prisonniers qui nous avoient devancés et dont nous allions augmenter le nombre. Enfin, parvenus à la moyenne région, on nous poussa dans un grand galetas tout nu, suivi d'un autre plus petit qu'occupoient nos devanciers; les murs étoient ornés d'emblèmes, sentences et enluminures révolutionnaires, tels que des piques, des chaînes, des guillotines, et autres gentillesses récréatives. On nous apporta des cruches d'eau et force bottes de paille ; nous en jetâmes une douzaine dans un enfoncement en façon d'alcôve ; puis Germain, Boitel, Chastellain et moi, nous nous jetâmes dessus pour nous y endormir comme sur le meilleur duvet ; tant il est vrai que la fatigue est une excellente berceuse.

Le lendemain, nous fîmes connoissance avec l'autre chambrée; elle étoit composée pour la majeure partie de fermiers et cabaretiers, les premiers pour avoir refusé à Marchand et à Clémence de leur vendre leurs chevaux *pour rien*, pour avoir donné quelques poignées de grains de blé à leurs bestiaux, les seconds pour avoir refusé de boire et surtout de faire boire gratis à la Nation, etc., etc. Il y avoit parmi eux un grand homme de six pieds, d'une voix de stentor, pour avoir tenu quelques propos contre la monnoie nationale; ce géant s'appeloit Oudaille, curé du lieu, aussi fort par son physique qu'il étoit foible par son moral, au point d'offrir d'épouser sa cousine propre pour se tirer d'affaire. Mais laissons ce Goliath moderne, nous aurons occasion de le faire reparoître sur la scène.

La nécessité est, dit-on, la mère de l'industrie; aussi j'appris en fort peu de temps à faire des liens de paille, des nattes, des traversins, etc., très proprement, je vous assure.

Quand on sut où nous étions, nous eûmes des matelas, des petites provisions en vin, sucre, tabac, etc.. Le domestique de Chastellain venoit toutes les semaines, les poches pleines, pour son maître et pour nous, nous donnoit des nouvelles des êtres qui nous étoient chers et du reste de l'humanité.

Notre prison s'encombroit d'une manière dégoûtante et malsaine : des filous, des coquins, des gourgandines, etc., le rebut de l'humanité; une dégoûtante prostituée, entre autres, s'étoit gîtée entre l'abbé Dufresnoy et le père Lénfumé; elle répondoit à tous leurs Jésus et leurs signes de croix par des propos et des chansons lubriques.

On établit des guérites, des corps-de-garde, etc.; et comme nous devions toujours payer nos verges, on nous fit contribuer pour cela. On venoit fréquemment nous faire des visites nocturnes et nous tâter sur notre paille à la pointe du sabre, uniquement pour le plaisir de nous arracher au sommeil, consolateur des malheureux. De mes compagnons de couche, j'étois le plus mal placé; je ne m'étois pas aperçu que mon chevet touchoit presque aux latrines et au baquet, de façon que j'étois obligé de me boucher fortement le nez avec du tabac pour moins sentir ces fétides exhalaisons; mais ceci eut aussi un inconvénient : ma respiration, gênée, occasionnoit dans le sommeil un ronflement à réveiller tous mes voisins, qui, sitôt qu'ils entendoient la pédale, se mettoient à siffler jusqu'à ce qu'ils m'eussent éveillé.

Un jour, nous eûmes la visite d'un militaire de haut grade, qui, passant par Luzarches et apprenant qu'un de ses amis étoit dans les fers de Marchand, vint à notre cachot pour l'en délivrer; quelques-uns des nôtres, profitant de l'occasion, s'adressèrent à lui pour rompre aussi leurs liens. Marchand, instruit de ce qui venoit de se passer, vint le lendemain, les yeux hors de la tête, sabre à la main, suivi de toute sa garde, nous faire une vive mercuriale, et finit sa péroraison en disant : « Oui, vous êtes tous des scélérats, des misérables, je vous conduirai avec la verge de fer ». Durant cette semonce, qui fit trembler beaucoup de nous, Chastellain et moi étions dans notre coin sur notre paille, lui sifflant tout bas et moi lisant de même, sans faire plus d'attention à cet énergumène qu'à un chien qui aboyeroit. Enfin, frappé de notre méprisant maintien, il nous apostrophe en hurlant : « Eh ! qui êtes-vous donc, vous autres » ? Point de réponse. — « Eh bien, m'entend-on ? qui êtes-vous ? — Gentilshommes françois », répondit Chastellain à cette seconde citation ; et il fut tellement atterré de cette réponse inattendue qu'il s'en alla sans plus rien dire.

Enfin, au bout de six semaines à peu près, un de ces messieurs vint, une liste à la main où étoient inscrits les noms d'une vingtaine d'entre nous, destinés à partir avec l'armée révolutionnaire ; j'avoue qu'alors, mes enfants, je me crus, ainsi que mes compagnons, à nos derniers jours.

XLIV. — DÉPART DE LUZARCHES.

Le .. novembre 1793, après que l'on nous eut comptés un à un comme des moutons, on nous fit passer sous ce qu'ils appeloient la voûte d'acier, c'est-à-dire sous les bayonnettes croisées de l'armée révolutionnaire. On nous fit monter à la maison de ville pour signer sur un registre ; nous nous plaignîmes au citoyen maire de notre geôlier, qui nous avoit volé de nos effets ; on nous rendit justice en les lui faisant restituer et en *les gardant.* Nous montâmes ensuite dans les charrettes qui nous attendoient ; je ne saurois vous en dire le nombre ni leur contenu, mais la nôtre étoit la première et composée de Chastellain, Germain, Boitel, moi, et le grand curé dudit Luzarches, qui, quoique assis, paroissoit toujours debout ; nous avions en perspective une pièce de canon sur laquelle étoit la chape de l'évêque de Senlis, ornée de l'étole de deuil du susdit curé. Derrière notre voiture, suivoit celle remplie des vases sacrés, puis celle des princesses suivantes de l'armée, laquelle nous entouroit l'arme haute, enseignes déployées, des branches vertes, conduite par MM. Marchand et Clémence, montés en triomphateurs sur de superbes palefrois volés, le tout au bruit des cris du *Chant du Départ*, du fameux *Ça ira*, etc., etc.. Un aide-de-camp précédoit toujours le convoi pour annoncer partout qu'il alloit arriver des Chouans de la Vendée, l'évêque de Senlis et son clergé, etc., que l'on menoit à la guillotine. A demi-chemin, on nous permit de descendre pour boire un coup, à condition que nous régalerions ces messieurs. Enfin, après de longues heures de fatigues et de brisements, nous arrivâmes au faubourg Saint-Denis, où nous fîmes une pause pour rassasier la curiosité de la populace.

Chastellain, durant ce temps, se rappelant qu'il avoit une connoissance dans ce quartier, et voulant la prévenir sur son arrivée, appela du geste, comme on feroit à un laquais, le glorieux Clémence, et lui faisant signe de la main, lui dit : « Voyez-vous cette maison à droite, là ? Faites-moi le plaisir d'aller les prévenir de ma part que je suis arrivé ici en bonne santé ; je n'exige pas votre parole d'honneur, mais, là, promettez-le moi ». Et ce qu'il y a d'étonnant, c'est qu'il fit la commission et en rapporta la réponse ; tant il est vrai que le sang-froid et la fermeté en imposent, même aux scélérats les plus endurcis.

Nous nous remettons en marche, toujours ignorant où l'on nous menoit et quel en seroit le terme : est-ce à la Force, à la Conciergerie, à la place de la Révolution ? telles étoient nos questions à mesure que nous avancions. Enfin on arrête rue Cul-de-sac-Dauphin, à une maison d'émigré transformée en comité de surveillance de la Convention, où Marchand et Clémence avoient établi leur conseil, qu'ils présidoient despotiquement. En descendant de voiture, le pied manqua à Germain, et il eut la joue accrochée par une bayonnette. On déchargea les voitures, et je vis briser sur les brancards des chandeliers, des soleils, des croix, des calices, pour la facilité du transport [1].

[1] Marchand et Clémence adressèrent à la Convention nationale un rapport dont le Comité de surveillance de Paris décréta l'impression. Un exemplaire de ce rapport fut envoyé à Senlis ; M. Margry l'a reproduit dans ses *Notes pour servir à l'histoire de Senlis*, 12e série (*Senlis sous la Terreur*, pp. 110-112, fascicule publié dans le *Bulletin* du Comité archéologique de Senlis, 1907). Le curé Oudaille, le chanoine Dufresnoy et le père Lenfumé sont spécialement nommés dans ce rapport.

XLV. — COMITÉ DE SURVEILLANCE.

On nous fit monter au second, et on nous distribua dans deux chambres ; on établit un nombreux corps-de-garde dans notre antichambre. J'éprouvai, je vous l'avoue, mes amis, un moment de satisfaction de voir mon dernier terme encore ajourné, et de me retrouver dans une chambre propre et bien boisée, avec deux grandes fenêtres sur la rue, une cheminée, et un lit de camp. Il y avoit aussi sur le même palier une petite pièce où étoit détenu tout seul le fameux abbé Sicard [1], pour qui l'on avoit une espèce de considération, et pouvant recevoir chez lui qui il vouloit.

Les premiers jours, nous fîmes cuisine commune ; mais ces messieurs, ne trouvant pas notre chère assez délicate, firent bande à part, ce qui nous fit grand plaisir. On nous permit de donner de nos nouvelles ; je vous écrivis, et votre bonne Melle Thérèse vint pour me voir et m'apporter votre réponse ; mais, hélas ! elle ne put parvenir jusqu'à moi, et après avoir attendu vainement et à jeûn jusqu'à sept heures du soir, elle fut forcée de s'en retourner en pleurant.

Nous recevions pourtant des visites, mais des familiers et des protégés de ces messieurs dont nous nous serions bien passés. Il nous en vint entre autres de Senlis, une société de patriotes en hommes et en femmes, qui vint nous voir et examiner comme des animaux rares dans une ménagerie ; un de ces curieux, en apercevant Boitel, lui dit : « Eh ! qu'est-ce que tu fais ici avec ces scélérats » (parlant de nous autres) ? Boitel ne répondit rien, mais son air sembloit dire : « J'aime mieux être avec des scélérats comme eux qu'avec d'honnêtes gens tels que vous ».

Un jour que je me promenois dans notre antichambre tout en fredonnant un couplet d'une ariette de *Richard Cœur-de-Lion*, j'entendis une voix douce et de connoissance qui reprit le

[1] Le célèbre éducateur des sourds-muets.

second. Jugez de ma surprise. On entr'ouvre la chatière; c'étoit Mme de Sers, qui avoit affronté les bayonnettes pour venir me voir sitôt qu'elle sut par l'abbé Sicard que j'étois son voisin; un petit moment de jouissance fait oublier bien des peines. Il y avoit aussi devant nos fenêtres une brave dame, qui, toutes les fois qu'elle apercevoit quelqu'un des nôtres, élevoit les mains au ciel avec un air de compassion qui faisoit plaisir; il est si doux d'être plaint!

Un jour, l'abbé Sicard, que nous allions voir quelquefois, nous invita, Chastellain, le curé Oudaille et moi, à venir sans faute le lendemain matin sur les dix heures. Nous fûmes surpris, en entrant chez lui, de voir un jeune homme et une jeune fille autour d'une petite table couverte d'un mouchoir blanc, sur laquelle étoit un missel, un anneau, et autres choses dont je ne me souviens plus. Il fit faire au curé, et à genoux, une espèce d'amende honorable [1]; puis, prenant les mains des jeunes gens, il les joignit, lut et récita les prières et oraisons du missel à l'article mariage, leur fit les questions et demandes exigibles, leur donna sa bénédiction, et les voilà mariés suivant les rites de l'Église, à la barbe du corps-de-garde révolutionnaire, dont nous n'étions séparés que par une simple cloison de trois pouces d'épaisseur.

On nous régaloit journellement de tous les décrets, affiches, écrits incendiaires, sentences, condamnations à mort, etc.; nous pouvions même, en allongeant le col, voir défiler la fatale charrette devant Saint-Roch; mais un nommé Thibaut [2], le même qui perdit la tête pour conserver son cheval contre Clémence, s'étant avisé de jeter par les fenêtres des lettres et billets à des gens affidés, l'on vint nous cadenasser de façon à nous priver de la vue et de l'air.

Nos camarades Germain et Boitel nous quittèrent dans ce

---

[1] Le 19 décembre 1793, « François-Augustin Oudaille, natif de Troussures, dép. de l'Oise, curé constitutionnel de Luzarches, convaincu d'avoir tenu des propos tendant à l'avilissement de la représentation nationale, et autres propos inciviques et révolutionnaires, a été condamné à la déportation » (Réimpression du *Moniteur*, XIX, p. 5).

[2] Probablement le fermier Jean-Claude Thibault, qui fut guillotiné le 21 janvier 1794 (Wallon, *Histoire du Tribunal révolutionnaire de Paris*, II, 373).

temps pour aller rejoindre femme et amis à Saint-Paul près Beauvais, non sans regrets de notre part de ne pouvoir en faire autant.

Enfin, après six semaines environ de séjour au Comité de surveillance, on vint nous signifier à une douzaine d'entre nous, dont étoient Chastellain, le père Lenfumé, l'abbé Dufresnoy et votre très humble, que des voitures nous attendoient à la porte. Nous descendîmes donc sans nous le faire redire, puis, montant en fiacre, nous voilà roulant tout Paris, sans savoir où l'on nous menoit, car on affectoit toujours de nous le laisser ignorer. Nous eussions pu, pour peu que nous en eussions eu le désir, nous sauver très facilement dans les fréquents détours que notre escorte faisoit pour éviter les embarras ; mais où aller ensuite ? Étoit-il alors sur toute l'étendue de la France six pieds carrés où un honnête homme pût vivre ignoré et tranquille ? D'aillcurs on s'en seroit pris à mes enfants, à mon bien ; et que seroit devenu le morceau de pain que je voulois leur laisser ?

Mais en vérité je m'admire, mes amis, moi qui oublie souvent ce que j'ai dit et fait la veille, de pouvoir vous rassembler et retracer des souvenirs de vingt ans. Des raisonneurs vous diront que dans notre jeunesse les impressions se tracent profondément sur un cerveau tendre, s'y impriment, et font qu'on s'en souvient, au lieu que, durci par les années, ces impressions glissent dessus comme sur une glace, s'y réfléchissant sans y laisser de traces pour la mémoire. Ce raisonnement est fort beau, mais comme comparaison n'est pas raison, m'expliquera qui pourra comment ce qui est immatériel peut agir sur la matière. Au reste je ne me dépite nullement de mon ignorance, persuadé que si la Providence ne m'a pas accordé une vue plus étendue, c'est qu'elle ne l'a pas jugé nécessaire.

XLVI. — PICPUS.

Après bien des tours et des détours, nous arrivâmes à la barrière du Trône, porte Saint-Antoine, et, prenant à droite, nous voici dans la cour du ci-devant couvent de Picpus [1], où nous trouvâmes un grand nombre d'ouvriers, ou plutôt de démolisseurs, qui nous demandèrent ce que nous venions chercher dans une maison où tout étoit sens dessus dessous. — « Eh ! ce n'est pas nous, ce sont ces messieurs qui nous y amènent ». — Finalement nous entrons, et, à l'aide d'un ancien petit frère coupe-choux [2] haut comme une jambe et établi en qualité de notre gardien, nous nous arrangeâmes dans la chambre du ci-devant prieur, qui avoit une cheminée et étoit assez claire. Nos matelas jetés dans un coin et nous dessus, notre gardien nous dit en nous souhaitant le bonsoir : « Je vous en prie, Messieurs, ne vous en allez pas ; vous êtes sous ma responsabilité, et il y va de ma tête ». Nous lui permîmes de nous enfermer à la clef pour la nuit. Le lendemain, je me mis à parcourir la maison de haut en bas ; sa solitude profonde m'inspiroit une espèce de recueillement, ainsi que l'église, la bibliothèque, la pharmacie, le cloître, pavé des tombes de ces bons pères qui dormoient du sommeil de paix à l'abri des révolutions, enfin le réfectoire, où je remarquai un bon tableau oublié, représentant le Serpent d'airain [3]. J'appris de notre gardien qu'on destinoit la maison attenante, ci-devant couvent de Picpus-les-Dames [4], pour en faire aussi une maison d'arrêt. Nous restâmes ainsi une quinzaine de jours sur notre bonne foi ; alors on nous amena de tous les côtés des colonies de détenus, de la Force, de la Conciergerie, etc.. La prison s'organisa de concierge, de guichetiers, porte-clefs, corps-de-garde, et de tous bonnets rouges possibles.

Comme nous étions les doyens de la maison et que nous avions la plus belle chambre, c'étoit aussi chez nous que se tenoit le club le plus distingué; tous ceux qui avoient marqué autrefois à la ville et à la cour, les Périgord, les Nicolaï, les Gouvernet, les La Tour-du-Pin, les lieutenants de police, criminel, les présidents, les avocats-généraux, les membres du

---

[1] Couvent des Pénitents réformés du tiers-ordre de Saint-François.

[2] *Frère coupe-choux*, religieux qui n'est d'aucune considération dans son couvent (Littré).

[3] Tableau de Le Brun.

[4] Les dames chanoinesses de Saint-Augustin.

Parlement, etc., etc., formoient notre cercle; on parloit du passé, du présent, des anecdotes de la cour, de la ville, même des coulisses, car nous avions les principaux acteurs, les Dazincourt, les Vanhove, et surtout Fleury [1], qui se distinguoit par son bon ton, son esprit et sa gaîté. Plus de distinctions, de morgue, de ton tranchant; chacun cherchoit à plaire par ses qualités naturelles. Outre les acteurs de la haute comédie, nous pouvions nous vanter que nous avions aussi un opéra; un détenu nommé Guérin s'étoit habitué à siffler avec tant de précision et de perfection qu'il attiroit tous les rossignols du canton, qui se rassembloient pour l'entendre sous une allée de tilleuls qui étoit au bas de nos fenêtres. Ledit Guérin siffloit, avec tous ses accompagnements, un opéra tout entier avec une perfection rare; mais, hélas! c'étoit le chant du cygne, comme vous l'apprendrez par la suite. Vous voyez, mes amis, que pour le moment, sauf un point, nous ne pouvions pas nous dire très malheureux; car que nous manquait-il?... Hélas! tout; la liberté.

Nous avions de nos fenêtres une vue assez étendue; le premier plan du paysage étoit composé de vergers, de jardins, où je voyois travailler gaiement et *librement*, et je me disois alors : que ne suis-je né jardinier! Ensuite des terres labourables, des carrières, et le cimetière qui nous étoit destiné; enfin, en troisième plan, le château de Vincennes, séjour antique de haines, de vengeances, de crimes, et souvent aussi d'innocence.

Je reçus vers ce temps votre visite, mes chers enfants, et en voici le principal motif. J'avois appris que l'on fouilloit toutes les caves, sous prétexte d'en enlever le salpêtre; et comme avant de quitter Senlis j'avois déposé en différents endroits de la nôtre mon argenterie et ce que j'avois d'argent et de bijoux, l'inquiétude me prit; j'écrivis à votre bonne de vous envoyer à Paris, que j'étois affamé de vous voir. Vous vîntes; je te fis part, mon fils, comme à un grand garçon, de ma crainte; je te

---

[1] Joseph-Jean-Baptiste Albouy, dit Dazincourt; Charles-Joseph Vanhove; Abraham-Joseph Bénard, dit Fleury. — Voir Émile Campardon, *les Comédiens du Roi de la troupe française pendant les deux derniers siècles* (Paris, 1879).

traçai sur une carte le plan de la cave, avec des croix aux endroits des dépôts, puis te recommandai de déterrer le tout et de le cacher autre part, en te faisant aider, comme de raison, par qui tu jugerois à propos, et de me faire savoir promptement et adroitement le résultat de ton opération. Vous restâtes un jour avec moi, et les cris et les pleurs qui accompagnèrent vos adieux me firent sentir combien il est doux et cruel d'être père. Deux jours après ton retour à Senlis, tu m'écrivis, mon fils, ce peu de mots qui ne sortiront jamais de ma mémoire et me présagèrent une grande prudence : « Mon papa, j'ai résolu le problème que vous m'avez donné, mais ce n'a pas été sans peine ».

Le nommé la France, domestique de Chastellain, étoit toujours notre pourvoyeur; il nous rapportoit des paniers de vin, des fruits, des volatiles ; tout cela se mangeoit en commun. Chacun avoit son emploi; j'étois passé maître rôtisseur, et moyennant une ficelle attachée aux pattes de la volatile et au chambranle de la cheminée, que je faisois tourner sur elle-même moyennant le coup de pouce, elle rôtissoit en tous sens et à merveille. Un ancien aumônier du prince de Condé avoit le gouvernement du balai, enfin Chastellain celui de la vaisselle. Pour nos ecclésiastiques Dufresnoy et Lenfumé, ils restoient dans leur cellule à prier Dieu et tricoter.

Il faut, mes amis, que je vous fasse part du plus grand de mes embarras. J'avois apporté à tout événement 50 louis en or ; comme on venoit souvent faire des visites, je cachois mon or tantôt en terre, tantôt sous des tuiles, des pierres, etc., les plaçant et déplaçant sans cesse par crainte qu'on ne découvrît ma cache. Les porter sur moi, dans la cravate, dans la ceinture, entre la doublure et l'étoffe, tout cela, ruses usées ; d'ailleurs on menaçoit et même il étoit arrivé de vous dépouiller nu comme la main, pour voir si vous n'aviez rien de caché entre cuir et chair. Ce que c'est que l'embarras des richesses ! Je n'en dormois pas. Enfin je m'avisai de faire avec une vieille chemise une espèce de bandage, enfermai mon or dans ce qui forme la poire, et le mis avec confiance, ne le quittant ni jour ni nuit, convaincu que quand on m'auroit dépouillé on auroit plaint ce pauvre diable affligé d'une descente.

Je passois mes journées à lire, à travailler à la tapisserie, à dessiner, à former un élève dans les mathématiques, à me promener, à causer avec les détenus qui m'inspiroient de la confiance, mais sans trop m'abandonner, ami de tous et familier de peu, comme dit un ancien sage.

Je rendis dans ce temps un grand service à l'abbé de Chevigné, et voici comment. Vous saurez que tous les jours on distribuoit à chacun de nous notre portion de vin, ou plutôt de lie de vin ; c'étoit à qui présenteroit le premier sa bouteille pour avoir du plus clair ; le petit abbé de Chevigné et un grand drôle de militaire présentent en même temps la leur ; ce fut à qui auroit le pas. Les petits hommes sont têtus, et l'abbé ne voulant pas céder à son grand adversaire, celui-ci, d'un coup de coude, vous l'envoya avec sa bouteille rouler au bout de la chambre. Que fait mon petit irascible ? Il ramasse les tessons de sa boutelle, un à un, et avec un grand sang-froid il vous les jette au visage de l'autre et le met tout en sang. Grande rumeur ; on se disposoit déjà à transférer l'abbé à Bicêtre, autant vaut-il dire à la mort ; j'allai trouver le concierge, et par mon éloquence je lui persuadai de tenir secrète cette rixe, qu'autrement on diroit que ses prisonniers se déchiroient, qu'il ne savoit pas tenir la police entre eux, etc., etc. ; qu'il suffisoit de faire faire des excuses par l'abbé et lui ordonner les arrêts. Mon homme me crut, tout s'apaisa, et voilà comment, sans m'en douter, j'ai ménagé un évêque à Séez, où notre abbé est parvenu évêque je ne sais comment[1].

Vers ce temps, je reçus une visite à laquelle j'étois loin de m'attendre. Il faut vous dire qu'avant les arrestations les frères de M. Thomas des Fossés, gentilshommes normands, étoient venus me prier, en qualité de parents de votre mère, de tâcher de tirer des mains de leur frère aîné, Thomas, certains papiers et contrats de la famille que ledit sieur, fieffé jacobin, avoit résolu de sacrifier. Sur le champ j'écris au susdit : « Mon cher cousin, vous me rendriez un grand service de vouloir bien me confier tels et tels contrats et titres de la famille, dont j'ai besoin pour établir les droits des enfants de ma femme défunte,

[1] Hilarion-François de Chevigné de Boischollet fut évêque de Séez de 1802 à 1811.

votre chère cousine, dans une succession collatérale, etc. ». Sur mon récépissé, il m'envoya les dits papiers, que je remis sur le champ entre les mains de ses frères, qui m'en donnèrent décharge. Le cher cousin, voyant que je ne les lui renvoyois pas, vint à Senlis chez tous les notaires pour les réclamer dans le cas où je les aurois déposés chez eux, finalement à Picpus. Il me fait demander au guichet (on n'alloit jamais là sans que le cœur ne vous battît un peu). Je vois mons Dufossé en bonnet rouge éclatant. — « Eh bien ! c'est moi, cousin ; est-ce que vous ne me voyez pas ? — Non, je ne vous reconnois pas comme cela », lui dis-je en le toisant avec mépris du haut en bas ; puis, lui tournant le dos, je laissai là mon jacobin pétrifié ; et ce qu'il y a de bon, c'est que les guichetiers le mirent dehors en le huant.

Je m'étois lié particulièrement avec Rivarol, le frère de l'auteur d'un traité sur la langue françoise[1] ; c'étoit un très beau jeune homme, l'air noble, plein d'esprit, mais un peu caustique. Je lui donnai à lire le portefeuille de famille, qui ne me quitta pas un instant dans toutes mes tribulations : c'étoit pour moi ce qu'étoit le bréviaire pour l'abbé Dufresnoy, Homère pour Alexandre, etc. ; il me sembloit être entre mon père et mon frère, converser et me consoler avec leurs ombres. Il me le rendit avec une petite pièce de vers que vous trouverez collée à la couverture.

Laclos, officier d'artillerie, connu par son roman des *Liaisons dangereuses*, l'âme damnée du duc d'Orléans, vint à son tour augmenter le nombre des victimes[2]. Je le voyois se promener seul, d'un air sombre et la figure d'un conspirateur ; mais quand on avoit le courage de l'aborder et le mettre sur le chapitre de la littérature, personne n'étoit plus amusant ni plus lumineux que lui. C'est ainsi que des végétaux les plus vénéneux la chimie sait extraire les plus précieuses décoctions.

Je voyois tous mes camarades s'ingénier à composer des

---

[1] *Discours sur l'universalité de la langue française* (1784). Rivarol avait émigré en 1792, et mourut à Berlin en 1801 sans avoir revu la France. Son frère avait aussi émigré, mais revint plusieurs fois à Paris, chargé de missions royalistes ; il fut arrêté dans un de ces voyages et emprisonné pendant près de deux ans.

[2] Sur Choderlos de Laclos, voir le livre que lui a consacré M. Dard.

mémoires et trouver quelqu'un qui pût les appuyer, tendant à leur faire rendre leur liberté ; je résolus, à telle fin que de raison, de suivre leur exemple. Je composai donc une façon de requête que je fis présenter par une Mme Lovebelle, qui m'avoit offert ses bons offices auprès de ces messieurs et dont Boitel employoit le crédit et l'intrigue pour le même objet. Voici en conséquence ce que j'écrivis, d'un style que je crois que vous ne trouverez ni trop fier, ni trop rampant.

AUX CITOYENS REPRÉSENTANTS
MEMBRES DU COMITÉ DE SURETÉ GÉNÉRALE

Commune de Senlis.

Réclamation de liberté

Motifs d'arrestation et de dénonciation.

Dépourvus même des signatures des dénonciateurs.

Le C. Amable-Louis Junquières a été arrêté à Senlis, par ordre du Comité de surveillance de ladite commune, le 24 août 1793, conduit à Chantilly, de là enlevé par les CC. Marchand et Clémence, conduit à Luzarches, puis au Comité de surveillance à Paris, enfin à Picpus, où il est détenu depuis le 5 décembre de ladite année [1].

Comme ex-noble, chevalier de Saint-Louis, lieutenant des maréchaux de France.

Je ne pense pas que l'on puisse m'imputer à crime ma naissance, d'avoir bien servi ma patrie, et d'en avoir été récompensé.

Suspecté d'émigration et d'avoir été arrêté à la frontière et assailli à coups de pierres, dont sa femme est morte à Tournay.

Des certificats authentiques, le 1er en date du 6 juillet 1792, d'une résidence antérieure et non interrompue depuis plus de six mois, deux autres idem en date des 18 octobre 1792 et 21 pluviôse 4me mois de l'an 2e de la République, jusqu'au 24 août, époque de mon arrestation, des certificats

[1] M. de Junquières dit plus haut qu'il a été détenu six semaines au Comité de surveillance ; ce ne serait donc pas le 5 décembre, mais le 5 janvier qu'il aurait été transféré à Picpus.

de non-séquestre et de non-émigration, des attestations de ma commune, enfin des témoins non suspects, tout prouve que je n'ai jamais été mis ni compris sur la liste et dans la classe des émigrés, non pas même sujette à la double imposition.

Je conviens que ma femme, attendu le délabrement de sa santé, partit avec moi de Senlis vers la fin de septembre 1791 pour les eaux, qui lui furent ordonnées; qu'arrivée à Tournay, qu'elle n'a jamais dépassé, elle y est morte le 26 novembre 1791, après six semaines de souffrances, des suites d'une dyssenterie et non de celles de cette prétendue et ridicule rixe inventée par de lâches calomniateurs. Le lendemain de ce funeste jour, le 27 novembre 1791 [1], je déplorois à Senlis, auprès de mes enfants, notre perte commune; des actes publics, des témoins sans nombre, serviront de preuves au besoin.

Citoyens, est-il juste de me punir de ma propre infortune pour une démarche commandée par des motifs aussi puissants et faite dans un temps où il étoit libre à tous les François de passer la frontière sans même énoncer aucun prétexte?

Et encore suspect par ses liaisons avec des ci-devant nobles et prêtres, notamment Bréda, Bonqueval, Dournon, Rochemure, détenus [3].

Je réponds que la majeure partie de ceux dont la liaison m'est reprochée comme suspecte est déjà rendue à la liberté et innocentée.

Rendez-donc, Citoyens, à la liberté un père de deux petits enfants qui n'ont plus que lui pour unique appui et dont ils sont privés depuis plus de dix mois [2], et vous ferez un acte de justice et d'humanité.

A. L. JUNQUIÈRES.

(Notes p. 216)

Picpus-aux-Dames se remplissoit aussi de prisonniers que l'on pouvoit distinguer des lucarnes de notre prison; des maris, des enfants se parloient par signes, car, par un raffinement de cruauté, on affectoit de les séparer. Ces deux garde-mangers de Robespierre alimentoient presque toutes les semaines la guillotine en permanence; on venoit chercher les victimes au moment qu'on s'y attendoit le moins. C'est ainsi qu'on arracha de mes bras l'ancien premier ministre La Tour-du-Pin; nous étions dans sa cellule, lui et moi, à déjeuner avec un saucisson de Boulogne et une bouteille de vin blanc que son valet-de-chambre avoit trouvé le secret de lui faire passer, quand tout-à-coup nous entendons frapper rudement à sa porte. — « Qui est là? — Ouvrez ». — J'ouvre, et nous voyons paroître un guichetier avec un happe-chair de Fouquier de Tinville, qui dit: « Allons, suis-nous. — Et lequel des deux? — La Tour-du-Pin ». Nous nous jetâmes dans les bras l'un de l'autre, et huit heures après il étoit dans ceux de la mort [4].

Vous n'imagineriez pas, mes amis, ce qui me peinoit le plus; c'étoit l'appel que l'on faisoit tous les jours, être obligé de se trouver à la minute, se faire voir, répondre *me voilà* à des grossiers coquins qui prenoient plaisir à estropier nos noms de toutes les manières, ces noms si étonnés de se trouver ensemble confondus sur la même liste de proscription.

Rappelez-vous, mes amis, le nommé Guérin, celui qui imitoit si supérieurement le chant du rossignol. Il se plaignoit souvent

---

[1] C'est le 22 novembre, et non le 26, que mourut Mme de Junquières, ce qui explique que son mari ait pu être à Senlis le 27.

[2] Depuis plus de dix mois..... Ce mémoire aurait donc été rédigé en juillet 1794; il est probable que Junquières attendit la chute de Robespierre pour confier sa requête à cette Mme Lovebelle, que nous retrouverons plus loin.

[3] Tous Senlisiens. On a rencontré plus haut les Bréda de Trossy. Les deux frères Rochemure étaient chanoines. « Bonqueval » était Louis-Luc-Hercule Bidault de Rochefort, seigneur de Bonqueval (près Blaincourt-lès-Précy), fils de Luc-Hercule et de Blanche-Adrienne de Bréda; il avait épousé en 1780 Melle Mérien. Ils possédaient à Senlis la maison qui appartient aujourd'hui à M. Cultru.

[4] Jean-Frédéric de La Tour-du-Pin, qui avait été ministre de la Guerre du 4 août 1789 au mois de novembre 1790, fut guillotiné le 28 avril 1794.

à moi de sa captivité, en me faisant part des démarches, des écrits dont il accabloit les comités pour la faire cesser. Je tâchois de lui remettre l'esprit, en l'engageant, ainsi que mes autres camarades, à demeurer tranquille, à se faire oublier, qu'en fait de révolution rien n'étoit tel que de gagner du temps. Il ne voulut pas me croire, et il s'avisa un matin d'écrire à Robespierre ces deux mots : « la liberté ou la mort. — Ah ! ah ! dit le scélérat, en voilà un qui est bien pressé, qu'on aille le chercher ». Et huit heures après notre pauvre rossignol n'eut plus à se plaindre de sa cage, car il n'existoit plus [1].

Nous voyions tous les jours un de nos détenus se promener seul à l'écart, levant continuellement les yeux au ciel, frappant la terre de son pied, ne répondant à personne; on savoit seulement de lui que c'étoit un ci-devant notaire de Paris. Un beau matin, on le trouva en travers sur les latrines, le col coupé d'un coup de rasoir. Et que ne prenoit-il le parti qu'avoit pris notre pauvre rossignol ! Robespierre lui auroit épargné la peine et la façon.

On avoit fait courir parmi nous le bruit que, pour abréger les formalités, on devoit faire sauter par la mine toutes les maisons d'arrêt. Une nuit, voilà un bruit, une commotion, qui ouvrit nos portes et nos fenêtres; nous crûmes au premier moment que c'étoit la mine qui jouoit dans notre voisinage, et que notre tour ne tarderoit pas; tout le monde, hommes, femmes, enfants, sortent tous en chemise de leurs cellules, ne sachant où se fourrer; et c'étoit, mes amis, tout bonnement la poudrière de la rue de Grenelle qui, en sautant en l'air, nous donna cette alerte [2].

Les flots de sang qui couloient à la place Louis XV étonnèrent et rassasièrent à la fin la populace, si bien que les bourreaux, s'apercevant qu'elle commençoit à s'apitoyer, jugèrent à propos de détourner sa pitié en transférant la guillotine à la barrière du Trône, de façon que, quand le vent portoit,

---

[1] Plusieurs individus du nom de Guérin furent condamnés à mort en 1794.

[2] L'explosion de la poudrière de Grenelle se produisit le 1er septembre 1794. Comme M. de Junquières écrivit ces souvenirs en 1810, on comprend que les événements qu'il retrace ne se présentent pas toujours dans sa mémoire selon l'ordre chronologique.

on pouvoit entendre chez nous le coup de la hache et les cris des cannibales.

Vers ce temps, il sembloit que Robespierre pressentît sa perte prochaine, par le nombre des victimes que l'on venoit chercher pour les conduire à la mort; il y eut, entre autres, M. Angran d'Alleray, lieutenant civil [1], qui montra une fermeté étonnante, et bien d'autres que nous regrettâmes infiniment. Il n'en fut pas de même d'un coquin de jacobin nommé Dietrich, qui disoit et chantoit continuellement : j'aime la guillotine, moi, j'aime la guillotine. Il ne croyoit pas qu'on le prendroit au mot; aussi eut-il le plaisir d'entendre les guichetiers et les gendarmes qui le conduisoient à la charrette fatale chanter, en se moquant de lui, son refrain chéri : j'aime la guillotine [2].

Enfin le monstre n'existe plus ! Eh bien ! vous n'imagineriez pas, mes amis, que nous ne fûmes jamais plus vexés que les derniers jours qui suivirent sa mort, soit que nos bourreaux subalternes voulussent jouir de leur reste, soit pour empoisonner la joie que nous devions naturellement éprouver de la mort de notre bourreau.

Enfin on résolut de vider et même de réformer notre maison; en conséquence, plusieurs détenus obtinrent leur liberté; le plus grand nombre fut distribué dans les autres maisons conservées; finalement nous restâmes les derniers, Chastellain et moi, et un jour après, pour nous faire achever notre cours de prison, on nous conduisit au Luxembourg [3].

---

[1] M. Angran d'Alleray fut guillotiné le 28 avril 1794, et les exécutions à la Barrière du Trône ne commencèrent que le 14 juin; jusqu'au 9 thermidor (27 juillet), treize cents personnes furent guillotinées, et inhumées à Picpus près du jardin des ex-religieuses chanoinesses de Saint-Augustin. — Voir *Fondation de la chapelle funéraire de Picpus;* Paris, impr. de Lottin, 1814, in-8 de 79 pages.

[2] Ce Dietrich n'est certainement pas l'ancien maire de Strasbourg, exécuté le 28 décembre 1793, et aucun autre Dietrich ne figure sur les listes données par M. Wallon (*Histoire du Tribunal révolutionnaire de Paris*).

[3] Le 31 août 1794, jour où un décret de la Convention donna à la Commission de surveillance l'administration et la police de toutes les maisons d'arrêt et de détention de la commune de Paris, il y avait encore trente-quatre prisons et maisons d'arrêt. Elles furent bientôt réduites à quatorze. (Voir le Rapport du 14 décembre 1794 dans la réimpression du *Moniteur*, XXII, 769).

XLVII. — LE LUXEMBOURG.

Le fiacre qui nous attendoit à la porte nous reçut, Chastellain et moi; le gendarme se plaça en face de nous, et fouette, cocher! Vers le milieu de la rue Saint-Antoine, il prit fantaisie à notre conducteur de nous faire mettre pied à terre, apostropha le cocher, qui lui répondit avec aigreur, et les voilà qui se collètent et se gourmandent vigoureusement; passe pour cela; mais notre gendarme, craignant que nous ne lui échappions tandis qu'il faisoit tête à son adversaire, nous retenoit d'une main tantôt par le collet, tantôt par le bras, ce qui me déplaisoit fort, de façon que, faisant effort pour m'en débarrasser, je parvins à gagner une boutique, et je priai la maîtresse du comptoir de vouloir bien permettre de nous reposer chez elle en attendant que ces messieurs aient vidé leur querelle, et jugeant à notre mine que nous n'étions pas un gibier ordinaire de ces messieurs, elle nous dit en nous présentant des chaises : « Très volontiers, Messieurs ». Le peuple s'amasse autour d'eux, les sépare, et, remis d'accord, nous remontons après avoir remercié notre hôte. Nous arrivons au Luxembourg sans autre malencontre; nous fûmes reçus à la porte par d'énormes mâtins stylés à aboyer après le gibier des gendarmes. Nous retrouvâmes là une grande partie de nos détenus de Picpus, et des nouveaux que nous étions bien éloignés d'imaginer d'y voir; tel le major de l'armée révolutionnaire, matelassier de son métier, qu'il exerçoit alors très humblement en cardant les matelas des détenus que naguère il avoit mis sur la paille; c'étoient encore MM. les ci-devant généraux Rossignol, Marchand, Clémence, et surtout ce monstre de Joseph Lebon, etc., etc.. Oh! fortune, voilà de tes coups; tu écrases sous ta roue ceux qui naguère y étoient au plus haut. Cette révolution étoit la suite de la mort de Robespierre; une nouvelle faction, qui ne valoit guère mieux que la première, avoit culbuté celle-ci. Joseph Lebon, que je ne connoissois que de réputation, fut celui de tous qui me frappa le plus ; c'étoit un homme carré, le col gros et court, les yeux dehors de sa grosse tête, et transpirant pour ainsi dire le sang par les pores, comme on dit d'un autre scélérat qu'il suait le crime. Vous imaginez peut-être que, semblables à des loups pris au piège, ces bêtes féroces auroient du moins l'oreille basse et la queue dans les jambes; point du tout; ils nous bravoient encore, nous lançoient les regards du crime, et ne paroissoient nullement humiliés. Pour moi, je l'étois beaucoup d'être obligé de me trouver attablé avec eux; le pain me sembloit amer, la boisson du sang ; aussi, dès que j'avois attrapé de quoi simplement ne pas mourir de faim, je m'enfuyois vite le manger dans un coin, le plus loin d'eux possible.

J'habitois, moi douzième, une pièce en bas fermée par des grilles de fer, sur lesquelles la ronde de nuit ne manquoit jamais de traîner les sabres à plusieurs reprises pour s'assurer de leur solidité; les sentinelles se répondoient les uns aux autres à toutes heures de nuit par ces mots : sentinelle, prends garde à toi. Je vis la chambre prétendue aristocrate-royaliste, dont étoient sorties, quelques jours avant notre entrée dans la maison, des charretées de victimes; de leur nombre étoit M. de Nicolaï, qui nous avoit quittés, comptant être mieux au Luxembourg; M. des Essarts, premier mari de Mme Boitel et père de ma belle-fille, en étoit aussi [1]. Je vis aussi ce David, aussi grand révolutionnaire que fameux peintre; on est réellement peiné de voir des talents aussi supérieurs distinguer un être aussi méprisable et aussi féroce, si ce qu'on a dit de lui est vrai. On prétend que dans les moments de sa puissance, une épouse distinguée vint le conjurer à genoux et les larmes aux yeux de sauver la vie à son mari, prêt à être condamné ; elle le trouva esquissant un sujet sur une toile ; il la regarde, l'écoute, puis, reprenant son esquisse, lui dit : « Tiens, regarde, voilà comme ton mari sera demain », en lui montrant un corps séparé de sa tête. Il s'occupoit alors de son fameux *Bélisaire*, et beaucoup de détenus avoient la complaisance de se grouper

[1] Aymar-Charles-Marie Nicolaï, ex-premier président de la Chambre des Comptes, fut guillotiné le 7 juillet 1794, son fils le 9, et M. des Essarts le 22.

dans différentes attitudes et positions propres à lui fournir des idées et des points de vue [1].

Enfin on sut que Bourdon de l'Oise avoit la mission de venir au Luxembourg examiner les détenus et remettre en liberté ceux qu'il jugeroit agréable. Sitôt son arrivée, c'étoit à qui passeroit le premier. J'avois écrit la surveille à Mme Lovebelle (dont je n'entendois plus parler) que si elle ne se dépêchoit pas de faire valoir ma requête et d'employer ses moyens et sollicitations auprès des puissants qui la protégeoient, ce ne seroit pas probablement à elle que j'aurois l'obligation de ma liberté, attendu que Bourdon de l'Oise venoit vider la maison des prisonniers; soit qu'elle, ou ceux qu'elle faisoit agir, craignissent en effet de perdre le fruit de leurs peines, elle obtint le soir même ma mise en liberté.

Malgré ma répugnance, ne sachant d'ailleurs encore rien de rien du résultat des démarches de Mme Lovebelle, j'allai me présenter à mon tour à notre rousseau d'inquisiteur, que mon devancier avoit apparemment mis en colère, car à peine m'eut-il aperçu qu'il s'écria brusquement : « Ton état, ton nom, et de quoi es-tu accusé » ? Au nom Junquières, il s'écria : « Ah ! ah !... » ; à ceux de noble et d'émigré : « Comment, tu es noble et émigré, et tu as l'audace de te présenter devant moi ! Ote-toi de mes yeux, scélérat, ou je vais appeler la garde ». Je sortis sur le champ, plein d'indignation et de douleur; j'allai me jeter en travers de mon grabat, le désespoir dans l'âme, intimement persuadé que je ne serois jamais libre et que je ne vous reverrois plus. Au plus fort de mon agonie, j'entends crier : « Junquières, liberté ! vite, vite; Junquières, liberté » ! Je me jette à bas, je cours, je culbute tout le monde, on m'entoure, on me félicite, je ramasse pêle-mêle mes effets, je vole au guichet payer mon billet de sortie, enfin à la porte, où je trouve dans un fiacre Mme Lovebelle, qui m'attendoit. Je sus d'elle que Bourdon de l'Oise avoit lui-même signé ma mise en liberté

---

[1] Arrêté le 2 août 1794 et enfermé à la maison des Fermes, David fut conduit au Luxembourg le 15 septembre et ne fut délivré que le 28 décembre. Le *Bélisaire* est antérieur à la Révolution. C'est le tableau des *Sabines* dont David conçut et étudia le sujet au Luxembourg. (Voir *Louis David*, par Léon Rosenthal, dans la collection *Les Maîtres de l'Art*).

la veille, de là ses « ah! ah! » à mon nom; mais par un raffinement de cruauté, il lui plut de me faire encore avaler cette poire d'angoisse. Ce malheureux est mort depuis à Cayenne; laissons en paix sa cendre.

Je fis rouler au Palais-Royal; j'ordonnai, la tête haute, un bon dîner chez un restaurateur; nous allâmes prendre notre agent solliciteur, que je voulois régaler; le repas fini, je fis de *solides* adieux, puis à pied (pour me dégourdir les jambes), en moins de seize minutes (tant je me sentois léger), je me trouve à la porte de notre hôtel, rue Culture. Je frappe en maître, le portier ouvre et manque tomber de son haut en voyant son maître, qu'il comptoit perdu à tout jamais. Il ne me dit plus alors, comme il disoit naguère : « Citoyen, comment te portes-tu »? (Car vous saurez que c'étoit un chaud patriote, ci-devant soldat aux Gardes, de présent faisant grand bruit dans notre section aux Piques en qualité de tambour, dont les plus signalés exploits militaires furent le pillage des Tuileries, et spécialement des caves, dont on le tira ivre-mort. Je lui ai pourtant fait avoir les Invalides dans la suite, et je paye à sa femme, ci-devant ma cuisinière, et qui ne vaut pas mieux que lui, une pension alimentaire; mais je me suis plu à rendre le bien pour le mal). Je répondis à toutes ses courbettes par l'ordre de m'apprêter un lit, d'aller me retenir une place au carrosse, et de porter à mon commissionnaire de Senlis un mot d'avis sur mon arrivée, à votre adresse, mes enfants.

XLVIII. — RETOUR A SENLIS.

Vous étiez, mes enfants, avec votre bonne à m'attendre; du plus loin que vous m'aperçûtes, vous vîntes vous jeter dans mes bras. Ah! mes amis, il m'est impossible de vous peindre la sensation que j'éprouvai en ce moment. Vous tenant tous deux par la main, j'entre; je revois la maison paternelle, ses dépendances; les plus petits objets, les animaux domestiques, les arbres, les fleurs du jardin, tout m'affecte délicieusement.

Votre bonne avoit passé la nuit à nettoyer, arranger mon appartement, et à donner à la maison un air de fête et de propreté. Je m'asseyois à ma table (car c'étoit bien la mienne) entre vous deux, mes enfants, et mangeois avec appétit ce que la vigilante Melle Thérèse pouvoit attraper (car on se battoit encore alors pour se procurer du pain et les choses les plus communes et de première nécessité).

M. d'Herly[1] fut le premier qui vint me féliciter sur mon retour; il parut surpris de l'élégance de mon dessert, surtout du raisin que Melle Thérèse avoit su conserver à la pointe de l'épée. Avec quel délice je me reposai dans mon lit! Que mon réveil fut doux! Mon premier soin fut d'aller me présenter aux différentes autorités du moment, pour obtenir surtout la levée du scellé de ma cave; ces messieurs parurent comme surpris et fâchés de me revoir, et pour jouir jusqu'à la fin de leur pouvoir, ils ajournèrent ma requête au lendemain.

Il faut à présent retracer et passer en revue tout ce qui s'est passé, tout ce que vous fîtes et ce qu'on vous fit faire pendant mes quinze mois[2] de captivité. Interrogeons pour cela votre bonne Melle Thérèse.

Sitôt après mon enlèvement, on fit de ma maison une caserne et une maison d'arrêt; une vingtaine de patriotes vinrent s'y établir dans les chambres, le salon, vous laissant à peine des lits pour vous et votre bonne, qui étoit obligée de tenir tête à tout ce monde afin de sauver ce qu'elle pourroit de mon mobilier, de mon bois, provisions, etc., et en dépit de la femme Dozon, ma cuisinière, chaude patriote, sa plus cruelle ennemie, s'oppo-

[1] On a vu plus haut que le comte d'Herly mourut à Senlis le 7 mars 1796. Il avait deux filles, une non mariée que M. de Junquières rencontra à Tournay en 1791, et une autre, Marie-Madeleine-Louise-Thérèse, qui avait épousé Pierre-Louis de Fenis de Susange; ceux-ci émigrèrent aussi, laissant au comte d'Herly leur fille, Marie-Louise, née à Cambrai le 25 février 1773 et qui épousa à Senlis, le 30 décembre 1792, Jacques-Louis-Nicolas Pommeret. Dès le 1er juin 1787, M. d'Herly avait vendu à M. Pommeret sa maison de la rue de Meaux, avec réserve d'usufruit. M. Pommeret fut maire de Senlis de 1800 à 1817. M. de Chérel, petit-fils de Mme Pommeret de Susange, mourut au mois de décembre 1912 au château de Longuetoise près d'Étampes, âgé de 92 ans et dix mois. (Communication de M. Cultru).

[2] Quinze mois. Incarcéré au commencement de septembre 1793, M. de Junquières n'aurait donc été mis en liberté que dans les premiers jours de décembre 1794, quatre mois après la chute de Robespierre.

sant de tout son pouvoir aux bonnes vues de la première, vous faisant mourir de faim pour faire sa cour aux patriotes, si bien qu'elle la dénonça plusieurs fois au Club, à la Ville, etc. Un jour, sur ses dénonciations, on la fit venir à la Ville avec vous deux, mes enfants; on vous interrogea séparément; tel fut l'interrogatoire du petit : « N'est-il pas vrai, mon petit ami, que ta dame t'empêche d'apprendre les droits de l'homme et de chanter des chansons patriotiques? — Ça n'est pas vrai, seulement elle me fait taire quand je chante trop haut, parce qu'elle dit que ça lui fait mal à la tête ». Une autre fois, on l'envoya prendre pour aller devant ces messieurs répondre à des dénonciations formées contre elle ; on lui reprocha entre autres choses de s'être apitoyée en voyant passer le double aigle de Tournay, placé jadis sur le beffroi de cette ville, d'avoir été l'agent secret dont s'étoient servi des émigrés pour leur faire passer de l'argent; elle se défendit sur ces articles de manière à étonner ses juges. On produisit les témoins ; entre un bon Champenois qui prouva bien qu'il étoit de ce pays en répondant à chaque interpellation : « Citoyens, on m'a dit de vous dire ces choses » ; sur ce qu'on lui objecta s'il ne les avoit pas vues et entendues de lui-même, il répondit : « Non, c'est cette grosse femme (en montrant la cuisinière) qui m'a dit de répondre comme ça ». On rit de la simplicité des accusateurs, ce qui n'empêcha qu'on ne mît votre bonne aux arrêts près de deux mois, avec un gendarme à 4 livres par jour pour la garder, le scellé sur ses effets, et ne pouvant pas même trouver de quoi changer de linge.

Dans ce temps, Melle de Mazancourt (dont le père, lieutenant-général et cordon rouge, étoit émigré, et dont la mère venoit de périr sur l'échafaud à Arras par ordre de Joseph Lebon), suivie d'une bonne, âgées toutes deux de quinze à seize ans et fort jolies, furent mises en arrestation, environ trois mois, chez moi avec les gendarmes qui y étoient casernés; Melle Thérèse eut les plus grands soins d'elles [1]. C'est durant

[1] Mme de Mazancourt laissait à Baron des propriétés dont un arrêté du 2 septembre 1795 ordonna la remise à sa fille. Les administrateurs du district de Senlis s'occupèrent de cette affaire le 15 mars 1796. (Voir Margry, *Notes pour servir à l'histoire de Senlis*, 13e série, p. 185). Mme de Mazancourt était la sœur de Mme de Gouy d'Arcy, dont le mari périt aussi sur l'échafaud.

leur séjour que mon neveu de Malézieu, conscrit, revint de l'armée avec un doigt emporté d'une balle, la plaie jetant encore, les pieds en sang, le corps couvert de vermine et de pustules, enfin tellement changé qu'il fut obligé de décliner son nom pour se faire reconnoître; la bonne Melle Thérèse le nettoya et le soigna comme son propre frère.

Malgré toute son économie, il arriva que votre bonne vint à manquer d'argent ou plutôt de papier, mon receveur refusant de lui en donner, et, les fournisseurs lui refusant jusqu'à du pain à crédit, elle se seroit trouvée dans le plus grand embarras sans mon neveu, qui, se rappelant que son père avoit de l'argent à moi, alla à Crépy, où il demeuroit, en rapporta 1.500 livres, et, tout glorieux de son expédition, lui remit les billets en lui disant : « Tenez, allez chercher du pain, mais surtout quittez ce vilain boulanger qui vous en a refusé ».

J'avois écrit à votre bonne pour avoir des certificats de résidence pour toucher nos rentes; elle fut inutilement plusieurs fois en solliciter, et un jour qu'on la mettoit rudement dehors pour se débarrasser de ses importunités, le jacobin Mottelet [1] lui prit le bras dans la porte de façon à le lui casser. Ne pouvant réussir par cette voie, elle fut avec vous porter ma lettre à Mme de Belleval [2], ma parente, en la conjurant de s'intéresser pour vous le faire avoir. — « Comment osez-vous, lui dit-on, m'apporter une lettre de M. de Junquières? Vous voulez donc nous perdre? — Non, elle ne vous perdra pas, répondit votre bonne, car je vais la jeter au feu devant vous ». Elle le fit effectivement et se retira avec indignation.

Un autre jour, on manqua la jeter dans un puits auprès duquel on distribuoit du pain, et pour ne pas perdre son tour, il falloit qu'elle s'ingéniât de toutes les manières pour se pourvoir (sur les bons du médecin) d'un quarteron de sucre, de sirop et autres denrées.

---

[1] Peut-être le prêtre Mottelet, qui, le 11 novembre 1793, déclara renoncer aux fonctions de ministre du culte catholique. (Margry, *Notes pour servir à l'histoire de Senlis*, 12e série, p. 34).

[2] Antoine de Belleval avait été commandant de la garde nationale de Pont-Sainte-Maxence. Il habitait Senlis en 1793 et fut incarcéré à Chantilly le 7 septembre; mais il fut remis en liberté dix-huit jours après, tandis que ses alliés, les Pasquier de Franclieu, les Bréda de Trossy, etc., subirent une longue détention.

Pendant que l'on manquoit de pain, les fêtes patriotiques, les processions civiques alloient toujours leur train ; on célébra les obsèques de Marat, et vous étiez obligés, mes enfants, d'aller à la cérémonie, aux écoles primaires, et chez David, maître de pension, où, loin de rien apprendre, vous oubliâtes le peu que je vous avois appris.

Enfin vint le temps où, le jacobinisme commençant à tomber, le républicanisme lui succéda. On voyoit sur tous les murs : Vive la République une, indivisible! Il fallut encenser cette nouvelle idole; on peignit des grisailles qui la représentoient la pique à la main et le bonnet phrygien en tête ; on la promenoit dans les places publiques, on la plaçoit dans les temples, les édifices. J'avois au pied de ma terrasse une vieille femme, ivrogne, et marchande de pommes, appelée la mère Michel et qui étoit furieuse de ce qu'on disoit que ces effigies lui ressembloient; aussi, quand elle entendoit dans la rue un aboyeur crier : l'an 4 de la République....., elle ne manquoit jamais de lui crier : « Va, chien, dis plutôt ruine publique ». Cette sorte de gens a droit de tout dire impunément, et moi je manquai me faire une affaire en disant sur la magnifique inscription de la porte Compiègne

Grâces te soient rendues, souverain
maître de l'Univers,
la France est République !

« soit, mais il n'y a pourtant pas trop de quoi ». Qu'est-ce en effet qu'une république, si ce n'est la cour du roi Pétaud, où tous veulent commander et personne n'obéir !

Enfin on commençoit un peu à respirer, et du moins les honnêtes gens, qui se tenoient à l'écart, ne couroient plus le risque d'être journellement insultés, dénoncés, incarcérés; les haines, les vengeances particulières, n'étoient plus à l'ordre du jour; les autorités publiques commençoient même à se purifier un peu[1]. Comme la méfiance avoit dissous tous les liens

---

[1] En février 1797, MM. de Malézieu et Chastellain de Popincour furent élus membres du Conseil municipal. En novembre 1796, MM. de Malézieu, Gayant et Pommeret avaient été nommés administrateurs des hôpitaux de Senlis. Tous furent d'ailleurs révoqués au lendemain du 18 Fructidor, qui marqua un renouveau de jacobinisme.

de la société, chacun vivoit dans son particulier; je profitai de cette bonace pour reprendre le cours de votre instruction; les mathématiques, le dessin, la musique, de bonnes lectures, le jeu, la promenade, partageoient notre temps, et nous vivions comme amis et frères, me réservant pourtant le droit d'aînesse dans les occasions. J'ai toujours sur le cœur les mercuriales que je te faisois, Isidore, pour te faire tenir la tête droite de façon que ton nez ne touchât pas ton papier. Hélas ! c'est que ta vue étoit basse... Eh ! malheureux, que ne le disois-tu !

XLIV. — LISTES D'ÉMIGRÉS.

Vers ce temps, j'assistai aux derniers moments de mon camarade Hamelin [1], la millionième victime de la Révolution; je fus invité à tenir un des coins du poële; quelqu'un ayant proposé de mettre (comme ancien militaire) une épée en sautoir sur le cercueil : « Pas de ça, dit un bon républicain, ça sent trop son aristocrate. — Eh bien, Messieurs, dis-je, mettez un sabre, cela sent le grenadier national. — A la bonne heure » ! C'est ainsi que je tranchai la difficulté avec le sabre.

Le défunt étoit le second mari de Mlle de Lancry, veuve en premières noces de M. de Guibert [2], officier de marine, mort de la poitrine, ainsi que ses frères et sœurs au nombre de douze. Ils avoient pour oncle un certain original qu'il est bon de vous faire connoître; c'étoit le plus fameux hâbleur qui oncques se

[1] Ancien capitaine de dragons et chevalier de Saint-Louis du 28 janvier 1791, Antoine-Marie-Pierre Hamelin avait été interné à Chantilly le 5 septembre 1793 et transféré, le 30 du même mois, à Saint-Paul près Beauvais. Ce n'est pas à Senlis que se remaria, que mourut et que fut inhumé M. Hamelin, car aucun de ces faits n'est mentionné dans les registres de l'état-civil de la ville. Et cependant c'est aux environs de Senlis que M. de Junquières dut assister aux obsèques de M. Hamelin, dont nous ignorons la date (vers 1797).

[2] Sans doute Marie-Thérèse-Renée de Lancry, veuve Bréda de Guibert, incarcérée à Chantilly le 5 septembre 1793 et transférée à Saint-Paul en même temps que M. Hamelin.

soit trouvé sur les bords de la Garonne; il s'étoit tellement habitué à mentir qu'à force de répéter ses mensonges il étoit arrivé à les croire des vérités, et les débitoit comme telles de la meilleure foi du monde. Je lui ai entendu dire, entre autres, qu'étant une certaine année à Paris, le brouillard étoit si épais sur le pont Neuf que tout le monde se heurtoit et se culbutoit dans la rivière, et que lui qui me parloit avoit été obligé de tirer l'épée contre le brouillard pour le fendre et pouvoir passer; une autre année, qu'on y avoit payé le persil cent écus la poignée. Il vous faisoit tâter tant qu'on vouloit à son coude une épingle qu'il avoit avalée dans sa jeunesse. Il étoit outre cela très méthodique; il avoit aux deux coins de sa cheminée deux armoires remplies de tissus étiquetés année par année ; je crois même qu'il y mettoit son cachet; et il avoit grand soin de ne les brûler que selon l'ordre de leur ancienneté et suivant l'ordre chronologique. Un jour à la campagne, se promenant avec un fusil dans un parc attenant la maison où il logeoit avec sa sœur, il aperçut un faisan perché sur un arbre; au lieu de le tirer, il s'en va gravement trouver sa sœur et lui dire : « Ma sœur, quand comptez-vous avoir du monde à dîner? — Pourquoi cette question? — C'est que je viens d'apercevoir un faisan dans le parc, et que suivant le jour que vous donnerez votre dîner je le tirerai à la tête ou au corps. — Eh! tire-le comme tu pourras ». Pendant ce colloque, l'oiseau du Phase [1] s'envola. Mais revenons à nos moutons, ou plutôt à nos loups.

Vous n'étiez pas encore assez formés, mes amis, pour être très affectés des conséquences de la banqueroute des rentes, qui réduisit à presque rien le bien que vous avoit laissé votre mère; mais j'ai senti le coup pour vous. Ah! que je me sus bon gré alors d'avoir résisté aux offres séduisantes d'un de mes amis qui, à l'âge de soixante ans passés, ayant quatre grands garçons vivants, venoit de se remarier à une demoiselle qui le fit père encore de deux filles! Il m'écrivit peu avant en ces termes : « Mon cher ami, je viens d'épouser une demoiselle sans fortune à la vérité, mais pleine de mérite ; elle a une cousine

---

1 Lieu d'origine de cet oiseau. « Le faisan, c'est-à-dire l'oiseau du Phase, était, dit-on, confiné dans la Colchide avant l'expédition des Argonautes » (Littré, d'après Buffon).

qui ne lui cède en rien ; si vous voulez vous remarier, je maquignonnerai cette affaire ». Et poste pour poste je lui répondis : « Mon cher ami, dans les circonstances présentes, je pense qu'il est plus sage de faire son testament que son contrat de mariage ».

Je relevois à peine de ce coup de massue, quand je reçois une lettre de mon neveu Malézieu conçue en ces termes : « Mon cher oncle, je suis bien fâché de troubler votre tranquillité en vous annonçant que vous êtes inscrit sur la fatale liste des émigrés ». Comment ? Ah ! voici le comment : en 1791, je me trouvai, moi trentième, héritier de Mme la présidente Turgot [1] ; le Gouvernement, trouvant la succession à sa convenance, jugea à propos de la mettre sous le séquestre, et tous les héritiers *in globo* sur la liste des émigrés. Vous concevez que je fis aussitôt toutes les démarches nécessaires pour me faire rayer. Malheureusement, un des certificats que je fournis à cet effet avoit un mot rayé que la négligence du commis avoit oublié d'approuver ; cela suffit pour le mettre au rebut et, faute de ce, m'inscrire en mon propre et privé nom sur la liste des émigrés du département de Seine-et-Marne, dans lequel étoit située une partie des biens de la succession. Je vous avoue, mes enfants, que le coup m'atterra. Quoi donc, disois-je en gémissant, mes enfants ne pourront pas même profiter de mon sacrifice, et je les laisserai sans pain !

Il me seroit impossible de vous dépeindre les soucis, les peines, les démarches [2], l'argent que me coûta ma radiation définitive ; je remuai, j'employai ciel et terre, entre autres un nommé Dulaurier, qui me servit avec zèle et fidélité, tandis qu'un homme de ma classe et que je croyois mon ami, et qui pouvoit tout dans cette affaire, me trahit indignement ; je tairai son nom par égard pour sa famille. On exigeoit de moi des

---

[1] Gabrielle-Élisabeth Galland, née en 1731, avait épousé Michel-Jacques Turgot, marquis de Sousmont, président au parlement de Paris. Sur sa parenté avec les Junquières, voir plus haut les *Mémoires* de Jean-Baptiste Junquières, au chapitre des Oursel, p. 26.

[2] Les registres municipaux de Senlis ont enregistré une de ces démarches : le 24 février 1796, « Junquières, ex-noble, lieutenant des Maréchaux de France, sorti le 27 septembre 1791, rentré le 27 novembre suivant, a justifié de non-émigration. » (Margry, *Notes pour servir à l'histoire de Senlis*, 13e série, p. 183).

passeports, des certificats d'écrou de toutes les prisons qui m'avoient recélé ; les concierges des unes étoient morts ou disparus, les registres égarés des autres ; enfin des choses impossibles. Pour surcroît d'angoisse, la loi du 19 fructidor an 5[1], qui enjoignoit à tout individu non rayé définitivement de sortir de la République sous les peines les plus graves, vint à paroître, et ce perfide ami, qui d'un seul trait de plume pouvoit me tirer d'affaire, me fit mille nouvelles tracasseries, au point d'exiger officiellement une attestation comme quoi j'avois obéi à la loi, jusqu'à venir exprès à Senlis pour me conseiller et m'engager à sortir dehors de la République, ma liberté et ma vie étant compromises par ma désobéissance, etc., etc.. Je me serois perdu, ainsi que vous ou du moins votre fortune, si j'avois eu la foiblesse de céder. La Providence m'a soutenu ; je me défiai du traître, et je tins bon ; je suis encore à deviner quels étoient ses motifs ; étoit-ce simplement méchanceté ? ou espéroit-il qu'en aggravant ma position il m'amèneroit à lui faire des offres considérables pour me sauver ? Quoi qu'il en soit, j'achetai un peu de tranquillité par des lettres de surveillance qui m'obligeoient à comparoître tous les jours devant ces messieurs de ville, jusqu'à ce qu'enfin j'obtins, le 10 brumaire an 10[2], ma radiation définitive.

Dans le temps même que j'étois sous le glaive de la loi contre les émigrés, je fus nommé électeur départemental[3]. Je n'eus garde, comme vous pensez bien, de faire sentir l'inconséquence qu'il y avoit de nommer un individu mort civilement membre du corps électoral ; la remarque auroit été par trop dangereuse

---

[1] 5 septembre 1797.

[2] 1er novembre 1801.

[3] On trouve trace de ce fait dans les Registres municipaux de Senlis, dépouillés par M. Margry, *Notes pour servir à l'histoire de Senlis*, p. 220 : « Opérations électorales..... L'assemblée primaire devra nommer cinq électeurs..... Les cinq électeurs sortants, Malet, *Junquières*, Crospie, Boitel et Couvreur, élus en l'an V, ne sont pas rééligibles avant deux années révolues... » (21 mars 1798). La présidence de Joseph Bonaparte ne peut s'expliquer que par sa situation dans le département de l'Oise ; or, ce n'est que le 20 octobre 1798 qu'il acquit le domaine et le château de Mortefontaine. Son installation avait-elle précédé l'acquisition ? Fut-il locataire avant d'être propriétaire ?

à présenter; je souscrivis donc sans mot dire et j'allai deux fois à Beauvais en cette qualité faire de la bouillie pour les chats. La seconde fois, nous fûmes présidés par Joseph, depuis roi de Naples, puis des Espagnes. Il faut que je relève un trait de modestie de sa part. Un des électeurs, pour faire bassement sa cour, fit la motion, que l'on vota et inséra dans le procès-verbal de l'assemblée, de remerciements très humbles à M. le président de l'honneur qu'il avoit daigné nous faire de nous présider ; Joseph se lève et dit : « Messieurs, l'honneur est tout de mon côté, et je ne signerai pas le procès-verbal de la séance si l'on ne retire pas la motion ».

La ville de Beauvais étoit qualifiée naguère de puante, sonnante et médisante; j'y demeurai trop peu de temps pour juger si elle méritoit ou non cette réputation, mais je puis dire qu'elle est très mal bâtie, à l'exception de l'hôtel-de-ville, où j'ai vu le tableau de Jeanne Hachette, à la tête de ses compagnes, culbutant les Bourguignons dans les fossés de la place; leur drapeau s'y voit encore, assez entier.

L. — ESCROCS.

Dans ce temps fourmilloient une multitude d'espions, de fripons et d'escrocs dont il étoit prudent de se méfier; je fus la dupe de quelques-uns et leur laissai de mes plumes. C'étoient pour la plupart des soi-disant émigrés, des victimes de la Révolution qui venoient vous apitoyer sur leur sort. Un jour, j'en vis un entrer tout-à-coup chez moi, lequel s'y prit d'une manière assez adroite; c'étoit un petit homme gros et assez passablement vêtu, qui roulant sur moi deux gros yeux ronds, me dit : « Je parie, Monsieur, que vous ne me reconnoissez pas ? — Non, en vérité, lui dis-je. — Comment, vous ne vous rappelez pas un tel (il me dit un nom quelconque), votre camarade de collège à Saint-Vincent ? Comme nous faisions endiabler les bons pères ! Pour moi, je n'ai pas oublié que vous passiez alors pour le meilleur coureur et sauteur de toute la bande. J'ai même encore sur moi un de ces petits paniers que vous travailliez si joliment avec des noyaux de cerise et que vous me donnâtes comme à votre bon ami ». Et effectivement il tira de sa bourse, *vide*, un de ces petits chefs-d'œuvre de mon enfance et que je reconnus parfaitement. « Eh bien! Monsieur, voyez (en me tendant sa bourse), c'est tout ce qui me reste et tout ce que je possède. Je suis, ajouta-t-il en s'approchant de mon oreille, un malheureux émigré, victime de la bonne cause, qui vient de faire cent lieues à pied et qui n'a pas de quoi souper. — Je ne vous ferai pas bien riche, lui répondis-je, car vous savez aussi bien que moi que la Révolution a tout vendangé et que nous pouvons dire : adieu, paniers (puisque *panier* il y a); ainsi contentez-vous de ces douze livres que je vous offre de bon cœur, non à titre d'émigré, mais comme à un ancien camarade dans le besoin ». Mon homme me fit une profonde révérence et se retira très satisfait. J'ai su depuis qu'il avoit été encore dans plusieurs maisons, entre autres chez M. Desmarest (aussi comme un ancien camarade), qui, je crois, ne fut pas aussi dupe que moi.

Quoi qu'il en soit, je n'y pensois plus, quand, quelques mois après, on m'annonça le même individu, qui, entrant d'un air grave et sévère, me fixe effrontément et me dit : « Citoyen, ce n'est pas sur le même pied que la dernière fois que je vous rends visite, mais comme un agent secret, commissaire du Comité de sûreté et police générale, que vous me voyez dans ce moment-ci ». Ces mots me firent trembler ; j'étois encore dans les liens de l'émigration. — « Eh bien! Monsieur, de quoi est-il question? — Le voici. Vous vous rappellerez bien qu'il y a environ quatre mois que je me présentai chez vous sous le titre d'émigré rentré et dans le besoin; vous me donnâtes sur le champ douze livres, savoir un écu de six livres à l'effigie du tyran Louis XIV et un autre à celle du traître Louis XVI. — J'en conviens, et vous devez vous souvenir aussi que ce fut, non comme à un émigré, mais à un ancien camarade dans le besoin que je vous fis mon offrande. — Il n'est plus question de cela. J'étois alors (comme je le suis encore) un agent secret spécialement chargé d'observer la conduite des ci-devants et surtout ceux inscrits sur la liste des émigrés. J'ai fait mon rapport. Vous n'ignorez pas les lois sévères contre ceux qui donnent des secours à ces ennemis de la République ; vous êtes dans ce cas, et je puis vous perdre sans ressource ; mais pour que vous ne doutiez pas de ma mission, voici mes ordres ». Et effectivement il me déroule une grande pancarte timbrée, remplie de tous les signes révolutionnaires et de toutes les signatures de tous les coquins alors en place et qui nous gouvernoient ; puis il ajouta : « Vous voyez, citoyen, que je puis vous perdre, mais, comme votre ancien camarade, je m'y sens une espèce de répugnance, et je viens exprès vous trouver pour combiner ensemble quelque moyen de vous tirer d'affaire. J'ai fait mon rapport comme je vous l'ai dit, mais on pourroit le tirer du bureau avant qu'il passât sous les yeux du ministre, et j'ai assez de crédit pour cela ; mais il faudroit un petit sacrifice de votre part, car vous savez que messieurs les commis sont très avides et ne rendent rien pour rien. Voyez, décidez-vous promptement ». A cette proposition, mes yeux s'ouvrirent, le masque tomba, et je vis mon coquin à découvert. Je répondis en conséquence : « Voyons, combien croyez-vous qu'il faudroit » ? — Je vis ses yeux briller à ma question. — « Mais..... vingt-cinq louis..... ; oui, avec vingt-cinq louis je me fais fort de consommer l'affaire. — Eh bien ! monsieur l'agent secret, je vous offre vingt-cinq coups de bâton, et décampez moi bien vite, autrement les gendarmes sont à ma porte, et ils ne font pas de grâce aux coquins de votre espèce ». Il ne se le fit pas dire deux fois, il décampa bien vite et court encore. Et d'un.

Un autre jour que je me promenois le matin dans ma cour, j'entends sonner, et, me trouvant à portée, je vais ouvrir. Je vois entrer un grand homme assez bien vêtu, qui me demande s'il lui seroit possible de parler à M. de Junquières. Je lui demande son nom, car depuis ma première aventure j'étois sur mes gardes ; il me répond qu'il s'appelle de Junquières et qu'il avoit l'honneur de lui appartenir de très proche, qu'il venoit, lui, l'implorer en cette qualité dans la circonstance embarrassante où il se trouvoit. Bon, dis-je en moi-même, il est de la même trempe que l'autre. « Monsieur, répondis-je, sera bien fâché à son retour d'apprendre qu'il s'est présenté chez lui un de ses parents et qu'il a été privé du plaisir de le recevoir ;

quant à moi, son homme de confiance, je ne manquerai pas de lui en faire part ». Je vis son visage s'allonger d'une aune, et je le reconduisis poliment hors de la porte.

A cela près, nous avions, ainsi que je vous le disois, une manière d'existence assez douce pour le moment; nos matinées étoient employées à ramasser de côté et d'autre tout ce qui pouvoit tendre à votre instruction et amusement, car pour bien faire il ne faut jamais que l'une soit séparée de l'autre. J'avois pour aide un ancien ami, M. de Rochemure le jeune [1], qui vous montroit tout ce qu'il savoit de latin, mais il n'avoit non plus que mon père assez de patience pour instruire; il s'emportoit toujours, j'étois souvent obligé de mettre le holà entre vous, et vous ne profitâtes guère avec lui. Ainsi la vie s'écouloit dans nos occupations variées. La vie.....; j'entends mille gens se plaindre de sa brièveté, et un aussi grand nombre de la longueur du temps; comment accorder cela? Ce n'est pas dans la classe du peuple travaillant sans cesse à sa subsistance journalière, ni dans celle des gens de travail tels que les auteurs, les hommes d'affaires, les artistes en général, qu'on entend ces murmures; ceux-là, si l'on pouvoit acheter le temps, ils en feroient volontiers l'emplette pour achever leurs travaux; et combien une minute de plus seroit souvent précieuse dans mille circonstances de la vie! Mais s'il se trouvoit des acheteurs du temps, combien plus de vendeurs! Sans parler de celui qui s'écoule dans la captivité, la douleur, les souffrances, et dont on auroit obligation à ceux qui voudroient vous en débarrasser pour rien, que de gens, hors le temps du jeu et des repas, feroient bon marché du reste! Celui-ci ne peut rester en place; il use son temps sur

---

[1] Jean-Baptiste de Rochemure, chanoine à Senlis au moment de la Révolution, fut incarcéré à Chantilly, puis à Saint-Paul, ainsi que son frère aîné, Étienne. Celui-ci fit ensuite partie du clergé de l'église de Senlis en qualité de vicaire; il a sa fiche dans les notes de police rédigées en 1805: « De Rochemure (Étienne), né à Auvert, ci-devant diocèse de Saint-Flour, en 1749; avant la Révolution, chanoine de la cathédrale de Senlis et vicaire-général du diocèse; incarcéré pendant la Révolution; depuis sa mise en liberté, exerce à Senlis; exemplaire et considéré sous tous les rapports; nul en politique. » (*Archives de l'Oise à Beauvais, série M.* Communication de M. l'abbé Amédée Beaudry, secrétaire du Comité archéologique de Clermont).

les chemins, sans objet, sans projet que celui de se soulager de son poids dont la pesanteur l'accable; cela me fait souvenir de quelqu'un qui, rencontrant en chemin un de ces batteurs de pavés, lui dit : je suis charmé de vous trouver chez vous. Et nos jolies femmes qui passent des heures à leur toilette; c'est moins pour embellir leurs charmes que pour se débarrasser de leur matinée. Et moi-même qui fais ici le docteur, suis-je moins exempt qu'un autre de cette épidémie ? Non, certes; mais j'ai trouvé un moyen de m'en soulager; sitôt que je sens le temps de l'ennui (la plus cruelle des maladies) me gagner, je saisis promptement le premier objet qui se présente, je m'y attache, n'importe lequel, car il vaut mille fois mieux faire des riens que de ne rien faire. Usez donc, mes enfants, de cette recette; elle est sûre; et, tenez, je vous avouerai franchement que c'est à elle que vous devez tout ce verbiage; je doute que ce soit tout gain pour vous, mais je me suis soulagé à bon compte de quelques heures de mes journées qui me pesoient beaucoup, et je m'en trouve si bien que vous n'en serez pas sitôt quittes. Continuons donc.

LI. — VISITES.

M. de Malézieu, votre oncle, à peu près dans ce même temps, quitta la capitale du Valois, Crépy, pour venir se *fixer*, ou plutôt (crainte de nous tromper) établir ses pénates à Senlis, car jamais dieux pénates ne furent aussi ambulants que les siens, et je lui connois (sans compter les *camps volants*) sept établissements de bon compte, savoir : Paris, Senlis rue Sainte-Geneviève, idem vieille rue de Paris, Corbeil, Mantes, Crépy, enfin Senlis place Saint-Maurice, qu'on peut présumer devoir être le dernier, à moins qu'il n'y trouve plus rien à y faire travailler; total : sept; si bien que si M. de Malézieu avoit fixé sur un seul tous les travaux et établissements que sa *truelle-manie* lui a fait exécuter, il pourroit se vanter d'être le particulier le mieux logé de toute la chrétienté.

Le logement qu'il alloit occuper étoit le ci-devant prieuré de Saint-Maurice, composé de grandes diablesses de halles sans dégagements, cabinets, garde-robes ni offices, pas même de quoi loger une carotte. Quelles délices ! Quelle source féconde de travaux en tous genres ! Avoir à abattre, reconstruire !... Je crois même, en son âme et conscience, que ce fut ce qui le détermina à s'y établir.

Le couvent est voisin et communique au vieux château du bon saint Louis, dont j'ai encore vu la chambre et la porte par où le saint roi passoit pour se rendre à l'église ; j'y ai lu dans cette dernière l'épitaphe de messire Thévenot, fou en titre d'office du roi Charles six notre sire[1].

Votre oncle et votre tante vinrent passer avec nous les trois mois environ que durèrent les premiers et indispensables travaux ; mais aussitôt que M. de Malézieu put trouver où poser sa tête, il nous quitta pour jouir de plus près du plaisir de se voir entouré d'ouvriers et satisfaire sa passion favorite ; aussi la maison n'est plus reconnoissable ; les moines n'ont qu'à y venir à présent !

Votre oncle et votre tante de Manneville vinrent aussi quelque temps après passer environ trois mois avec nous. Comme ils avoient émigré des premiers, il y avoit longtemps que je ne les avois vus, et, soit le chagrin, soit la misère, je les trouvai fort changés l'un et l'autre ; ils venoient de perdre leurs père, beau-père et belle-mère. Ils profitèrent de la permission accordée aux émigrés de rentrer en France, et, quittant Herlen dans la Franconie prussienne, où ils s'étoient établis, ils revinrent dans la mère patrie. Ils nous quittèrent pour aller parcourir leurs anciens domaines et voir si ils ne pourroient rattraper quelques miettes d'environ soixante mille livres de rentes que la Révolution leur avoit enlevées ; ils se flattoient de trouver parmi les acquéreurs de leurs biens quelques âmes timorées qui voulussent bien entrer avec eux en compensation ou accommodement quelconque ; mais ces nouveaux propriétaires étoient tous des

---

1. Thévenin de Saint-Léger, fou de Charles V, inhumé dans l'église du prieuré de Saint-Maurice en 1375. (Voir Müller, *Rues, places et monuments de Senlis*, dans le *Bulletin* du Comité archéologique, année 1881, p. 200).

élèves de Basile, qui dit que ce qui est bon à prendre est bon à garder. Ils furent reçus partout comme des revenants qui ne font plus peur, mais qui sont importuns ; de sorte que, ne pouvant supporter cet abandon de la part même de leurs vassaux qui les méconnoissoient, ni se faire au régime actuel, mon beau-frère, désirant d'ailleurs revoir son fils, le seul qui lui fût resté, abandonna une seconde fois son ingrate patrie pour retourner d'où il étoit venu, au grand regret, je pense, de son épouse, qui n'auroit pas mieux demandé que de rester avec nous à Senlis, où j'avois même déjà pris quelques arrangements et arrêté un logement pour eux. Il y a déjà bien du temps que nous nous sommes perdus de vue et que notre correspondance est interrompue ; je vais tâcher de la renouer et vous apprendre de leurs nouvelles.

LII. — MARIAGE DE CHASTELLAIN.

Vers ce temps Chastellain, mon cousin, s'ennuyant de vivre en vieux garçon [1], vint me faire part du projet qu'il avoit d'épouser une certaine demoiselle alliée à la jacobinerie, et qui ne lui convenoit d'ailleurs en aucune façon. « Mon cousin, lui dis-je bonnement, tu es bien le maître de faire ta femme de Melle X....., mais, moi, je n'en ferai jamais ma cousine ». Il fit ses réflexions, et s'aperçut qu'on vouloit le tromper, et l'affaire en resta là. Quelque temps après, il revint à la charge ; il me montra une lettre d'un bon style, il fit passer devant moi une famille honnête, respectable, un père, une belle-mère, un oncle de notre bord, enfin une jeune personne parfaitement élevée, des talents, de l'esprit, d'assez beaux yeux, pleins de feu, assez bien faite, etc., etc.. « A la bonne heure, cela ! encore vit-on ! je reconnois là une cousine ». En conséquence de ce, nous nous rendîmes à Montataire pour épouser. Comme l'habitation de

[1] René Chastellain de Popincour était depuis longtemps veuf de Marie-Calixte-Geneviève Quillet de la Bernarderie, qu'il avait épousée le 21 mai 1776, alors qu'il avait vingt-sept ans.

M. Boucherez, le père de la future, quoique grande, ne l'étoit pas assez pour nous contenir tous, on me logea chez un voisin, M. Loison [1], qui me céda le lit de sa femme, à Paris pour restaurer sa santé, qu'un accident singulier et unique avoit dérangée : son ventre étoit devenu une carrière, et il en sortit plusieurs pierres assez grosses à différentes reprises ; du reste infiniment aimable quand sa santé lui permet de se livrer à la société.

Le contrat passé, on convint que l'on s'épouseroit au coup de minuit ; j'eus l'honneur, comme représentant le père du marié, de donner la main à la future. La paroisse du lieu est dans la moyenne région, où je conduisis, à la lueur de *pâles flambeaux, la victime*, qui ne cessa de soupirer et de pleurer du premier instant jusqu'à ce que je l'eusse remise entre les mains de ses parents [2]. Je suis encore à savoir, et je n'ai jamais osé depuis en faire la question, d'où cela procédoit ; car enfin elle n'étoit contrainte en aucune façon ; étoit-ce timidité, crainte, pudeur, et pleuroit-elle par la raison contraire à celle qui fit tant répandre des pleurs à la fille de Jephté avant son sacrifice ?... Au reste, le lendemain on ne pleura plus ; on fut gaie, on dansa ; il y eut des couplets de circonstance ; j'en fis comme un autre,

---

[1] Marie-Joseph Loison, un des notables de Montataire, fut nommé membre du Conseil municipal le 6 mai 1804. Le 26 août, il appuya une demande de fortes réparations à faire à l'église. Il fut répartiteur en 1805. Ayant commencé la construction d'un « moulin à faire farine d'après le désir et pour la commodité des habitants », il rencontra l'opposition de M. d'Astris, propriétaire de deux moulins à Montataire (1805) et beau-frère de M. de Lhorbelaye, qui possédait alors le château et était adjoint au maire, M. Boucherez. (Communication de M. Paul Chevallier, secrétaire de mairie à Montataire).

[2] Le 18 janvier 1803, René Chastellain de Popincour, âgé de cinquante-trois ans, épousa Catherine-Eugénie-Angélique Boucherez, âgée de vingt ans, fille de Marie-Joseph Boucherez (qui fut maire de Montataire du 31 mai 1804 au 12 août 1824) et de feu Isabelle-Angélique Dupuis ; en présence d'Amable-Louis de Junquières et de son fils Jean-Baptiste-Isidore, de Louis-Henri-Camille Pasquier de Franclieu, demeurant à La Chapelle-en-Serval, âgé de quarante ans, de Michel-Eustache Ollivier, ancien magistrat demeurant à Montataire, âgé de soixante-neuf ans, et de Marie-Charles-Marcel de Laulanhier, âgé de trente-un ans, propriétaire à Montfort-l'Amaury. (Acte de l'état-civil communiqué par M. Paul Chevallier, secrétaire de mairie à Montataire).

mais il y eut un certain cousin qui nous dama à tous le pion. Je m'amusai beaucoup le temps que je passai à Montataire; la situation en est pittoresque et variée, de l'eau, du bois, des prairies; la maison surtout de M. Boucherez est bien entendue; un mélange de beautés angloises et françoises en rend le séjour fort agréable, qui le seroit bien davantage si toutes les parties se tenoient au lieu d'être séparées par des chemins de servitude.

Je ramenai une partie de la noce à Senlis[1], où je donnai le repas de famille. Je me rappelle que, pour égayer les convives, j'avois attaché à une espèce de mât placé sur le surtout la jarretière de la mariée placée en façon de flamme, avec ces mots, « honni soit qui mal y pense ». Chacun, comme je l'avois prévu, voulut avoir sa part de la jarretière; pour lors je tirai (comme par hasard) une paire de ciseaux d'or, que je présentai à la mariée pour couper et faire les parts; on voulut me rendre ensuite l'instrument, que je refusai en disant qu'il étoit entre de trop belles mains pour en sortir.

LIII. — MARIAGE DE MON FILS AINÉ.

Mes auteurs et ceux de Mme de Rouffiac, voisins de domicile[2],

[1] Le nouveau ménage vint se fixer à Senlis, rue des Cordeliers, où M. Chastellain de Popincour mourut le 13 janvier 1817.

[2] Villemétrie et Valgenseuse. — Marie-Marguerite-Louise Ganteille était déjà séparée de son mari, M. de Rouffiac, écuyer, le 30 août 1778, jour où elle présenta le compte des tailles et octrois de l'année 1775 comme étant aux droits du s^r^ Ganteille, son père, en son vivant receveur à Senlis. Elle fut incarcérée à Chantilly le 9 septembre 1793. Un détachement d'infanterie, arrivé à Senlis le 1er novembre suivant, fut logé « en une maison du faubourg de Villemétrie dite Valgenseuse, appartenant à la citoyenne Rouffiac, détenue à Chantilly » (*Archives de la ville de Senlis*). Elle fut transférée à Nointel le 27 juillet 1794, puis mise en liberté. Le 22 octobre 1798, l'Administration municipale de Senlis permit « à la C^ne^ Ganteille, épouse séparée du C. Rouffiac, de faire planter une bordure d'arbres au pourtour de sa propriété, sise hors la porte Bellone, à condition de ne point empiéter sur la route de Senlis à Mont-l'Évêque... » (Margry, *Notes pour servir à l'histoire de Senlis*, 6e série, p. 10, et 13e série, p. 232).

furent de tout temps très liés ensemble, et nous, leurs enfants, continuâmes ce commerce d'amitié, de façon que j'ai toujours été le très bien venu chez cette dernière, et que dans les grandes occasions, telles qu'une quête par exemple, j'étois toujours là pour servir d'écuyer à son aimable fille. Ce fut même à moi et à mon épouse que le cousin Beaulieu s'adressa pour porter les premiers coups et décider ladite dame à lui accorder sa fille, et nous y réussîmes à la grande satisfaction de tous[1]. Oh! Providence! Je ne pensois guère alors que je travaillois à me procurer une douce et gentille bru. Eh! arrivez donc, la belle, avec vos vingt ans! Voyez-vous comme ce fripon vous regarde avec ses yeux de vingt-quatre ans?

Je m'apercevois bien, comme tout le monde, d'une certaine intelligence entre eux qui visoit à un accord parfait; comme je n'avois rien à redire à leur choix, et que je ne voulois uniquement que gagner du temps à cause de leur jeunesse, je fermois un œil, mais j'avois l'autre ouvert sur ce qu'ils n'allassent pas plus vite que je ne voulois; tantôt par de petits avis détournés, tantôt par un air froid qui mettoit l'alarme au camp, je gagnai environ six mois; j'espérois aller jusqu'*aux vendanges,* mais il n'y eut pas moyen; je voyois mon jeune homme sombre, rêveur, maigrir, etc.; je me dis pour lors qu'il étoit temps de parler.

Eh bien! parlons, parlons. « Je donne tant. — Moi tant. — Ce n'est guère ». J'aurois bien voulu que les parents de la future parlassent d'un *ton* un peu plus haut, et j'ai toujours dans l'idée que je les aurois amenés là en temporisant; mais tu me forças la main par ton impatience, et je fus obligé d'en passer par tout ce qu'ils voulurent. Vous en êtes moins à votre aise, mais aussi vous avez pris des leçons d'économie.

Au moment de la séparation à l'issue de la première entrevue, je me souviens que, prenant la main de la future, je lui dis d'un air froid : « Un moment, Mademoiselle, tout n'est pas encore dit. — Et quoi donc »? (d'un air inquiet), et qu'alors je me mis à lui chanter : *Aimerez-vous votre beau-père?* (com-

---

[1] Marie-Louise-Bénédictine de Rouffiac épousa Claude-Léonor Lhoste de Beaulieu de Versigny, ancien officier d'artillerie. Leur fille Aglaé-Louise-Léonore, qui allait devenir la bru de M. de Junquières, naquit à Versigny le 30 janvier 1784.

mencement d'une ariette qui couroit alors les rues) ; et qu'au lieu de répondre comme il est dit : *Je n'en sais rien en vérité*, elle reprit sur le même ton : *De tout mon cœur en vérité.* Je conclus de là, sans être un grand sorcier, qu'elle auroit de la tête et de la présence d'esprit dans l'occasion.

Enfin on alla à Paris acheter les belles robes ; on revint un samedi [1] se marier à la municipalité de Senlis, et, de là jusqu'au mardi qu'on devoit s'épouser en face de notre mère sainte Église de Versigny, c'étoit du fruit défendu pour le futur [2] ; je me chargeai donc, durant cet interrègne, de faire sa cour ; et toutes les fois que j'embrassois la mariée civile, je lui faisois : *ratisse, ratisse ;* et le fripon avoit l'air de dire : *je r'aurai ma revanche ;* et il tint parole, car au bout de neuf mois et neuf jours (pour la bienséance), il parut sur l'horizon un nouvel astre, une petite merveille, enfin Célina (1er août 1806). Un pareil chef-d'œuvre ne s'opère pas sans crainte, ni douleur, ni inquiétude. J'étois aux aguets des nouvelles, quand j'entends à la porte *patati, patata ;* c'est l'accoucheur. — « Eh bien ? eh bien ? — Ah ! j'en suis bien fâché, mais ce n'est pas ma faute. — Quoi donc ? que voulez-vous dire ? — C'est..... que ce n'est qu'une fille. — Que le diable l'emporte ! il m'a fait une peur ! Eh ! c'est tout ce qu'on vous demande ».

Jusqu'à ce jour 24 août 1810, jour de ma fête, ce jeune ménage s'est très bien comporté, et cela ne pouvoit être autrement : la

---

[1] 19 octobre 1805. Les parents de la mariée demeuraient place aux Gâteaux ; quant à M. de Junquières, on sait qu'il habitait rue Sainte-Geneviève. (Acte de l'état-civil relevé par M. Cultru).

[2] Jean-Baptiste-Isidore de Junquières, né le 20 novembre 1781, épousa, le mardi 22 octobre 1805, dans l'église de Versigny, Aglaé-Louise-Léonore Lhoste de Beaulieu de Versigny, née le 30 janvier 1784. Ils n'eurent que des filles : Célina-Louise, née le 1er août 1806 ; Marie-Joséphine-Flavie, née le 25 février 1809, morte en bas-âge ; Léonore-Henriette-Xénaïs, née le 22 octobre 1812. La première épousa le marquis de Giac (Jacques-Henri) ; leur maison à Senlis fut le n° 38 de la rue de Beauvais ; elle mourut à Valgenseuse le 25 juillet 1875. La troisième épousa Amédée-Guesclin de Beynaguet, comte de Pennautier, et fut la grand'mère de Guy-Charles-Léonor-Raoul de Coetnempren de Kersaint, né à Versigny le 31 mai 1857, et de Guy-Jean-Marie-Jacques de Coetnempren de Kersaint, né à Paris le 10 mai 1859. C'est l'aîné, le comte Raoul de Kersaint, qui possède aujourd'hui le château de Versigny.

femme est bien élevée, a des talents, de l'esprit et un bon cœur, le mari toute la bonhomie des Junquières, car, de père en fils, ils ont toujours passé pour la perle des maris complaisants. Mais n'allez pas croire, vous autres, que nous soyons pour cela des bêtes ; non. Si nous cédons, c'est le plus souvent par lassitude, et par un sentiment intime de notre *supériorité sur le sexe;* nous en agissons avec lui comme avec de jolis animaux ou avec des enfants gâtés. Nous consentons d'être enchaînés, mais avec des fleurs ; il faut que l'on sache s'arrêter à propos avec nous ; autrement..... Suffit... Vous m'entendez... *Plus n'en dirai davantage.....* Je disois donc que jusqu'à ce jour je n'avois pas encore été obligé de les séparer, mais je m'y prendrai de telle façon que j'espère avoir ce plaisir là avant de mourir.

Je vous engageai, mes enfants, à faire vacciner notre petite merveille le plus tôt possible ; elle le fut à trois mois, s'en tira très bien et n'eut pas même de la fièvre. La petite vérole avoit été de tout temps si funeste à notre famille qu'on ne pouvoit trop tôt l'en mettre à l'abri. Comptons ses victimes à ma connoissance : 1° ma sœur, épouse de M. de Malézieu ; 2° mon cher et bien aimé frère, à huit jours de distance l'un de l'autre ; 3° moi, votre père, qui en revins si méconnoissable que je fus obligé de me nommer pour me faire reconnoître ; 4° enfin mon cher neveu et votre cousin de Malézieu, à la fleur de son âge, et que j'ai infiniment regretté (17 octobre 1798). Il étoit grand, bien fait, de bon air, l'esprit orné, un bon cœur ; forcé de partir comme conscrit, il servit dans les tirailleurs de l'armée, et dans une rencontre il fut atteint d'une balle à la main qui lui emporta le doigt ; il revint chez ses parents dans un état à faire compassion, et sans congé en règle, ce qui lui occasionna par la suite bien des tracas. Son père, dans l'espoir de le tirer des suites de la conscription, se hâta de le marier à Marie-Louise Reynard de Bussy, sa petite cousine, âgée au plus de quinze ans ; c'étoit enchaîner deux enfants ensemble. Ils quittèrent la maison paternelle, dont la régularité et les heures ne cadroient guère avec les leurs, firent divers établissements, à Senlis, à Paris, où lui mourut en huit jours, victime, comme je viens de vous le dire, de notre cruelle ennemie, laissant une jeune veuve et deux enfants mâles, l'aîné né le 2 septembre 1795, le cadet le

17 octobre 1797, et enfin un frère aîné le plus malheureusement disgracié de la nature au moral et au physique, et faisant à chaque instant le désespoir de son père par la comparaison qu'il ne peut s'empêcher de faire de l'enfant qu'il a perdu et de celui qui lui reste. Et en vérité, si l'on n'étoit convaincu des voies impénétrables de la Providence et qu'elle permet le tout pour le mieux, on seroit tenté de murmurer contre elle toutes les fois qu'on lui voit frapper des sujets méritants et intéressants, et épargner des êtres nuls et à charge aux autres et à eux-mêmes.

LIV. — MARIAGE DE MON FILS ISIDORE.

Témoin du bonheur que son aîné paroissoit goûter dans son ménage, Isidore ambitionna une semblable félicité ; sa tête ardente s'enflamma, son sang s'alluma ; il ne se trouvoit bien nulle part, si ce n'est chez Mme Boitel, et dans les endroits où il étoit assuré de trouver Melle Adèle[1], sa fille aînée. Enfin il afficha tellement ses intentions que tout le monde s'en aperçut, et je crois même qu'il n'en étoit pas fâché, espérant que cela me reviendroit et amèneroit une explication. Il y avoit déjà longtemps que je voyois cette intelligence, mais je fermois les yeux pour gagner du temps, car j'étois intimement persuadé que mon jeune homme n'avoit pas la tête assez mûre pour le sacrement et que je risquois son avenir en satisfaisant par une trop indulgente précipitation ce que je croyois une simple effervescence de jeunesse. Je fis donc traîner de la sorte cette intrigue pendant huit mois. Cette ruse étant usée, je pris le parti de prévenir les parents afin qu'ils y veillassent eux-mêmes et lui interdissent leur maison ; mais fermez les portes aux

---

[1] Adélaïde-Clémence de La Fons des Essarts, née à Courteuil le 18 août 1784, était fille de Louis-Charles-Emmanuel de La Fons des Essarts, ancien capitaine commandant au régiment de Bourgogne-cavalerie, guillotiné le 22 juillet 1794, et de Jeanne-Christine-Clémence de Saint-Massens de La Maillerie, remariée à M. Élie Boitel le 25 mai 1802. (Communication de M. Cultru).

amours, ils rentrent par la fenêtre. D'ailleurs la maison de Mme Boitel étoit le refuge de toutes sortes d'animaux à deux et à quatre pieds qui trouvoient issue pour y pénétrer; c'étoit le temple de la gaîté et de la jeunesse. La maîtresse de la maison, bonne, gaie et indulgente, entourée de tous ses animaux domestiques et familiers, se fâchoit-elle un moment, on la caressoit, elle rioit, et chacun alloit son train et son chemin et son allure.

Je suis encore à savoir comment et par quels motifs Isidore quitta de lui-même Senlis et ses amours pour aller suivre à Paris des leçons de dessin et de peinture en paysage, ce à quoi je consentis d'autant plus volontiers que ce voyage entroit dans mon plan de temporisation. Il tint bon environ huit mois, après lesquels il revint plus ardent que jamais, ne me laissant repos ni trêve ni jour ni nuit, ne mangeant plus, ne dormant plus, égaré, etc., etc.. Je craignis à la fin qu'il ne se portât à quelque excès ou action violente (nous autres pères, nous avons encore la foiblesse, pour ne pas dire autre chose, de croire à cela), de façon que, par ces mille et une raisons, je consentis à ses désirs et à ce qu'il prononçât le terrible et irrévocable oui devant le curé de Senlis, qui nous débita dans cette occasion une capucinade la plus dégoûtante que j'aie entendue de mes jours [1]. Il y eut, le soir, un bal chez Mme Boitel, où je restai peu de temps, attendu que je ressentois déjà des étreintes et douleurs avant-coureurs de la pierre. Quelque temps après leur mariage, il leur prit fantaisie de courir le monde en allant visiter une parente du côté de Boulogne; chemin faisant, la ville d'Amiens les séduisit; ils s'y fixèrent plusieurs mois, enfin en ramenèrent avec eux une petite Picarde (née le 24 octobre 1807), qu'ils nommèrent Félicie, et dont les yeux tendres et malins annoncent qu'avec l'âge elle ne se laissera pas marcher sur le pied impunément et sans de bonnes raisons.

---

1 C'est le 11 août 1806 que François-Isidore de Junquières, né le 30 janvier 1785, épousa Adélaïde-Clémence de La Fons des Essarts. Le curé de Senlis était, depuis le 4 août 1805, Jean-Jacques Moquet, docteur en théologie de la Faculté de Paris, auparavant curé de Lassigny; il avait succédé à Senlis à l'abbé Genty, qui avait été avant la Révolution chanoine et doyen de Saint-Rieul de Senlis et vicaire-général d'Orléans.

LV. — OPÉRATION DE LA PIERRE.

Depuis des années, j'étois sujet à rendre du sable et des graviers; je fis pour cela plusieurs remèdes qui m'apportèrent quelque soulagement momentané, mais sans détruire la cause et le principe du mal, comme j'ai cru d'abord devoir m'en flatter quand je les aperçus insensiblement disparoître, ne me doutant pas que c'étoit parcequ'ils se rassembloient en une seule masse. Bientôt je souffris de douleurs de vessie, des ardeurs d'urine insupportables; tout dénotoit que j'avois un calcul. Je fis venir en conséquence un chirurgien de Paris, que M. d'Egvilly m'avoit vanté, pour me sonder; soit qu'il s'y prit mal, ou qu'il ne fit pas pénétrer la sonde assez profondément, il me laissa dans l'incertitude après deux douloureuses tentatives.

Les douleurs et les accidents ne faisant qu'augmenter, je consultai mon oracle, le *Dictionnaire de Trévoux*, à l'article *Pierre*, et je vis et lus au doigt et à l'œil tout ce que je ressentois et devois ressentir et souffrir dans la supposition d'un calcul existant; mon docteur de Senlis confirmant la chose, je me vis atteint et convaincu à n'en pouvoir douter d'avoir la pierre, et c'étoit ce que j'avois toujours redouté le plus, car j'ai toujours pensé assez volontiers comme l'ami Montaigne (qui par parenthèse a eu aussi la pierre), qui dit dans ses *Essais :* « Ce n'est pas tant la mort que je crains, c'est de mourir », c'est-à-dire son appareil et les souffrances; or, il me semble que la Providence ait voulu me prendre aussi par mon foible en me condamnant à la plus douloureuse des opérations. Ne voyant plus d'incertitude dans mon fait (car c'est toujours elle qui nous rend foibles), je pris vigoureusement mon parti, au point de supporter courageusement la douleur, et même de la braver; et c'est à vous, mes enfants, que je dois en partie cette fermeté dont je ne me serois jamais cru capable. Je me disois, en voyant vos craintes et lamentations à l'avance : « Que sera-ce donc au moment, si je me montre une poule mouillée? Allons! un bon exemple! Montrons que je suis un homme ». Cela dit, procédons.

J'écrivis en conséquence à Dubois[1], qu'on m'avoit indiqué comme le plus habile opérateur, le priant de venir à moi puisque je ne pouvois aller jusqu'à lui; il me répondit, poste pour poste, que le vendredi 28 de mai 1808 il arriveroit. Son premier soin, à son débotté, fut de s'informer non de mon état, mais de celui de ma fortune, à M. Brisard, mon chirurgien de Senlis, qui lui dit que je pouvois jouir de neuf à dix mille livres de rente, mais que venant de marier mes deux enfants, je ne devois pas être fort en fonds ni en argent comptant; d'après cet éclaircissement, il crut devoir me taxer à 1.200 livres pour lui, 300 pour son maître garçon, et aux menus frais, total 2.400 livres, bon-marché faire. Ses sûretés prises, il vint me voir vers les cinq heures du soir, me questionna, et sur ma réponse il dit : « Nous verrons; peut-être n'est-ce pas la pierre, mais une maladie à la vessie. — Tant pis, répondis-je; je préfère une vive souffrance de dix minutes à être impotent le reste de mes jours. — Bon! j'aime à entendre parler comme ça; nous allons voir ». Alors je renvoye tout le monde inutile, je me jette sur mon lit, il me sonde, mais d'une manière si dure et si brusque que je sentis et même entendis la sonde résonner sur la pierre. — « La croyez-vous de bonne nature? — Oui; à demain six heures du matin. — Bon, à demain ». Il s'en retourne à son auberge; je me couche, et en attendant le sommeil je me mets à lire le *Journal de l'Empire*, que mon fils m'avoit apporté, disant qu'il n'avoit pas deviné la charade qui y étoit; à neuf heures, mon fils revint savoir comment je me trouvois, et parut surpris de me trouver assez de sang-froid et de présence d'esprit pour dire : « Bien; et la charade est *Simarre* ».

Le lendemain à l'heure convenue, je vois et entends rouler dans mon appartement une grande et vieille commode oubliée, sur laquelle on pose un grand fauteuil renversé, sur ledit fauteuil un matelas; au pied de cet échafaud étoit une grande terrine pleine de son destinée à recevoir le sang; ensuite défilent et se placent des deux côtés quatre chirurgiens, et,

---

[1] Est-ce le célèbre baron Antoine Dubois, chirurgien et accoucheur, né en 1756 à Gramat (Lot), mort à Paris en 1837?

en avant, le sieur Dubois, les manches retroussées, sans tabli pourtant (ne voulant pas avoir l'air d'un vrai boucher); il n sacrifia sa culotte, qui devoit au reste faire partie des faux frai Pendant ce temps, je causois avec ces messieurs, stupéfaits c mon sang-froid; car, comme je vous l'ai dit au commencemen je m'étois tellement monté la tête que quand nature voulc parler et réclamer ses droits, je la faisois taire.

Quand tout fut prêt, le sieur Dubois me dit : « Quand vo voudrez. — Allons ! je vois que vous ne commencerez pas sa moi ». Disant ces mots, je descends du lit, on m'aide à monte on m'étend à la renverse; les chirurgiens, à droite et à gauch se saisissent de mes mains, les attachent par les poignets à m deux pieds, qu'ils soutiennent en l'air dans leurs mains, et n voilà comme un pigeon à la crapaudine, appuyé seulement s l'extrémité du croupion. Je vous avoue que cette position n déconcerta d'abord; j'avois compté sur mes talons pour n roidir et me servir de point d'appui contre les secousses de douleur; j'y suppléai par une basse continue de cris uniform que je commençai à jeter avant le premier coup de bistouri que je ne fis cesser qu'après l'opération, qui dura trois minute On me reporta ensuite dans mon lit, où le sieur Dubois n donna un baiser fraternel; et après avoir été un peu étanch je demandai à voir mon ennemi; on me l'apporta; c'étoit ur pierre dure, nullement friable, de la meilleure espèce, épais et ronde à peu près comme une grosse montre.

Quelques heures après, il me prit une colique occasionn sans doute par des vents et des caillots de sang qu'il fallo rendre, et qui me fit souffrir en quelque sorte plus que l'op ration même pendant six mortelles heures, malgré tout ce qu'c put imaginer pour me soulager. A la colique succéda un déra gement complet dans toutes les parties et une confusion da les différents conduits des liquides et sécrétions; enfin u fistule établie empêcha la plaie de se refermer. Et tout ce provient de la gloriole du sieur Dubois, qui, au lieu de se serv du lithotome pour tirer ma pierre, jugea cette méthode (reco nue infaillible) trop au-dessous de son habileté, dont il voul faire parade, à mes dépens, devant des chirurgiens de provinc et s'entêta à suivre l'ancien procédé, d'où il arriva qu'en enfo çant trop avant son bistouri il me perça la vessie et le rectum, qui de ce moment se déchargèrent l'un dans l'autre; il s'établit une fistule qui empêcha la plaie de se refermer, malgré les canules, les tampons, etc..

On manda au sieur Dubois l'état fâcheux où il m'avoit réduit. Il fut quinze jours sans daigner répondre; mais au moment où l'on s'y attendoit le moins, il arriva, me tâta, et sans plus de préliminaires ni me prévenir, il me fit une nouvelle incision à travers la première, et au moins triple en profondeur, coupant indistinctement veines, vaisseaux, nerfs; puis, me donnant son baiser de Judas, il partit fort satisfait de lui-même.

Cette seconde et cruelle opération, loin de parer aux accidents, ne fit que les augmenter; la même confusion régna toujours dans les liquides, sécrétions, et les vents, qui s'échappèrent par des voies que la nature ne leur avoit pas destinées; les nerfs coupés se sont raccourcis en se renouant, et occasionnent de la douleur quand ils se roidissent, etc., etc.. Quelque fâcheuse et désagréable que soit cette incommodité, que probablement je garderai le reste de mes jours, je la préfère encore à des nouveaux baisers du sieur Dubois, à qui d'ailleurs j'ai pardonné en bon chrétien, d'autant qu'il n'y a pas de remède, que je ne souffre point ou très peu, que je fais assez bien toutes mes fonctions animales, et qu'à un grand assujettissement près qui exige une extrême propreté, je suis à peu près comme tout le monde, et j'en connois même de plus misérables. Mais laissons ce triste et désagréable sujet, en souhaitant de ne plus y revenir.

LVI. — CONCLUSION.

Au moment où j'écris ceci, j'ai soixante et trois ans accomplis; conséquemment, la fameuse année soixante et trois, que je craignois ne pas voir, et que les anciens nomment climatérique, est déjà loin de moi; j'en ai entamé une nouvelle [1], qui selon

[1] Une nouvelle période d'années.

eux est toujours de sept ans pour les hommes et de six pour les femmes, et si je dois voir *non annos Petri sed annos Johannis Baptistæ*, mon père, j'aurois encore à la parcourir tout entière, et trois ans même au delà sur la suivante; total, soixante et treize. Dois-je le désirer ou non? Voyons; en supputant et en mettant dans la même balance les biens et les maux, les plaisirs et les peines qui ont composé mon existence jusqu'à ce jour, puis-je dire avoir été heureux ou malheureux? Ce n'est qu'après sa mort, dit le sage, qu'on peut décider dans laquelle de ces deux classes on doit placer un homme; attendons-en donc le moment sans le désirer ni le craindre; vivons, comme on dit, au jour la journée, le plus doucement et le mieux ou plutôt le moins mal que nous pourrons, ne prisant les choses, soit en bien, soit en mal, que réellement ce qu'elles valent, et nous en remettant sur tout le reste à la Providence en disant du fond du cœur : *fiat voluntas tua.*

Eh! remarquez comme elle est bonne, cette Providence. Ne semble-t-il pas qu'elle ait voulu récompenser sur le champ ma résignation à ses décrets en m'accordant une gentille petite fille (le 25 février 1809)? Et arrivez donc, la belle aux yeux bleus; on dit comme ça que vous vaudrez bien vos aînées; c'est ce que nous verrons avec le temps, Mademoiselle Flavie. Mais dites de nos parts à papa et oncle, maman et tante, que c'est assez de sœurs et de cousines rivales, qu'il nous faut à présent des petits frères et cousins, et qu'on les a mis en quatre pour cela.

LVII. — PASSAGE DE LEURS MAJESTÉS PAR SENLIS.

Le 28 mars 1810, sur l'avis reçu officiellement du passage de Leurs Majestés Impériales par leur bonne ville de Senlis, Messieurs du Conseil d'icelle s'assemblèrent extraordinairement pour délibérer sur ce qu'il y auroit à faire dans cette mémorable circonstance; ils élurent trois de leurs membres, savoir

MM. de Trumilly, de Saint-Paul et votre père [1], pour y aviser dans le plus bref délai. Or voici ce que ce triumvirat résolut et proposa dans sa sagesse : que la porte de Compiègne, par où devoit passer le cortège impérial, seroit convertie en arc triomphal, orné d'obélisques, d'une couronne fermée, en lierre et guirlandes de fleurs ; qu'à droite et à gauche de ladite porte, en dehors, seroient artistement dressés et construits de longs échafauds en colonnes surmontées d'aigles à une et à deux têtes, mi-partie sur leurs pieds et sur des globes ; celui de droite destiné pour les autorités, les corps diplomatique, tribunaux, clergé, etc., celui de gauche pour les dames dans la plus belle tenue. Au milieu de l'arc triomphal (à la même place où l'on lisoit naguère des actions de grâces au Souverain de l'Univers pour la république *impérissable*), seroient écrits en grands caractères (et que l'on peut lire encore aujourd'hui) ces deux vers, production du génie d'un des triumvirs :

Nous lui devons nos lois, la paix et le bonheur,
Il nous fait aujourd'hui le don le plus flatteur.

M. le Maire, à la tête de toutes les autorités dans le plus grand costume, devoit débiter le compliment de bienvenue, dûment revu, corrigé et surtout abrégé par MM. les commissaires *ad hoc*. Qu'enfin une vingtaine de demoiselles, choisies dans l'âge de seize à dix-huit ans, déguisées en vierges, la fille de M. le Maire à leur tête, présenteroient une couronne de roses à Sa Majesté l'Impératrice, en lui débitant un douzain tout neuf où elle seroit déclarée, comme de raison et pour la rime,

.... reine des cœurs
Comme la rose l'est des fleurs.

Déjà le son des cloches, le fracas d'une demi-douzaine de boîtes, un nuage de poussière, le claquement des fouets, etc.,

[1] M. de Junquières était membre du Conseil municipal de Senlis depuis 1804. M. Mallet de Trumilly était un ancien officier d'artillerie ; le 26 août 1809, il avait été nommé capitaine de la compagnie de garde nationale qui devait faire partie de la colonne mobile destinée à la défense des côtes. M. Saint-Paul était receveur particulier de l'arrondissement. Ces deux derniers étaient conseillers municipaux depuis le 4 décembre 1807. M. Margry, qui a dépouillé les registres de l'Hôtel-de-ville avec le plus grand soin, n'y a pas trouvé trace de ce passage de Leurs Majestés Impériales à Senlis.

annoncent l'arrivée de nos souverains. Aussitôt tout s'ébranle ; les autorités s'acheminent gravement vers les voitures, suivies du leste et gentil troupeau conduit par le grand-maître des cérémonies. Chacun répétoit mentalement ce qu'il avoit à dire et calculoit la profondeur du salut et des révérences. Mais, oh ! regrets ! oh ! douleurs ! soit que Sa Majesté, sentant d'avance la vertu et l'effet des harangues, se fût endormie, soit (ce qui est plus probable) qu'il n'eût d'yeux que pour son auguste compagne [1], il ne vit rien de nos apprêts, et passa outre à toute bride dans la ville. Il étoit déjà à plus de trente pas quand les cris réitérés de Vive l'Empereur ! Vive l'Impératrice ! le tirant à la fin de sa distraction, il daigna commander de la voix et du geste d'arrêter. Aussitôt vous eussiez vu tous ces corps respectables, dépouillant toute étiquette, courir confusément après la voiture, le maître des cérémonies (en chien de bonne race) cherchant à rassembler les jeunes et jolis mérinos effarouchés à travers les pieds des chevaux de la Garde ; plusieurs y perdirent leur toison, heureuses d'en être quittes encore pour cela. Enfin M. le Maire et un douzième à peu près de son cortège, au risque de se faire écraser, pénétrèrent tout en nage à la portière impériale ; il fut impossible de prononcer les discours ; d'ailleurs les choses et les personnes perdent tout de leur prix hors de leur place ; on se contenta donc de donner la couronne, que Leurs Majestés daignèrent accueillir d'une inclinaison de tête ; et puis fouette cocher !

Oh ! que de temps, d'apprêts et d'esprit perdus, sans compter l'honneur qui devoit nous en revenir ! Aussi pas une affiche ne daigna parler de nous ; la capitale du ci-devant comté de l'Ile-de-France, Senlis enfin, fut oubliée, tandis qu'un petit bourg (à peine un point sur la carte), Louvres enfin puisqu'il faut le nommer, eut une mention honorable et très détaillée de sa mesquine réception dans le *Journal de l'Empire*. Oh ! disgrâce !

---

[1] Napoléon venait de Compiègne avec l'archiduchesse Marie-Louise, qu'il épousa le 2 avril à Saint-Cloud. C'est le 29 mars qu'il traversa Senlis ; M. Louat, notaire à Senlis, a relevé cette date dans les archives de sa compagnie ; « l'annonce de la venue de l'Empereur valut un sursis à un notaire cité devant la chambre par mesure disciplinaire » (*Bulletin* du Comité archéologique de Senlis, année 1913, p. XXXIII).

Au reste consolez-vous, mes chers concitoyens, vous vivrez dans mes *fastes*, et je vous consigne ici à la postérité.

Le lendemain de ce jour désastreux, mon fils Isidore et son épouse, ne pouvant supporter notre avanie et se sentant d'ailleurs du temps et de l'argent de reste, partirent pour faire leur tour de l'Italie ; espérons qu'à l'aspect des ruines de l'ancienne capitale du monde ils sentiront le néant des grandeurs, ce que c'est que toute la gloire de ce bas monde, et qu'ils seront moins sensibles à l'humiliation de leur ville natale.

LVIII. — RADOTAGE.

Ma bonne fille Adèle m'écrit qu'elle vient de gravir, moitié sur ses genoux, moitié sur ses mains, la hauteur du Mont-Cenis ; elle nous envoye même dans sa lettre une petite fleur du plus beau bleu qu'elle a déterrée elle-même dans les neiges ; nous la mettrons sous verre comme un monument de sa bravoure. Peu des merveilleuses de la capitale seront, je crois, tentées de l'imiter et d'aller herboriser dans les neiges de ce redoutable mont.

Nous recevons de temps à autre des nouvelles de nos voyageurs à peu près de tous les lieux où ils font quelque séjour ; mais comme plusieurs lettres ne sont point parvenues, et que les fatigues ne leur permettent pas d'entrer dans beaucoup de détails, j'attends leur retour pour les questionner sur ce qui les a frappés davantage et sur leurs aventures particulières, que je consignerai ici à mesure que je les jugerai intéressantes.

Mme de Malézieu, votre cousine[1], a bien manqué d'être une des nombreuses victimes du bal de l'ambassadeur d'Autriche donné en juillet 1810 à Paris ; c'est un miracle qu'elle en soit réchappée. Comme personne n'osa sortir avant Leurs Majestés, le feu eut le temps de gagner toutes les issues par où l'on pouvoit se sauver. Il étoit trop tard quand la foule s'y porta ; votre cousine tomba dessous tout le monde ; elle soutint, tant qu'elle en eut la force, sa tête et ses bras en l'air pour n'être pas

[1] Marie-Louise Reynard de Bussy, veuve du fils de M. de Malézieu depuis le 17 octobre 1798.

suffoquée ; enfin elle s'évanouit. Le cavalier qui l'avoit amenée là eut la force de se relever et de la traîner à quelques pas du foyer de l'embrasement ; des officiers de la Garde parvinrent à la tirer tout-à-fait dehors et à la transporter chez un tapissier où l'on déposoit les blessés et les brûlés ; on eut bien de la peine à la faire revenir et à la ramener chez elle, heureusement sans aucune blessure ; elle fut plus de trois semaines à revenir de sa frayeur. Elle perdit tout ce qu'elle avoit sur elle, son peigne, ses bijoux, cachemire, robe, etc., heureuse encore de s'en être tirée à ce prix. On raconte qu'un jeune homme de la Garde sauva à lui seul plusieurs femmes ; après s'être allé jeter dans un bassin du jardin voisin de l'incendie, il venoit saisir à bras-le-corps une brûlée, se replongeoit avec elle, puis couroit en reprendre une autre ; il fit, dit-on, cette belle manœuvre six à sept fois. Si quelqu'un mérite la croix d'honneur, c'est bien celui-là.

La céleste Célina vient de nous prouver qu'elle tenoit aussi à l'humanité par son petit coin tout comme une autre ; une fièvre quotidienne l'a dévorée pendant six semaines ; elle n'avoit encore eu la plus légère indisposition. Elle supporta son mal avec une douceur et une patience angélique ; la première fois que je la vis, je ne l'aurois pas reconnue sans ses yeux, qui même alors étoient languissants. Cette longue maladie lui avoit fait oublier toute son érudition ; avant, elle n'hésitoit pas à vous nommer toutes les capitales de l'Europe, de quelque manière qu'on la fît voyager, du midi au nord, de l'est à l'ouest ; mais la malice lui étoit demeurée, comme on va le voir. A un dessert où on l'avoit amenée, voyant servir du vin de Malaga : « Que c'est bon du vin de Malaga ! (c'est sa façon de demander). — Eh bien ! dis-nous d'où vient ce vin de Malaga, et tu en auras. — Mais....., mais....., il vient....., il vient....., vous voyez bien qu'il vient de la cave ». Elle avoit oublié l'Espagne. Si celle-là reste jamais court, il y en aura bien d'autres.

Si ces souvenirs étoient destinés au public, je me garderois bien de raconter tous ces prétendus bons mots et à-propos d'enfants, dont les mères, grandes et petites, ainsi que leurs bonnes, ennuyent le public indifférent ; mais comme c'est pour mon amusement et pour vous, mes enfants, que je fais trotter ma plume, je puis sans scrupule radoter tout à mon aise.

Puisque je suis sur le chapitre des bons mots et calembours, je vais citer celui qui fut chanté à la noce de Melle Vatin avec M. Guibourg, à qui M. Vatin destine son étude[1]; malheureusement je ne me souviens que du dernier, fait et chanté par M. Fouet, maître clerc dudit M. Vatin ; il finissoit ainsi :

Et nous allons travailler à l'envi,
Sans mériter de blâme,
A passer des minutes avec le mari,
Et des heures avec sa femme.

J'espère que vous trouverez là du moins de l'à-propos. Or, comme je ne néglige rien de ce qui peut faire valoir l'érudition dans autrui, il est juste que je fasse aussi parade de la mienne, et voici comment.

On agitoit, dans un rassemblement de savants qui se tenoit ces jours derniers sur le rempart et dont j'avois l'honneur d'être, s'il valoit mieux, entre mari et femme, se donner comme autrefois ces petits noms de tendresse tels que *mon bon, mon chou, ma poule*, etc., etc., au lieu de ces noms froids et glacials de *monsieur, madame*, etc., qu'il est du bel air de se donner aujourd'hui ; les partisans du nouveau régime prétendoient que ces noms familiers diminuoient le respect que toute femme doit à son mari ; les autres, au contraire, soutenoient que ces noms cérémonieux altéroient l'amitié qui devoit régner entre des conjoints et les rendoient étrangers l'un à l'autre. On commençoit à s'échauffer : « Messieurs, leur dis-je, il y a quelque trois cents ans que la question a été agitée par le fameux curé de Meudon, le facétieux Rabelais, et je me rappelle avoir lu dans la vie de Grandgousier qu'un mari appeloit toujours sa femme *ma bonne mine*, et qu'elle, par représailles, le nommoit *mon mauvais jeu*[2] ». On se mit à rire ; peu de disputes finissent

---

[1] Auguste-Robert Guibourg fut nommé notaire impérial à la résidence de Senlis par décret du 20 mars 1812, en remplacement de M. Vatin, son beau-père, démissionnaire.

[2] « Ung docteur régent, bien peigné et testonné, après avoir quelque temps devisé avecques une haulte damoiselle, prenant d'elle congié luy dist : Grand mercy, *bonne mine*. — Mais, dist-elle, très grande à vous, *maulvais jeu*..... » (*Pantagruel*, livre IV, chap. IX : « Comment Pantagruel arriva en l'isle Ennasin, et des estranges alliances du pays »). — *Œuvres* de Fr. Rabelais, Paris, Louis Janet, 1823, t. II, p. 67.

de même. J'aurois pu, mes chers enfants, décider encore mieux la question en vous citant pour exemple et comme ayant saisi le juste milieu, car ce n'est pas pour moi une légère satisfaction de pouvoir assurer que je ne vous ai jamais jusqu'ici entendus vous appeler autrement ni vous traiter plus haut que par vos noms propres.

Mais je ne sais où je vais prendre toutes les balivernes que je vous débite ; ah ! plaise aux dieux que je n'aie à l'avenir rien de plus important à vous raconter, car j'ai toujours remarqué que la plupart des grands événements ne s'opèrent jamais sans que le repos général ou du moins la tranquillité particulière n'en souffre. Or, quant à moi, je vous déclare que j'ai fait ma paix avec tout le monde et que je ne veux plus voir les choses et les événements en général que du bon et du plus plaisant côté.

Une nouvelle dignité vient d'illustrer la famille; M. de Malézieu, votre oncle, vient d'être nommé marguillier en titre d'office; comme il est bon toujours de savoir à quoi s'en tenir, il a voulu avant tout s'informer à quoi monteroient les frais de sa réception, qu'on a taxés (en agissant noblement) à la somme de 36 livres. « Cela étant, dit-il, j'entends qu'on me rende tous les honneurs et qu'on m'en donne pour mon argent ». En conséquence, dimanche dernier [1], jour de l'installation, toutes les cloches jusqu'aux grelots furent mises en branle dès l'aurore ; le suisse de la cathédrale, en grand costume, l'épée en bandoulière, la hallebarde sur l'épaule comme le valet de pique, vint

[1] Le 2 septembre 1810. — Au mois d'août 1813, « Jean-Baptiste-Pierre-Joseph de Malézieu, ancien conseiller auditeur de la Chambre des Comptes de Paris, ancien administrateur de l'hôpital général des Enfants trouvés et du Mont-de-piété de Paris, aujourd'hui président du collège électoral de l'arrondissement de Senlis, membre du Conseil du même arrondissement, président de l'administration temporelle de l'église et paroisse Notre-Dame de Senlis, et dame Anne-Marie-Louise Le Roy, son épouse, dame en partie de la ci-devant seigneurie de Bargny près Crépy », offrirent une nouvelle châsse pour les reliques de saint Rieul ; la cérémonie eut lieu le 8 août. (Margry, *Notes pour servir à l'histoire de Senlis*, 14e série, p. 338). M. de Junquières n'a pas mentionné le second mariage de M. de Malézieu, qui avait perdu sa première femme, Angélique-Catherine-Élisabeth de Junquières, le 28 décembre 1777.

le prendre, les battants de la grande porte d'entrée tout ouverts, les orgues jouant une marche triomphale; enfin M. le curé, à la tête du bas chœur, est venu le recevoir et le haranguer. Le lendemain, comme pour se dérober à sa gloire, il est parti pour la capitale, qui ne se doutera point qu'elle possède dans ses murs un nouveau dignitaire. Nous verrons à son retour si les honneurs n'auront pas corrompu ses mœurs; en attendant, félicitez-vous d'être les neveux d'un marguillier.

Aujourd'hui 5 septembre 1810, j'ai eu la satisfaction de revoir, de tenir et d'embrasser mon jeune couple voyageur, après quatre mois et demi d'absence qu'il employa à arpenter onze cents lieues de terrain. Isidore n'est pas du tout changé, mais sa femme m'a fait grand plaisir et grande peine à voir; elle est séchée et maigrie considérablement, avec une toux sèche et fréquente, une fièvre interne et de fréquentes foiblesses qui me font beaucoup de peine; son baiser étoit brûlant; j'attribue tous ces accidents à la fatigue, au changement d'air, de nourriture; espérons que quand elle aura repris de la tranquillité, un régime doux et salubre, sa jeunesse reprendra le dessus. Mon fils Isidore m'a fait le cadeau d'os de saints martyrs qu'il a ramassés dans les catacombes de saint Sébastien près de Rome, et d'une tabatière dont la matière est un composé de l'ancien ciment des Romains et du dépôt des eaux sur ledit crépi, le tout provenant de la *piscine mirabile* auprès de Naples, à la rade de Baïes.

Ce vendredi 12 octobre 1810, ma bonne fille Adèle est partie avec son mari pour aller consulter et se mettre entre les mains du plus habile médecin de Paris; sa santé empire de jour en jour; une suppression depuis plusieurs mois, une fièvre interne, une toux sèche et continuelle, une chaleur brûlante à durcir des œufs dans ses mains, me font trembler et craindre qu'il ne soit déjà trop tard pour y apporter du remède. Son malheureux époux, qui s'étoit flatté jusqu'à ce jour, m'a convaincu par ses pleurs qu'il la voyoit du même œil que tout le monde. Puisse la Providence nous prendre en pitié et en sa miséricorde !

Les bulletins de notre chère malade ne sont rien moins que rassurants; son médecin, après l'avoir tourmentée de remèdes de toutes manières, tant internes qu'externes, et qui n'ont fait que l'affoiblir davantage, vient de les faire cesser tout-à-fait, et a fini par demander une consultation ; M. Desessartz, doyen de la Faculté [1], a été appelé en conséquence, et, suivant l'usage ordinaire de ces messieurs, n'a rien fait ni rien dit, sinon d'approuver en tous points son confrère.

Mon fils aîné, qui vient de me quitter avec sa femme pour aller voir et consoler son frère, me mande que dans une foule on lui a volé sa montre avec la chaîne et les breloques qui y tenoient ; c'est pour lui une perte de 18 à 20 louis dont il se seroit bien passé. Dans le même temps on vola sur les épaules d'une femme un schal de 100 louis, qu'on n'a pu retrouver. Cette escroquerie m'en rappelle une dont je fus le témoin et presque la victime. Il y a quelques années, en sortant d'un spectacle au Palais-Royal, tenant un de mes amis sous le bras pour que la foule ne nous séparât point, nous aperçûmes un homme bien mis qui s'efforçoit de fendre la presse en sens contraire. Mon ami lui dit : « Monsieur, vous entreprenez une chose bien difficile ; attendez que les flots se soient un peu écoulés. — Bon, bon, Monsieur, dit-il, je m'en *tirerai*, vous verrez ». Et effectivement, dans cet instant même il *tira* de la poche de mon ami une belle boîte d'or, et je sentis en même temps quelque chose qui me pressoit fortement le gousset de montre, sur lequel j'avois heureusement la main appuyée.

Notre chère malade s'affoiblit et s'éteint d'instant à autre ; son malheureux mari ne sait plus à quel saint s'adresser ; ses lettres nous déchirent le cœur ; dans sa dernière il nous conjure d'apprendre et de faire répéter à sa petite Félicie une prière au Ciel pour sa pauvre maman, dans l'espoir que cette bouche innocente fléchira l'Être suprême.

Hélas ! c'en est fait ! Notre chère Adèle, âgée de vingt-sept

---

[1] Jean-Charles Desessartz avait été doyen de la Faculté avant la Révolution, mais il ne l'était plus en 1810, car lorsque la Faculté de Médecine fut réorganisée, il ne fut pas appelé à en faire partie. Par contre, il fut membre de l'Institut. Né en 1729, Desessartz mourut le 13 avril 1811. Son principal ouvrage est un *Traité de l'éducation corporelle des enfans en bas-âge*, Paris, 1760, et an VIII, in-8. (Communication de M. Wickersheimer, bibliothécaire de l'Académie de Médecine).

ans, vient de s'éteindre le 18 novembre 1810 à deux heures du matin. Le lendemain de ce funeste jour, Junquières et sa femme, qui ne l'ont pas quittée dans ses derniers moments, ont ramené à Senlis leur malheureux frère dans un état à faire compassion. Depuis nous l'entourons et pleurons avec lui. Sa petite Félicie nous est aussi d'une grande ressource pour calmer sa douleur, que le temps, seul consolateur, pourra dissiper à la longue[1].

Le 24 juin 1811, M. le préfet de l'Oise jugea à propos de me nommer administrateur de la fabrique de Notre-Dame ; je fus reçu en conséquence au son des cloches et de l'orgue, et harangué par MM. les maire et curé ; et comme je me nomme Louis, cela fait tout juste de votre père un *louis de fabrique*[2].

---

[1] François-Isidore de Junquières demeura longtemps veuf. Après avoir marié sa fille à Charles Hastier de Jolivette en 1828, il épousa Eugénie-Jeanne-Amable Charpentier de Saintot, dont il eut un fils, Alfred-Isidore, qui fit ses études à Saint-Vincent de Senlis, ne se maria pas, et mourut en 1895. Enfin il contracta un troisième mariage à Évreux, en juin 1839, avec Claire de Gislain de Cernay, qui lui donna une fille, Marguerite, laquelle mourut sans avoir été mariée. Lui-même mourut à Paris, en l'établissement des Néothermes, rue de la Victoire, où il se faisait soigner, le 3 avril 1848. Son frère Jean-Baptiste-Isidore, qui avait la propriété de Valgenseuse, y termina ses jours le 30 janvier 1861. (Communication de M. Cultru). — Leur père, Amable-Louis, étant mort le 9 septembre 1821, Jean-Baptiste-Isidore, qui habitait Valgenseuse, vendit à François-Isidore sa part de la maison de la rue Sainte-Geneviève, pour 12.210 francs. Le règlement de la succession de François-Isidore en 1848 amena la vente de la maison, qui fut rachetée par Jean-Baptiste-Isidore et appartint dans la suite à ses filles, la marquise de Giac et la comtesse de Pennautier. Celles-ci, le 22 décembre 1873, firent donation de l'immeuble à leur cousine Caroline-Isidore Hastier de Jolivette, fille de Clémence-Félicie de Junquières, née le 1er septembre 1829 et mariée à Pierre-Louis-Stanislas de Regel. Mme de Regel vendit la maison à M. Chalmin le 1er décembre 1888, et M. Reyre en fit l'acquisition le 29 avril 1911. (Minutes de Me Gazeau, notaire à Senlis). Située au fond d'une cour, derrière un grand mur, la maison a échappé à l'incendie du 2 septembre 1914.

[2] D'après les registres de l'Hôtel-de-ville de Senlis, dépouillés par M. Margry, c'est le dimanche 19 mai, à l'issue de la messe paroissiale, qu'eut lieu « l'installation dans le banc d'œuvre, par M. le Maire et M. le Curé, de MM. de Junquières et Broisse en qualité de marguilliers, en vertu de la commission délivrée auxdits titulaires par le préfet le 26 avril dernier. Signé : Pommeret, maire ; Moquet, curé ; des Varennes, Boitel, de Malézieu, de Junquières, Broisse ». (Margry, *Notes pour servir à l'histoire de Senlis*, 14e série, p. 333).

Le 27 juin, je partis de Senlis pour aller rejoindre tous mes enfants, qui m'attendoient à Paris, ainsi que mes neveux de Gaillon, et de là aller tous ensemble à Gaillon. La route jusqu'à Meulan est très amusante ; outre le mouvement perpétuel des voyageurs, elle est semée de maisons de campagne, et royales (je me trompe, c'est impériales qu'il faut dire), toutes plus agréables les unes que les autres, sans compter les sinuosités du cours riant de la Seine, que l'on ne perd pas de vue.

J'éprouvai une bien douce satisfaction en revoyant mon petit frère après vingt-deux ans de séparation ; je le trouvai sur sa chaise longue, les pieds sur un tabouret, et un fidèle épagneul entre ses jambes. Il étoit enchanté de sa seconde épouse, femme du plus grand mérite, et de ses deux filles, que je ne connoissois pas [1] ; joignez à une éducation la plus distinguée tous les agréments du caractère, de l'esprit et de la figure, et vous aurez le portrait de vos deux cousines. L'aînée, âgée de dix-huit ans et nommée Antoinette, rappelle comme brune ce que notre malheureuse reine étoit en blonde pour le port, l'air et la figure ; rien n'est plus touchant que les soins et les attentions délicates qu'elle a pour son père, aussi l'ai-je baptisée d'Antigone et on ne l'appelle plus que de ce nom. Émilie, sa cadette, âgée de quinze ans, est un vrai bouton de rose, elle en a l'éclat et la fraîcheur. Le père, âgé de plus de quatre-vingts ans, jouit (aux jambes près dont il ne peut s'aider) de la meilleure santé, tous ses sens, de la mémoire et de la gaîté (si touchante dans un vieillard). On nous fit un si doux accueil que nous doublâmes le séjour que nous nous étions promis de faire, ce qui nous donna le temps de connoître à fond Gaillon et ses environs. Le château, ni antique, ni moderne, est situé sur une belle terrasse à mi-côte, à une demi-lieue de Meulan ; elle domine une belle vallée, des prairies agréables terminées par des hauteurs verdoyantes ou des maisons de campagne ; des hameaux récréent la vue ; on a profité avec intelligence des inégalités du sol pour former d'agréables promenades et des surprises ; en outre l'air

---

[1] Elles étaient issues du second mariage du marquis de Gaillon. De son premier mariage avec Élisabeth-Isidore de Manneville, il avait eu deux fils, Gabriel et Charles, dont le second fit souche.

y est très salubre, et j'en ai rapporté de la santé et bien de la satisfaction.

Le 8 juillet 1811, j'ai assisté à Versigny à l'enterrement de Mme de Rouffiac, morte la surveille, âgée de soixante et dix-huit ans, grand'mère de mes enfants aînés et, qui plus est, ma commère ; depuis six ans, ce n'étoit plus qu'une machine dont les ressorts usés n'ont subsisté si longtemps que par les soins tendres et vigilants de madame sa fille. Nous l'avons déposée dans un petit caveau construit pour Mme de Versigny, morte en 1801, au milieu du cimetière commun ; et ce qu'il y eut de remarquable, c'est que la bière de cette dernière défunte fut trouvée aussi intacte que si on l'eût déposée la veille.

FIN

Senlis. — Imp. E. Vignon.

www.ingramcontent.com/pod-product-compliance
Ingram Content Group UK Ltd.
Pitfield, Milton Keynes, MK11 3LW, UK
UKHW020205250726
13967UKWH00003B/1271